O NOVO RECURSO DE REVISTA A PARTIR DO CPC/2015 E DA LEI N. 13.467/2017

Jorge Pinheiro Castelo

Advogado, especialista (pós-graduação), mestre, doutor e livre-docente pela Faculdade de Direito da Universidade São Paulo. Presidente da Comissão Especial de Direito do Trabalho da OAB/SP. Sócio do Escritório Palermo e Castelo Advogados.

O NOVO RECURSO DE REVISTA A PARTIR DO CPC/2015 E DA LEI N. 13.467/2017

EDITORA LTDA.

© Todos os direitos reservados

Rua Jaguaribe, 571
CEP 01224-003
São Paulo, SP — Brasil
Fone (11) 2167-1101
www.ltr.com.br
Outubro, 2019

Produção Gráfica e Editoração Eletrônica: PIETRA DIAGRAMAÇÃO
Projeto de capa: FABIO GIGLIO
Impressão: PSP DIGITAL

Versão impressa — LTr 6218.3 — ISBN 978-85-301-0059-9
Versão digital   — LTr 9607.7 — ISBN 978-85-301-0117-6

Dados Internacionais de Catalogação na Publicação (CIP)
(Câmara Brasileira do Livro, SP, Brasil)

Castelo, Jorge Pinheiro

O novo recurso de revista a partir do CPC/2015 e da Lei n. 13.467/2017 / Jorge Pinheiro Castelo. – São Paulo : LTr, 2019.

Bibliografia.

ISBN 978-85-301-0059-9

1. Direito do trabalho 2. Processo civil – Leis e legislação – Brasil 3. Recurso (Direito) 4. Recurso de revista – Brasil 5. Reforma constitucional I. Título

19-28827   CDU-347.958.3:331(81)

Índice para catálogo sistemático:

1. Brasil: Recurso de revista: Direito processual do trabalho
347.958.3:331(81)
Cibele Maria Dias – Bibliotecária – CRB-8/9427

Para Bebel, com amor!

SUMÁRIO

INTRODUÇÃO 19

PARTE I – DIREITO INTERTEMPORAL

I – Direito Processual Intertemporal 21

1. Norma de sobredireito 21

II – O Direito Constitucional Processual 22

1. O inciso XXXVI do art. 5º da CF 22

III – A Lei de Introdução às Normas do Direito Brasileiro (Decreto-Lei n. 4.657/1942) 23

1. Norma de superdireito 23

IV – Dos Limites da Aplicação Imediata da Lei de Direito Processual Fixados pela Norma de Superdireito ou de Sobredireito 24

1. Regra geral de direito intertemporal (material e processual) 24

V – A Aplicação Subsidiária e Supletiva do Direito Processual Civil ao Processo do Trabalho 26

1. CPC/2015: norma processual de superdireito 26

2. Regra de direito processual intertemporal e o respeito ao ato jurídico perfeito e ao direito adquirido 26

3. A regra do isolamento dos atos e situações processuais 27

4. Direito intertemporal – Precedentes 28

    4.1. Da Instrução Normativa n. 41/2018 do TST a respeito da reforma trabalhista 28

    4.2. Do Regimento Interno do Tribunal Superior do Trabalho de 2017 28

    4.3. Ato 491 da Presidência do Tribunal Superior do Trabalho (23.09.2014) 28

    4.4. OJ 60 da SBDI 01 do TST 29

    4.5. Da unidade de regência no tratamento dos recursos e os Enunciados Administrativos ns. 2 até 7 do Superior Tribunal de Justiça e o art. 18 da IN n. 41/2018 do TST .. 29

PARTE II – CONCEITO DE RECURSO

1. Recurso 31

2. Finalidade 31

3. Singularidade = não se trata de interposição de recurso antes da publicação da decisão e sim da interposição simultânea de dois recursos (excludentes ou não) contra a mesma decisão, em violação ao princípio da unirrecorribilidade 31

4. Interdição de decisão de surpresa e garantia do efetivo contraditório 32

5. Da questão a ser julgada ainda não enfrentada pela parte – da exigência do seu conhecimento pela parte a fim de garantir à ampla defesa e o contraditório, mesmo em sede recursal e perante o tribunal (art. 933 do CPC/2015) 33

6. Meios de impugnação autônoma 34

PARTE III – TIPOS DE RECURSO

1. Recursos em espécie no processo trabalhista (dissídios individuais) 35

2. Na fase de conhecimento 35

3. Na fase de execução 35

4. No STF 36

5. Correição parcial 36

6. Reclamação 36

6.1. Do art. 988 do CPC/2015 37

6.2. Do inciso XXVIII do art. 3º da Instrução Normativa n. 39/2016 37

6.3. Dos arts. 210 a 217 do Regimento Interno do Tribunal Superior do Trabalho 37

PARTE IV – EFEITOS DO RECURSO

1. Efeito devolutivo 40

2. Efeito suspensivo parcial – impeditivo do trânsito em julgado 40

PARTE V – RECURSO E EXTENSÃO DO DIREITO DE AÇÃO

1. Juízo de admissibilidade 41

2. Mérito da ação e mérito do recurso 41

3. Questão processual e mérito do recurso 41

4. Nulidade do processo 41

5. Nulidade da decisão 42

6. Linguagem forense 42

PARTE VI – REQUISITOS GERAIS DE ADMISSIBILIDADE DOS RECURSOS

1. Pressupostos gerais dos recursos 43

2. Pressupostos extrínsecos 43

3. Pressupostos intrínsecos 43

4. Linguagem forense – TST 44

PARTE VII – DO RECURSO DE REVISTA

1. Função do recurso de revista 45

PARTE VII-A – DO ART. 896 DA CLT

1. Art. 896 da CLT 46

2. Observação didática 47

3. Consequência do risco da perda de uma chance 48

4. Decisão monocrática 48

5. Fim do incidente de uniformização e tese prevalecente nos Tribunais Regionais e entendimento divergente da Instrução Normativa n. 41/2018 do TST 49

6. Depósito recursal e Lei n. 13.467/2017 50

    6.1. Depósito recursal, Lei n. 13.467/2017 e superação da Súmula n. 426 do TST 51

PARTE VII-B – DOS PRESSUPOSTOS EXTRÍNSECOS (OBJETIVOS/FORMAIS) DO RECURSO DE REVISTA

I – Dos Pressupostos (Objetivos) Extrínsecos 52

1. Tempestividade 52

    1.1. Prazo 52

    1.2. Prazo em dias úteis 53

    1.3. Pessoas jurídicas de direito público 53

    1.4. Litisconsórcio e OJ 310 da SBDI 01 do TST 53

    1.5. Intempestividade 53

    1.6. Cancelamento da Súmula n. 434 do TST face ao § 4º, do art. 218, do CPC/2015 e o recurso interposto antes da publicação 53

2. Dos poderes do subscritor do apelo e da representação processual 54

    2.1. Súmula n. 425 do TST e *jus postulandi* 54

    2.2. Súmula n. 456 do TST e representação de pessoa jurídica 54

    2.3. Súmula n. 383 do TST e sanação da irregularidade processual 54

    2.4. OJ 286 da SBDI 01 do TST e mandato tácito 58

    2.5. Da OJ 200 da SBDI 01 do TST e invalidade de substabelecimento de mandato tácito 58

    2.6. Da mitigação do item IV da Súmula n. 395 conjugado pela diretriz da OJ 349 da SBDI 01 do TST 58

    2.7. Da OJ 319 da SBDI 01 do TST e estagiário/advogado 61

3. Do depósito recursal e do pagamento das custas processuais 63

    3.1. Art. 899 da CLT 63

    3.2. Súmula n. 128 do TST, depósito recursal e litisconsórcio 63

O Novo Recurso de Revista – 9

3.3. Súmula n. 245 do TST e comprovação do depósito recursal.................................. 64

3.4. Depósito recursal, custas e §§ 2º e 4º, do art. 1.007, do CPC/2015 64

3.5. Depósito recursal e custas = OJ 140 da SBDI 01 do TST, §§ 2º e 4º do art. 1.007 do CPC/2015 e deserção 65

3.6. Depósito recursal e custas = §§ 4º e 6º, do art. 1.007, do CPC/2015, comprovação, insuficiência e inexistência 66

4. Guia de depósito 67

5. Depósito recursal, fiança bancária ou seguro garantia judicial.................................... 67

6. Entidades sem fins lucrativos, empregadores domésticos, microempreedendores individuais, micro empresas, empresas de pequeno porte.. 68

7. Beneficiários das justiça gratuita, entidades filantrópicas e empresas em recuperação judicial 68

8. Massa falida e empresas em liquidação extrajudicial – Súmula n. 86 do TST 69

9. Custas processuais nos recursos, prazo e valor máximo – art. 789 da CLT.................. 69

10. Súmula n. 25 do TST, inversão do ônus da sucumbência e ausência de deserção ... 70

11. Valor máximo das custas.. 71

12. Pessoas jurídicas de direito público – privilégios.. 71

13. Pessoas jurídicas de direito público que explorem atividade econômica – ausência de privilégios – execução direta – sem precatório – OJ 87 da SBDI 01 do TST 72

PARTE VII-C – REGULARIZAÇÃO DE DEFEITO FORMAL PARA A OBTENÇÃO DO JULGAMENTO DE MÉRITO DO RECURSO DE REVISTA

I – Juízo de Admissibilidade do Recurso de Revista 73

1. Duplo juízo de admissibilidade do recurso de revista 73

2. Do triplo e quadruplo juízo de admissibilidade do recurso de revista 74

II – Defeito Formal Considerado Não Grave 78

1. § 11, do art. 899, da CLT 78

2. § 3º, do art. 1.029, da CLT... 79

3. Conceito de defeito formal considerado não grave 79

4. Contrato social = OJ 255 da SBDI 01 do TST e art. 75 do CPC/2015.............................. 80

5. Data da outorga de poderes = OJ 371 da SBDI 01 do TST e art. 409 do CPC/2015 80

6. Procuração = Súmula n. 456 do TST e art. 76 do CPC/2015 81

7. Ainda procuração = Súmula n. 383, do TST, arts. 76 e 104 do CPC/2015...................... 81

8. Representação das autarquias e fundações públicas – OJ 318, da SBDI 01, do TST e art. 75, IV, do CPC/2015... 84

9. Assinatura do recurso = OJ 120, da SBDI 01, do TST, § 2º do art. 76 e parágrafo único do art. 932 do CPC/2015 84

10. Tempestividade e comprovação de feriado local = Súmula 385 do TST, arts. 932 e § 6º do 1.003 do CPC/2015 86

11. Depósito recursal e custas = OJ 140 da SBDI 01 do TST e § 2º do art. 1.007 do CPC/2015 87

12. Depósito recursal e custas = § 4º, do art. 1.007, do CPC/2015 87

PARTE VII-D – DOS PRESSUPOSTOS INTRÍNSECOS DO RECURSO DE REVISTA

I – Pressupostos Intrínsecos de Admissibilidade e Mérito 89

1. Requisitos objetivos relativos ao conteúdo do recurso de revista 89

II – Prequestionamento 90

1. Do § 1º-A, do art. 896, da CLT 90

2. Impugnação específica/dialecticidade = transcrição em destaque da tese prequestionada no acórdão (não serve a mera transcrição integral do acórdão) 90

   2.1. Acórdão dos embargos de declaração 91

   2.2. Acórdão em procedimento sumaríssimo 91

3. Da Súmula n. 297 do TST e prequestionamento 92

4. Da OJ 118, da SBDI 01, do TST e tese explícita 93

5. Súmula n. 221 do TST e expressa indicação do dispositivo legal violado 94

6. Da OJ 62, da SBDI 01, do TST e prequestionamento em recurso de natureza extraordinária 94

7. Da OJ 151, da SBDI 01, do TST 95

8. Do inciso IV, do § 1º, do art. 896, da CLT 95

PARTE VIII – PREQUESTIONAMENTO NASCIDO DA PRÓPRIA DECISÃO RECORRIDA

1. Da OJ 119, da SBDI 01, do TST 96

   1.1. Da OJ 119, da SBDI 01, do TST e o erro de procedimento 96

   1.2. Da OJ 119, da SBDI 01, do TST e o erro de julgamento 98

   1.3. Da OJ 119, da SBDI 01, do TST e má aplicação da Súmula n. 297 do TST 101

PARTE IX – DO PRESQUESTIONAMENTO, DOS EMBARGOS DE DECLARAÇÃO E O PREQUESTIONAMENTO IMPLÍCITO

1. Dos embargos de declaração (arts. 1.025 do CPC/2015) 103

2. Da Súmula n. 297, do TST e art. 1.025, do CPC/2015 103

O Novo Recurso de Revista – 11

3. Do prequestionamento ficto ou implícito indicado no item III da Súmula n. 297 do TST.. 104

PARTE X – DO PREQUESTIONAMENTO E DO VOTO VENCIDO (§ 3º, DO ART. 941, DO CPC/2015)

1. Disposições gerais – do voto do colegiado, do voto vencido e do pré-questionamento (*caput* e §§ e § 3º, do art. 941, do NCPC) 106

2. Da exigência legal da juntada do voto do colegiado, e, especialmente, do voto vencido e do pré-questionamento (*caput* e §§ e § 3º, do art. 941, do CPC/2015)............................ 107

3. Do entendimento da SBDI 01 do TST pela exigência da juntada do voto vencido..... 107

PARTE XI – IMPUGNAÇÃO ESPECÍFICA/DIALECTICIDADE NO RECURSO DE REVISTA

1. Do § 1º-A, do art. 896, da CLT 111

2. A Súmula n. 422 do TST e o princípio da dialecticidade... 111

3. A Súmula n. 435 do TST e o art. 932 do CPC/2015... 114

PARTE XII – DA INDICAÇÃO DO PRECEITO LEGAL VIOLADO E DO MALFERI-MENTO DE SÚMULA OU CONTRARIEDADE A ORIENTAÇÃO JURISPRUDENCIAL

1. Do § 1º-A, do art. 896, da CLT 115

2. Da Súmula n. 221 do TST 115

3. Da OJ 118, da SBDI 01, do TST, prequestionamento e tese explícita 115

PARTE XIII – IMPUGNAÇÃO DE TODOS OS FUNDAMENTOS JURÍDICOS DA DECISÃO, COM DEMONSTRAÇÃO ANALÍTICA DE CADA DISPOSITIVO VIOLADO OU SÚMULA CONTRARIADA PELA TESE DO ACÓRDÃO

1. Do § 1º-A, do art. 896-A, da CLT.. 118

2. Da Súmula n. 23 do TST, divergência específica, completa e idêntica 118

3. Ainda da Súmula n. 422, do TST e do princípio da dialecticidade.............................. 119

PARTE XIV – DIVERGÊNCIA JURISPRUDENCIAL

1. Do *caput* e do § 1º-A, do art. 896, da CLT 121

2. Divergência jurisprudencial = especificidade = Súmula n. 296 do TST........................ 122

3. Comprovação da divergência jurisprudencial = Súmula n. 337 do TST 123

4. Do falso paradigma à comprovação da divergência jurisprudencial quando não são idênticos os fatos (mesma moldura fática e mesma tese jurídica) e quando a transcrição é só da ementa..124

5. Do falso paradigma e ementa não apta à comprovação da divergência jurispruden-cial 126

12 – Jorge Pinheiro Castelo

6. Do falso paradigma à comprovação da divergência jurisprudencial quando não se transcreve a fundamentação do acórdão divergente para possibilitar o cotejo das teses – item III, da Súmula n. 337, do TST 129

7. A Súmula n. 337 do TST e o parágrafo único do art. 250 do regimento interno do TST 129

8. Da fonte = *SITE, DEJT, URL* e entendimento da SBDI 01 do TST 130

PARTE XV – REVISTA E EXECUÇÃO

1. Do § 2º, do art. 896, da CLT e Constituição Federal 132

2. Da Súmula n. 266 do TST e recurso de revista em execução 132

3. Da Súmula n. 433 do TST e embargos a SBDI em execução 132

PARTE XVI – REVISTA E EXECUÇÃO FISCAL – CONSTITUIÇÃO E DIVERGÊNCIA JURISPRUDENCIAL

1. Do § 10, do art. 896, da CLT 133

PARTE XVII – REVISTA E PROCEDIMENTO SUMARÍSSIMO

1. Do § 9º, do art. 896, da CLT 134

2. Da Súmula n. 442 do TST 134

3. Da Súmula n. 458 da SBDI 01 do TST 135

4. Do art. 927 do CPC/2015 137

PARTE XVIII – NEGATIVA DE PRESTAÇÃO JURISDICIONAL E REVISTA

1. Negativa de prestação jurisdicional 139

2. Negativa de prestação jurisdicional contida na fundamentação aparente ou fictícia 139

3. Negativa de prestação jurisdicional, princípio da dialecticidade e o inciso IV, do § 1º-A, do art. 896, da CLT 140

   3.1. Das Súmulas ns. 184 e 297 (item II) do TST 140

4. Da Súmula n. 459 do TST e negativa de prestação jurisdicional 141

5. Negativa de prestação jurisdicional, princípio da dialecticidade e o inciso IV, do § 1º-A, do art. 896, da CLT 143

   5.1. Do inciso IV, do § 1º, do art. 896, da CLT 143

PARTE XIX – NULIDADES

I – Nulidades, Superação, Princípio da Instrumentalidade, Celeridade, Efetividade e Afastamento da Jurisprudência Defensiva 144

1. Do § 2º, do art. 282, do CPC/2015 144

2. Do § 1º, do art. 938, do CPC/2015 144

3. Do § 3º, do art. 1.029, do CPC/2015 145

4. Do § 11, do art. 896, da CLT 145

5. A SBDI 01, do TST, § 3º, do art. 1.029, do CPC/2015 e § 11, do art. 896, da CLT 145

PARTE XX – FATO INCONTROVERSO

I – A Questão do Prequestionamento e do Fato Incontroverso (Ausência de Controvérsia e Desnecessidade de Prequestionamento) 147

1. Do fato incontroverso 147

2. Acórdão não é algo solto no processo e sem contato com a realidade e com o fato incontroverso descrito pela própria pretensão processual ou defensiva 147

3. Do fato incontroverso no processo e a SBDI 01 do TST 148

4. Do fato incontroverso noticiado na petição inicial e a SBDI 01 do TST 149

5. Do fato incontroverso noticiado na contestação e a SBDI 01 do TST 150

6. Do fato incontroverso indicado nas razões ou contrarrazões do apelo e a SBDI 01 do TST 151

7. Do reenquadramento jurídico pelo TST sem revolvimento dos fatos e provas 152

7.1. Da Súmula n. 126 do TST 152

7.2. A SBDI 01 do TST e o reenquadramento jurídico sem malferimento da Súmula n. 126 do TST 152

PARTE XXI – DESPACHO DENEGATÓRIO E EMBARGOS DE DECLARAÇÃO (CLT, CPC, IN 39, IN 40, SÚMULA E OJS)

I – Despacho de Recebimento ou Denegatório do Recurso de Revista 154

1. § 1º, do art. 896, da CLT 154

II – Embargos de Declaração, CLT e CPC 155

1. Do art. 897 da CLT 155

2. Do cabimento dos embargos declaratórios no art. 1.022 do CPC/2015 em face de qualquer decisão 156

2.1. Do art. 1.022 e seguintes do CPC/2015 156

3. Do cabimento dos embargos declaratórios e a Instrução Normativa n. 39/2016 do C. TST = Oponíveis em face de qualquer decisão 157

3.1. Do art. 9º da Instrução Normativa n. 39/2016 do C.TST 157

4. Embargos declaratórios, efeito modificativo e contraditório 158

5. Do cabimento dos embargos declaratórios no CPC/2015 e na Instrução Normativa n. 40/2016 do C. TST = Exigência de que sejam oponíveis em face de despacho/decisão denegatório 158

5.1. Da Instrução Normativa n. 40/2016 do TST 158

PARTE XXII – AGRAVO DE INSTRUMENTO (CLT, CPC, IN 39, IN 40, SÚMULA E OJS)

1. Art. 897 da CLT 160

2. Art. 899 da CLT 162

3. Ato 491/2014 da Presidência do TST 163

4. Instrução Normativa n. 40/2016 do TST 164

5. Agravo de instrumento, duplo exame de admissibilidade e OJ 282 da SBDI 01 do TST 165

6. Agravo de instrumento e mandato tácito 166

   6.1. Da OJ 286, da SBDI 01, do TST 166

7. Agravo de instrumento e recurso de revista (Súmula n. 218 do TST) 166

   7.1. Da Súmula n. 218 do TST 166

8. Agravo de instrumento e embargos para SBDI 167

   8.1. Da Súmula n. 353 do TST 167

PARTE XXIII – DA DECISÃO MONOCRÁTICA

I – Da Decisão Monocrática do Relator = do Procedimento do art. 932 do CPC/2015 c/c as Súmulas ns. 421 e 435 do TST 168

1. Do art. 932 do CPC/2015 168

2. Da Súmula n. 435 do TST e art. 932 do CPC/2015 169

3. Da Súmula n. 421 do TST, arts. 932 e 1.021 do CPC/2015 169

PARTE XXIV – TUTELA CAUTELAR E EFEITO SUSPENSIVO

PARTE XXV – TRANSCENDÊNCIA

1. Transcendência 171

   1.1. Dos §§ e incisos do art. 896-A da CLT com a redação da Lei n. 13.467/2017 171

2. Direito intertemporal relativo ao requisito da transcendência = inaplicável ao recurso de revista interposto contra decisões proferidas pelos Tribunais Regionais do Trabalho publicadas antes de 11.11.2017, data da vigência da Lei n. 13.467/2017 = art. 246 do Regimento Interno do Tribunal Superior do Trabalho, art. 19 da Instrução Normativa n. 41/2018 do TST e Enunciados Administrativos ns. 2 a 7 do STJ 171

3. Norma programática e da necessidade de regulamentação pelo TST, conforme determinado pela alínea "a" do inciso I do art. 96 da CF 173

4. Da necessidade de regulamentação específica e substancial pelo TST, tendo em vista as lacunas do art. 896-A com redação dada pela Lei n. 13.467/2017 173

5. Os arts. 246 a 249 do Regimento Interno do Tribunal Superior do Trabalho, apenas, reproduziram a lei não procedendo a necessária regulamentação específica e substancial,

não estabelecendo o que seria "elevado valor da causa", "direito social constitucionalmente assegurado", "nova questão jurídica" e os "entre outros", impedindo ao jurisdicionado a aferição e o controle da racionalidade jurídica contida na decisão judicial ... 174

6. Regulamentação necessária para estabelecer o que seria "elevado valor da causa" = que não foi esclarecido no Regimento Interno do Tribunal Superior do Trabalho...... 176

7. Regulamentação necessária para estabelecer o que seria "direito social constitucionalmente assegurado" = que não foi esclarecido no Regimento Interno do Tribunal Superior do Trabalho 177

8. Regulamentação necessária para estabelecer o que seria "nova questão jurídica" = que não foi esclarecido no Regimento Interno do Tribunal Superior do Trabalho...... 181

9. Regulamentação necessária para estabelecer o que seria "entre outros" = que não foi esclarecido no Regimento Interno do Tribunal Superior do Trabalho = potencial multiplicador da questão econômica, política, social ou jurídica.................................... 182

10. A transcendência aplicada no TST.. 182

   10.1. A transcendência econômica.. 183

   10.2. A transcendência política 184

   10.3. A transcendência social.. 185

   10.4. A transcendência jurídica 187

   10.5. A transcendência pelo potencial multiplificador ("entre outros")....................... 187

11. Da decisão monocrática, agravo em revista, sustentação oral e recurso extraordinário.. 188

12. Da decisão monocrática em agravo de instrumento, sem recurso e sustentação oral impeditiva da função primordial do TST que é a uniformização da jurisprudência pela SBDI 01 e da inconstitucional violação do juiz natural (do natural acesso à justiça com a decisão do colegiado do tribunal), do amplo direito de defesa, do melhor contraditório 190

13. Da exclusão do juízo de admissibilidade da transcendência pelo Presidente ou Vice-Presidente do Tribunal Regional 192

14. Da abertura do conhecimento do recurso de revista quando não preenchidas as condições ordinárias de admissibilidade da revista, mas, presente a transcedência (critério maior que abrange o menor) 192

"Se a lei é mais compreensível, ela se torna mais acessível às pessoas comuns. No contexto do movimento de acesso à justiça, a simplificação também diz respeito à tentativa de tornar mais fácil que as pessoas satisfaçam as exigências para a utilização de determinado remédio jurídico." (Mauro Cappelletti e Bryant Garth, *Acesso à Justiça*, Sergio Antônio Fabris, p. 156)

INTRODUÇÃO

Essa não é uma obra de erudição ou de profundidade científica, mas sim, um manual de atuação prática destinado ao operador do direito, e, por meio deste manual abordaremos os impactos do Código de Processo Civil de 2015 e da denominada reforma trabalhista (Lei n. 13.467/2017) – inclusive no que diz respeito às questões de direito intertemporal referentes aos processos já constituídos anteriormente a mencionada lei e seus reflexos no Recurso de Revista, e, também, suas repercussões no Despacho Denegatório, nos Embargos de Declaração e no Agravo de Instrumento.

A matéria é tratada neste livro em capítulos específicos, versando sobre cada um dos temas acima referidos e numa ordem aproximativa de um estudo sistemático, com objetivo de propiciar o exame dos recursos aludidos de forma entrelaçada numa noção de conjunto.

Em cada um dos capítulos, são estudadas as novidades e as questões de relevância prática, inclusive com menção às Súmulas, OJs da SBDI 01, as Instruções Normativas ns. 39/2016, 40/2016 e 41/2018 do TST, Precedentes e as outras decisões do Tribunal Superior do Trabalho, cujo conhecimento é essencial para o manuseio dos recursos tratados no âmbito do processo do trabalho, especialmente, no Tribunal Superior do Trabalho.

Com esse amplo campo de exame, este trabalho – que é fruto de estudos e da experiência prática do autor– é extremante ousado e desafiador ao pretender oferecer ao leitor interessado na atuação perante o Tribunal Superior do Trabalho um manual prático, por óbvio não completo e nem exauriente, mas, que funcione como um companheiro na jornada e uma lanterna a clarear o difícil, complexo e quase inacessível caminho de acesso à jurisdição de terceiro grau.

Parte I
DIREITO INTERTEMPORAL

I – DIREITO PROCESSUAL INTERTEMPORAL

1. Norma de sobredireito

A Lei n. 13.467, de 13.07.2017, a despeito de ser uma legislação esparsa – já que não é um Código e nem uma Consolidação –, introduziu diversas normas no bojo da Consolidação das Leis do Trabalho, adotando ao lado da numeração decimal uma ordem alfabética, inclusive, no que diz respeito ao recurso de revista.

Como toda e qualquer lei é fundamental entender o método de sua integração, interpretação e aplicação, ou seja, de sua inserção no sistema/ordenamento jurídico vigente que deverá observar as regras das normas (e sistemas) denominadas de superdireito ou sobredireito.

O superdireito é o conjunto de normas e princípios que disciplinam o método de integração, intepretação e aplicação de outras leis.

Entre as normas e sistemas de superdireito encontram-se a Constituição Federal, a Lei de Introdução às Normas do Direito Brasileiro, o CPC/2015 (em especial a partir do art. 15, do NCPC), e, ainda, o próprio microssistema no qual será inserida a nova lei, no caso concreto, o microssistema (material e processual) laboral composto pela própria CLT, de forma que a aplicação da nova lei seja imediata, mas, com observância do ato jurídico perfeito, do direito adquirido e da coisa julgada.

II – O DIREITO CONSTITUCIONAL PROCESSUAL

1. O inciso XXXVI do art. 5º da CF

O estudo do processo e da aplicação das leis processuais deve ser feito a partir dos princípios, garantias e disposições derivadas da Constituição Federal.

Esse método denominado direito processual constitucional impõe verificar a compatibilidade da lei com os princípios e garantias definidos na Constituição Federal e que não admitem transgressão.

Portanto, o sistema jurídico brasileiro impõe, no tocante ao tema da aplicação imediata da lei nova, a observância fixada hierarquicamente, no plano constitucional: i) da garantia do respeito as normas de proteção dos interesses do trabalhador pelo Estado, além de outras normas que visem à melhoria de sua condição social (*caput* do art. 7º da CF); e, ii) do respeito ao ato jurídico perfeito, ao direito adquirido e a coisa julgada (cfr. inciso XXXVI do art. 5º da CF).

A segurança jurídica, no sistema jurídico brasileiro, alcançou tal relevância, que tem hierarquia constitucional (cfr. inciso XXXVI, do art. 5º, da CF):

XXXVI – a lei não prejudicará o direito adquirido, o ato jurídico perfeito e a coisa julgada;

Assim, a lei processual tem aplicação e eficácia imediata a partir da sua vigência, respeitado o ato jurídico perfeito, o direito adquirido e a coisa julgada.

III – A LEI DE INTRODUÇÃO ÀS NORMAS DO DIREITO BRASILERO (DECRETO-LEI N. 4.657/1942)

1. Norma de superdireito

A Lei de Introdução às Normas do Direito Brasileiro é norma de super-direito, pois, tem por objeto outras leis, ou melhor, a disciplina de outras leis, especialmente, no tocante ao critério de produção e atuação jurídica, de interpretação e da aplicação espacial e temporal.

No presente estudo, particularmente, interessa as determinações da Lei de Introdução às Normas do Direito Brasileiro que dizem respeito às situações (vantagens/desvantagens, direitos e consequências de derivadas de atos isolados) já consumadas, aos fins sociais da lei e a ordem pública (arts. 4º, 5º, 6º e 17 do Decreto-Lei n. 4.657/1942), que, a rigor, correspondem às disposições constitucionais relativas a garantia constitucional da irretroatividade e respeito ao direito adquirido e ao ato jurídico perfeito (inciso XXXVI do art. 5º da CF) tanto no que diz respeito às normas de direito material, quanto de direito processual e de direito processual do trabalho.

Dispõe a Lei de Introdução às Normas do Direito Brasileiro:

Art.1º Salvo disposição contrária, a lei começa a vigorar em todo o país quarenta e cinco dias depois de oficialmente publicada.

Art. 4º Quando a lei for omissa, o juiz decidirá o caso de acordo com a analogia, os costumes e os princípios gerais de direito.

Art. 5º Na aplicação da lei, o juiz atenderá aos fins sociais a que ela se dirige e às exigências do bem comum.

Art. 6º A Lei em vigor terá efeito imediato e geral, respeitados o ato jurídico perfeito, o direito adquirido e a coisa julgada."

§ 1º Reputa-se ato jurídico perfeito o já consumado segundo a lei vigente ao tempo em que se efetuou.

§ 2º Consideram-se adquiridos assim os direitos que o seu titular, ou alguém por êle, possa exercer, como aquêles cujo começo do exercício tenha têrmo pré-fixo, ou condição pré-esta-belecida inalterável, a arbítrio de outrem.

§ 3º Chama-se coisa julgada ou caso julgado a decisão judicial de que já não caiba recurso.

(...)

Art. 17. As leis, atos e sentenças de outro país, bem como quaisquer declarações de vontade, não terão eficácia no Brasil, quando ofenderem a soberania nacional, a ordem pública e os bons costumes.

IV – DOS LIMITES DA APLICAÇÃO IMEDIATA DA LEI DE DIREITO PROCESSUAL FIXADOS PELA NORMA DE SUPERDIREITO OU DE SOBREDIREITO

1. Regra geral de direito intertemporal (material e processual)

Nos termos do que dispõe o art. 6º da Lei de Introdução às Normas do Direito Brasileiro, bem como o inciso XXXVI do art. 5º, da CF, a lei processual tem eficácia imediata a partir da sua vigência, respeitado o ato jurídico perfeito, o direito adquirido e a coisa julgada.

Dessa forma, tanto a lei de Introdução às Normas do Direito Brasileiro, como a CF estabelecem a garantia da segurança das relações jurídicas.

O direito adquirido é uma situação jurídica/consolidada de vantagem que é uma consequência que decorre da incidência da lei sobre um fato idôneo.

Por isso é direito e não ato de vontade, sua fonte é abstrata, vinda do próprio sistema jurídico.

O direito adquirido é uma situação subjetiva de vantagem que deve ser respeitada pelo legislador.

O direito adquirido é a consequência de uma lei, por via direta ou por intermédio de fato idôneo; consequência, essa que gera uma situação de vantagem que passa a integrar o patrimônio material ou moral do sujeito.

A base do direito adquirido é direito objetivo abstrato que se subjetiva por intermédio de um fato idôneo fixado pela lei.

Logo, inerente a noção do direito adquirido está presente a da incorporação de uma situação de vantagem ao patrimônio jurídico pela simples incidência da lei a sua espécie fática, independentemente de um ato concreto, justamente, por ser uma incidência abstrata.

Esta situação jurídica de vantagem/consolidada que passa a integrar o patrimônio do sujeito decorrente da incidência da lei sobre um fato idôneo é que caracteriza o conceito de direito adquirido.

O ato jurídico perfeito corresponde a uma atividade concreta no mundo dos fatos, por isso, é mais visível no plano valorativo que o direito adquirido (que corresponde mais a uma situação jurídica subjetiva extraída da lei anterior e de caráter mais abstrato).

A noção e o conceito do ato jurídico perfeito se deu para dar maiores garantias àquelas presentes na noção do direito adquirido (incorporado ao patrimônio jurídico pela simples incidência da lei a sua espécie fática, independentemente de um ato concreto, justamente, por ser muito abstrata).

A consumação do ato jurídico perfeito se dá na sua constituição, de forma que ao se constituir já é a causa de futuros efeitos como mera decorrência dele.

Se a lei nova alcançar os efeitos futuros do ato jurídico perfeito consumado anteriormente a vigência dela, ela será uma lei retroativa porque vai interferir na causa, que é um ato ocorrido no passado.

Nesse sentido, a lei nova não retroage e seu efeito imediato não atinge os fatos anteriores e nem os efeitos desse fato, de forma a respeitar o ato jurídico perfeito e o direito adquirido.

A despeito do efeito imediato, a atuação das leis encontra limite no ato jurídico perfeito e no direito adquirido.

Os processos contém regras de direito processual e atos processuais que geram consequências que, tendo entrado para o patrimônio do sujeito, se caracterizam como direito adquirido.

V – A APLICAÇÃO SUBSIDIÁRIA E SUPLETIVA DO DIREITO PROCESSUAL CIVIL AO PROCESSO DO TRABALHO

1. CPC/2015: norma processual de superdireito

O Código de Processo Civil é, também, uma norma de superdireito, pois, tem por objeto outras leis, ou melhor, a disciplina de outras leis, especialmente, no que tocante ao critério de produção e atuação jurídica, de interpretação e da aplicação espacial e temporal de normas de direito processual material e de direito processual puro.

Dispõem os arts. 1º, 3º e 8º, do CPC/2015:

Art. 1º O processo civil será ordenado, disciplinado e interpretado conforme os valores e as normas fundamentais estabelecidos na Constituição Federativa do Brasil, observando--se as disposições deste Código.

(...)

Art. 3º **Não se excluirá da apreciação jurisdicional ameaça ou lesão a direito.** (*nota nossa: ao que corresponde o inciso XXXV do art. 5º da CF*)

(...)

Art. 8º Ao aplicar o ordenamento jurídico, **o juiz atenderá aos fins sociais e às exigências do bem comum, resguardando e promovendo a dignidade da pessoa humana e observando a proporcionalidade, a razoabilidade, a legalidade, a publicidade e a eficiência.** (grifos do autor)

O art. 1046, do CPC/2015, disciplina a aplicação imediata da lei:

Art. 1.046. Ao entrar em vigor este Código, suas disposições se aplicarão desde logo aos processos pendentes, ficando revogada a Lei n.5.869, de 11 de janeiro de 1973.

E, no particular interesse do objeto em análise, dispõe o artigo 14 do CPC/2015:

"Art. 14. A norma processual não retroagirá e será aplicável imediatamente aos processos em curso, **respeitados os atos processuais praticados e as situações jurídicas consolidadas sob a vigência da norma revogada**. (grifo do autor)

Finalmente, o art. 15, do CPC/2015, regula a aplicação subsidiária e supletiva do CPC ao processo do trabalho:

Art. 15. Na ausência de normas que regulem processos eleitorais, **trabalhistas** ou administrativos, **as disposições deste Código lhes serão aplicadas supletiva e subsidiariamente.** (grifos do autor)

E as regras de superdireito contidas no CPC/2015 repelem a retroatividade da lei.

2. Regra de direito processual intertemporal e o respeito ao ato jurídico perfeito e ao direito adquirido

Apresentam-se como normas de direito processual material aquelas que por conta da conexão entre os dois planos do ordenamento outorgam a parte situações exteriores ao processo e nele repercutem ao ser instaurado e são normas processuais puras aquelas procedimentais formais que operam exclusivamente no plano interno do processo e nele exaurem sua eficácia.

A aplicação imediata da lei de direito processual não pode desrespeitar as situações jurídicas consolidadas, conforme dispõe o art. 14, do CPC/2015:

> Art. 14. A norma processual não retroagirá e será aplicável imediatamente aos processos em curso, respeitados os atos processuais praticados e as situações jurídicas consolidadas sob a vigência da norma revogada.

Não pode, pois, a lei nova disciplinar de modo diverso (da disciplina fixada pela lei anterior) os efeitos ou as consequências (vantagens e obrigações) de um ato já consumado e/ou de uma situação consolidada sob a vigência da lei anterior, para alcançar os efeitos futuros persistentes desse mesmo ato isolado e completo.

Realmente, a cada ato jurídico e a cada situação jurídica consolidada atribui-se determinado efeito correspondente ao seu conteúdo, em conformidade com a disciplina dada pela lei vigente ao tempo que se consumou.

Esse ato e essa situação jurídica consolidada outorga aos sujeitos direitos, vantagens e obrigações disciplinados pela lei ao tempo que se consumou.

3. A regra do isolamento dos atos e situações processuais

Por conta da natureza dinâmica e evolutiva do processo, o procedimento se desenvolve mediante uma sequência de atos de distintas naturezas, cada qual gerando situações jurídicas de vantagem e desvantagem.

Essas situações processuais configuram direitos processuais adquiridos derivados de atos jurídicos e de situações jurídicas processuais consumadas.

Cada uma dessas situações processuais consumadas surge a partir de determinado e isolado ato processual, e, em determinado e específico momento dentro de um mesmo processo, mas, cada uma dessas situações processuais é tratada no plano da eficácia temporal da lei como uma situação autônoma.

O procedimento é uma cadeia de atos, cada um dos atos processuais tendo sua autonomia e individualidade própria e recebendo da lei vigente ao tempo que foi praticado a disciplina resultante da sua realização.

Ou seja, resguardando-se e dando segurança e estabilidade à eficácia programada dos atos realizados sob a vigência da lei anterior.

Em qualquer caso, o que conta para aplicação das regras fixadas pela lei velha ou pela disciplinada dada pela lei nova é o dia da realização ou da ocorrência de um determinado e isolado ato processual.

4. Direito intertemporal – Precedentes

4.1. Da Instrução Normativa n. 41/2018 do TST a respeito da reforma trabalhista

O texto da Instrução Normativa n. 41/2018 do TST, na Exposição de Motivos já antecipa e esclarece a premissa da interpretação de direito intertemporal:

A necessidade de balizas quanto aos limites de incidência dos novos aspectos da mudança legislativa fez surgir o compromisso institucional deste Tribunal Superior do Trabalho no sentido de oferecer diretrizes alinhadas com os pilares de incidência do direito intertemporal, a fim de preservar o ato jurídico perfeito, o direito adquirido e a coisa julgada, nos moldes do art. 5º, XXXVI, da Constituição da República. (grifo do autor)

A premissa do respeito ao ato jurídico perfeito, ao direito adquirido e a coisa julgada é, assim, explicitada no texto do art. 1º da Instrução Normativa n. 41/2018 do TST:

Art. 1º A aplicação das normas processuais previstas pela Consolidação das Leis do Trabalho, alteradas pela Lei n. 13.467, de 13 de julho de 2017, com eficácia a partir de 11 de novembro, é imediata, sem atingir, no entanto, situações pretéritas iniciadas ou consolidadas sob a égide da lei revogada. (grifo do autor)

4.2. Do Regimento Interno do Tribunal Superior do Trabalho de 2017

A disciplina dada pelo art. 246 do Regimento Interno do Tribunal Superior do Trabalho, aprovado pela Resolução Administrativa n. 1.937, de 20.11.2017, auxilia na verificação do direito intertemporal ao propor:

As normas relativas ao exame da transcendência dos recursos de revista, previstas pelo art. 896-A da CLT, somente, incidirão naqueles interpostos contra decisões proferidas pelos Tribunais Regionais do Trabalho publicadas a partir de 11.11.2017, data da vigência da Lei n. 13.467/2017. (grifo do autor)

4.3. Ato 491 da Presidência do Tribunal Superior do Trabalho (23.09.2014)

A disciplina dada pelo Ato 491, da Presidência do TST, por ocasião da Lei n. 13.015/2014, auxilia na verificação do direito intertemporal no que diz respeito aos novos requisitos de admissibilidade de recursos na Justiça do Trabalho:

ATO N. 491/SEGJUD.GP, DE 23 DE SETEMBRO DE 2014 O PRESIDENTE DO TRIBUNAL SUPERIOR DO TRABALHO, no uso das atribuições legais e regimentais, *ad referendum* do Órgão Especial, considerando a edição da Lei n. 13.015, de 21 de julho de 2014, que instituiu novos requisitos para a admissibilidade de recursos no âmbito da Justiça do Trabalho e introduz a sistemática do recurso repetitivo; considerando a necessidade de fixação de parâmetros procedimentais mínimos para dar efetividade à referida lei, RESOLVE

Art. 1º A Lei n. 13.015, de 21 de julho de 2014, aplica-se aos recursos interpostos das decisões publicadas a partir da data de sua vigência.

Parágrafo único.

As normas procedimentais da Lei n. 13.015/2014 <u>e as que não afetarem o direito processual adquirido de qualquer das partes aplicam-se aos recursos</u> interpostos anteriormente à data de sua vigência, em especial as que regem o sistema de julgamento de recursos de revista repetitivos, <u>o efeito interruptivo dos embargos de declaração</u> e a afetação do recurso de embargos ao Tribunal Pleno do TST, dada a relevância da matéria (art. 7º).

Art. 2º Sem prejuízo da competência do Ministro Relator do recurso de embargos prevista no § 3º do artigo 894 da CLT, o Presidente de Turma, na forma do Regimento Interno do Tribunal Superior do Trabalho, denegar-lhe-á seguimento nas hipóteses ali previstas e quando a divergência apresentada não se revelar atual, nos termos do § 2º do mesmo dispositivo legal.

Art. 3º Para efeito de aplicação dos §§ 4º e 5º do artigo 896 da CLT, persistindo decisão conflitante com a jurisprudência já uniformizada do Tribunal Regional do Trabalho de origem, deverão os autos retornar à instância *a quo* para sua adequação à súmula regional ou à tese jurídica prevalecente no Tribunal Regional do Trabalho, desde que não conflitante com súmula ou orientação jurisprudencial do Tribunal Superior do Trabalho.

Art. 4º A comprovação da existência da súmula regional ou da tese jurídica prevalecente no Tribunal Regional do Trabalho e não conflitante com súmula ou orientação jurisprudencial do Tribunal Superior do Trabalho servirá para os efeitos do artigo 896, a, da CLT, desde que regularmente demonstrada sua fonte de publicação.

Art. 5º No caso de decisão regional em consonância com súmula ou orientação jurisprudencial do Tribunal Superior do Trabalho, o Relator denegará seguimento ao recurso.

Art. 6º Os Tribunais Regionais do Trabalho deverão manter e dar publicidade a suas súmulas e teses jurídicas prevalecentes mediante banco de dados, organizando-as por questão jurídica decidida e divulgando-as, preferencialmente, na rede mundial de computadores.

(...)

Art. 23. A dispensa de depósito recursal a que se refere o § 8º do artigo 899 da CLT não será aplicável aos casos em que o agravo de instrumento se refira a uma parcela de condenação, pelo menos, que não seja objeto de arguição de contrariedade a súmula ou a orientação jurisprudencial do Tribunal Superior do Trabalho.

Parágrafo único. Quando a arguição a que se refere o *caput* deste artigo revelar-se manifestamente infundada, temerária ou artificiosa, o agravo de instrumento será considerado deserto. (grifos do autor)

4.4. OJ 60 da SBDI 01 do TST

A OJ 60 da SBDI 01 do TST tratando do direito intertemporal estabelece que:

60. AGRAVO DE INSTRUMENTO. RECURSO DE REVISTA. PROCEDIMENTO SUMA-RÍSSIMO. LEI N. 9.957/00. PROCESSOS EM CURSO (inserida em 27.09.2002)

I – É inaplicável o rito sumaríssimo aos processos iniciados antes da vigência da Lei n. 9.957/00.

– No caso de o despacho denegatório de recurso de revista invocar, <u>em processo iniciado</u> antes da Lei n. 9.957/00, o § 6º do art. 896 da CLT (rito sumaríssimo), como óbice ao trânsito do apelo calcado em divergência jurisprudencial ou violação de dispositivo infraconstitucional, <u>o Tribunal superará o obstáculo, apreciando o recurso sob esses fundamentos.</u> (grifos do autor)

4.5. Da unidade de regência no tratamento dos recursos e os Enunciados Administrativos ns. 2 até 7 do Superior Tribunal de Justiça e o art. 18 da IN n. 41/2018 do TST

O Recurso (na sua inteireza ou em todos os seus aspectos, extrínsecos e intrínsecos) é regido do começo ao fim pela regra vigente ao tempo da publicação da decisão e sua interposição, não sendo possível quebrar a unidade da sua regência, para considerar a lei nova no tocante aos pressupostos de admissibilidade extrínsecos e intrínsecos.

Noutros termos, o tratamento dos pressupostos extrínsecos e intrínsecos do recurso observa a mesma unidade de regência, ou seja, a lei e a jurisprudência consolidada vigente ao tempo que a decisão foi proferida e que o recurso foi interposto (e até quando vier a ser julgado).

Desse modo, a unidade da regência de tratamento do recurso significa que o regramento dos pressupostos extrínsecos, assim como dos pressupostos intrínsecos, do recurso será aquele vigente por ocasião da publicação da decisão e da interposição do apelo.

Dessa forma, a regularidade processual do recurso deve ser examinada à luz da lei e da jurisprudência vigente ao tempo da publicação da decisão recorrida e da interposição do Recurso, sob pena de quebra da unidade da regência do recurso por uma só lei e interpretação, qual seja, aquela vigente quando da publicação da decisão recorrida.

Nesse sentido, os Enunciados Administrativos n. 2 até n. 7 do Superior Tribunal de Justiça:

Enunciado administrativo n. 2. Aos recursos interpostos com fundamento no CPC/1973 (relativos a decisões publicadas até 17 de março de 2016) devem ser exigidos os requisitos de admissibilidade na forma nele prevista, com as interpretações dadas, até então, pela jurisprudência do Superior Tribunal de Justiça.

Enunciado administrativo n. 3. Aos recursos interpostos com fundamento no CPC/2015 (relativos a decisões publicadas a partir de 18 de março de 2016) serão exigidos os requisitos de admissibilidade recursal na forma do novo CPC

Enunciado administrativo 5. Nos recursos tempestivos interpostos com fundamento no CPC/1973 (relativos a decisões publicadas até 17 de março de 2016) **não caberá a abertura de prazo prevista no art. 932, parágrafo único, c/c o art. 1.029, § 3º, do novo CPC.** ,

Enunciado administrativo n. 6. Nos recursos tempestivos interpostos com fundamento no CPC/2015 (relativos a decisões publicadas a partir de 18 de março de 2016), somente será concedido o prazo previsto no art. 932, parágrafo único, c/c o art. 1.029, § 3º, do novo CPC **para que a parte sane vício estritamente formal**.

Enunciado administrativo n. 7. Somente nos recursos interpostos contra decisão publicada a partir de 18 de março de 2016, será possível o arbitramento de honorários sucumbenciais recursais, na forma do art. 85, § 11, do novo CPC. (grifos do autor)

Nesse diapasão, também, o art. 18 da IN n. 41/2018 do TST:

Art. 18. O dever de os Tribunais Regionais do Trabalho uniformizarem a sua jurisprudência faz incidir, subsidiariamente ao processo do trabalho, o art. 926 do CPC, por meio do qual os Tribunais deverão manter sua jurisprudência integral, estável e coerente.

§ 1º Os incidentes de uniformização de jurisprudência suscitados ou iniciados antes da vigência da Lei n. 13.467/2017 , no âmbito dos Tribunais Regionais do Trabalho ou por iniciativa de decisão do Tribunal Superior do Trabalho, deverão observar e serão concluídos sob a égide da legislação vigente ao tempo da interposição.

§ 2º Aos recursos de revista e de agravo de instrumento no âmbito do Tribunal Superior do Trabalho, conclusos aos relatores e ainda não julgados até a edição da Lei n. 13.467/2017, não se aplicam as disposições contidas nos §§ 3º a 6º do art. 896 da Consolidação das Leis do Trabalho. (grifos do autor)

Parte II
CONCEITO DE RECURSO

1. Recurso

Recurso é o instrumento processual por meio do qual a parte, vencida ou prejudicada, ou outro legitimado para agir (terceiro juridicamente interessado, ou Ministério Público), utiliza dentro do processo, para obter a revisão de determinada decisão judicial, a fim de que ela seja invalidada, esclarecida ou reformada.

Tendo em vista que o conceito de recurso é vinculado a existência da decisão recorrida; normalmente, atrelado a concepção do recurso esta a do término da jurisdição do primeiro julgador (face a preclusão *pro iudicato)*, salvo no caso dos embargos de declaração (§ 7º, do art. 485, e § 4º, do art. 1024, do CPC) e quando o recurso permita a admissão do juízo de retratação (§ 2º, do art. 1021, do CPC); e do duplo grau de jurisdição.

Portanto, em regra, o recurso como remédio processual é julgado por autoridade, hierarquicamente, superior ao órgão judiciário que proferiu a decisão recorrida.

2. Finalidade

O instituto do recurso, em direito processual, atende dois aspectos distintos.

Primeiro, ao aspecto subjetivo ou psicológico da parte não se conformar com a decisão que lhe seja desfavorável, independentemente, da sua correção ou não.

Segundo, responde a um aspecto objetivo que é a necessidade da parte ter um mecanismo que possibilite a correção de erros procedimento e de julgamento contidos nas decisões judiciais, posto que o objetivo do direito processual é garantir o acesso a ordem jurídica justa.

3. Singularidade = não se trata de interposição de recurso antes da publicação da decisão e sim da interposição simultânea de dois recursos (excludentes ou não) contra a mesma decisão, em violação ao princípio da unirrecorribilidade

Pelo princípio da singularidade é inadmissível interpor mais de um recurso em face da mesma decisão, salvo situação excepcional e exceções arroladas na lei e quando o caso permitir a observância do princípio da fungibilidade.

Não se pode eleger duas medidas recursais distintas e incompatíveis e excludentes entre si, por exemplo, não se poderá ingressar, simultaneamente, com embargos declaratórios e com recurso ordinário com relação a mesma decisão.

Também, não se pode atravessar outro recurso para sanar preclusão consumativa do primeiro recurso, assim, na hipótese de aviado de forma inadequada o recurso não será possível se interpor o recurso adesivo para sanar àquela preclusão consumativa, uma vez que a parte já teria se utilizado de maneira imprópria do recurso autônomo (preclusão consumativa), em virtude do princípio da unirrecorribilidade e da preclusão consumativa, não se abrindo outra oportunidade à parte que procedeu de forma imprópria.

Nesse sentido, o entendimento da SBDI 01, do TST:

AGRAVO EM EMBARGOS EM AGRAVO DE INSTRUMENTO EM RECURSO DE REVISTA – PRECLUSÃO CONSUMATIVA – INTERPOSIÇÃO SIMULTÂNEA PELA MESMA PARTE DE DOIS RECURSOS DE EMBARGOS. 1 – HIPÓTESE EM QUE O RECLAMANTE APRESENTA DOIS RECURSOS de embargos SIMULTANEAMENTE. Decisão agravada que examina apenas o primeiro recursointerposto – tendo em vista a **APLICAÇÃO DO PRINCÍPIO DA UNIRRECORRIBILIDADE, negando-lhe seguimento por irregularidade de representação processual. PRETENSÃO RECURSAL CENTRADA NO EXAME DA REGULARIDADE DO SEGUNDO RECURSO AVIADO, SOB ALEGAÇÃO DE QUE HOUVE FORMALISMO EXCESSIVO NA DECISÃO AGRAVADA. 2 – O DIREITO DE RECORRER DO DEMANDANTE EXAURIU-SE COM A INTERPOSIÇÃO DO PRIMEIRO RECURSO (PRECLUSÃO CONSUMATIVA), POIS, O ORDENAMENTO JURÍDICO PROCESSUAL ALBERGA O PRINCÍPIO DA UNIRRECORRIBILIDADE, SEGUNDO O QUAL NÃO É POSSÍVEL IMPUGNAR DETERMINADA DECISÃO COM MAIS DE UM RECURSO,** ainda que da mesma espécie e endereçado à mesma autoridade. Agravo a que se nega provimento. (TST-AIRR – 9995900-07.2003.5.04.0900, Relator Juiz Convocado: Douglas Alencar Rodrigues, Subseção I Especializada em Dissídios Individuais." DEJT 27.11.2009 Fonte Site do TST URL: <http://aplicacao5.TST.jus.br/consultaunificada2/inteiroTeor.do?action=printInteiroTeor&format=html&highlight=true&numeroFormatado=AIRR%20-%20 9995900-072003.5.04.0900&base=acordao&rowid=AAANGhAAFAAAxuoAAD&dataPublicacao=27/11/2009&localPublicacao=DEJT&query=preclus%E3o%20and%20consumativa%20 and%20interposi%E7%E3o%20and%20simult%E2nea%20and%20pela%20and%20mesma%20 and%20parte%20and%20de%20and%20dois%20and%20recurso%20and%20de%20and%20 embargos%20and%20aplica%E7%E3o%20and%20do%20and%20princ%EDpio%20and%20-da%20and%20unirrecorribilidade>. (grifos do autor)

4. Interdição de decisão de surpresa e garantia do efetivo contraditório

O art. 9º, do CPC/2015, estabelece:

Não se proferirá decisão contra uma das partes sem que ela seja previamente ouvida"

Parágrafo Único. O disposto no *caput* não se aplica:

I – à tutela provisória de urgência

II – às hipóteses de tutela de evidência previstas no art. 311, incisos II e III

III – à decisão do art. 701

E o art. 10, do CPC/2015, fixa:

O juiz não pode decidir, em grau algum de jurisdição, com base em fundamento a respeito do qual não tenha dado às partes oportunidade de se manifestar, ainda que se trate de matéria sobre a qual tenha que decidir de ofício.

É norma a garantir a concreção do princípio do contraditório e da ampla defesa, impedindo-se as decisões de surpresa, ainda que se trate de questão de ordem pública.

Trata-se de norma de concreção de princípio de direito processual constitucional, ou de garantia constitucional do contraditório (inciso LV, do art. 5º, da CF), dentro da metodologia e dos escopos gerais previstos pela teoria geral do processo, assim, tanto de forma subsidiária, como supletiva, plenamente aplicável ao processo do trabalho.

Logo o juiz ou o Tribunal não poderá adotar como tese ou fato para o julgamento cujo fundamento seja novidade ao debate travado pelas partes. É o fim da surpresa por ocasião dos julgamentos.

O art. 4º da Instrução Normativa n. 39/2016, do TST, regulamentando a aplicação dos arts. 9º e 10, do CPC/2015, ao processo do trabalho fixa:

> **Art. 4º Aplicam-se ao Processo do Trabalho as normas do CPC que regulam o princípio do contraditório, em especial os artigos 9º e 10, no que vedam a decisão surpresa.**
>
> **§ 1º Entende-se por "decisão surpresa" a que, no julgamento final do mérito da causa, em qualquer grau de jurisdição, aplicar fundamento jurídico ou embasar-se em fato não submetido à audiência prévia de uma ou de ambas as partes.**
>
> **§ 2º Não se considera "decisão surpresa" a que, à luz do ordenamento jurídico nacional e dos princípios que informam o Direito Processual do Trabalho, as partes tinham obrigação de prever, concernente às condições da ação, aos pressupostos de admissibilidade de recurso e aos pressupostos processuais, salvo disposição legal expressa em contrário.**

5. Da questão a ser julgada ainda não enfrentada pela parte – da exigência do seu conhecimento pela parte a fim de garantir à ampla defesa e o contraditório, mesmo em sede recursal e perante o tribunal (art. 933 do CPC/2015)

Dispõe o art. 933 do CPC/2015

> **Art. 933. Se o relator <u>constatar a ocorrência de fato superveniente à decisão recorrida ou a existência de questão apreciável de ofício ainda não examinada</u> que devam ser considerados no julgamento do recurso, <u>intimará as partes para que se manifestem no prazo de 5 (cinco) dias.</u>**
>
> **§ 1º Se a <u>constatação ocorrer durante a sessão de julgamento, esse será imediatamente suspenso</u> a fim de que as partes se manifestem especificamente.**
>
> **§ 2º Se a constatação se der em vista dos autos, deverá o juiz que a solicitou encaminhá-los ao relator, que tomará as providências previstas no *caput* e, em seguida, solicitará a inclusão do feito em pauta para prosseguimento do julgamento, com submissão integral da nova questão aos julgadores.** (grifos do autor)

O art. 933 do novo CPC reforça o princípio da interdição da surpresa, ou o princípio da efetiva ampla defesa e contraditório substancial, com a plena possibilidade de participação e enfrentamento pela parte de todos os fatos, questões e argumentos relevantes, inclusive, os novos e os ainda não examinados e que deverão ser considerados e serão determinantes no resultado do julgamento.

O Novo Recurso de Revista – 33

O princípio da ampla defesa e do contraditório substancial é reproduzido e reforçado como um tecido que vai recebendo várias linhas de reforço ao longo do novo CPC.

O referido dispositivo é aplicável de forma supletiva e subsidiária ao processo do trabalho face a compatibilidade e pela melhoria da técnica à vista do objetivo maior do processo de resultados e da legitimidade do resultado final do exercício do direito de ação e da jurisdição face à garantia do acesso a ordem jurídica justa com um julgamento de melhor nível e qualidade (decisão de mérito) a ser outorgado pelo Poder Judiciário.

Embora, a Instrução Normativa n. 39/2016, do TST, não tenha tratado especificamente da aplicação ou não do art. 933, do CPC/2015, no art. 4º a IN n. 39/2016, do TST, cuida da aplicação dos arts. 9º e 10 do CPC/2015.

6. Meios de impugnação autônoma

Como os recursos processuais não constituem um fim em si mesmos, sendo meios de defesa do direito das partes, em se tratando de matéria específica e/ou de ordem pública, o sistema processual aditou, para além dos recursos específicos previstos para atacar a decisão judicial dentro do mesmo processo, outras vias e remédios para suprir a suas deficiências ou a suas preclusões, com o objetivo de proteger o indivíduo e o interesse público contra ilegalidades que afetam o regular exercício da jurisdição, exercidos por meio dos denominados meios de impugnação autônoma.

Não se consideram recursos os meios de impugnação autônoma, ou seja, que se apresentam fora da mesma relação processual, como, v.g., ação rescisória, ação anulatória, mandado de segurança, *habeas corpus*, embargos de terceiro.

Parte III
TIPOS DE RECURSO

1. Recursos em espécie no processo trabalhista (dissídios individuais)

No processo trabalhista, existem recursos ordinários e de natureza extraordinária, recursos da fase de conhecimento e recursos próprios da execução (art. 893 e segs. da CLT).

2. Na fase de conhecimento

Na fase conhecimento do processo laboral, podem ser interpostos o recurso ordinário, o recurso de embargos de declaração, o recurso de revista (de natureza extraordinária), os embargos para as Seções Especializadas do Tribunal Superior do Trabalho (de natureza extraordinária) e o recurso extraordinário.

Além desses, os Agravos:

– agravo de instrumento (art. 897, alínea "b", CLT);

– agravo interno (art. 1.021 do CPC/2015: "Contra decisão proferida pelo relator caberá agravo interno para o respectivo órgão colegiado, observadas, quanto ao processamento, as regras do regimento interno do tribunal") c/c inciso II da Súmula n. 421 do TST (II – Se a parte postular a revisão no mérito da decisão monocrática, cumpre ao relator converter os embargos de declaração em agravo, em face dos princípios da fungibilidade e celeridade processual, submetendo-o ao pronunciamento do Colegiado, após a intimação do recorrente para, no prazo de 5 (cinco) dias, complementar as razões recursais, de modo a ajustá-las às exigências do art. 1.021, § 1º, do CPC de 2015);

– eventual agravo regimental (previsto no Regimento Interno dos Tribunais).

3. Na fase de execução

Na fase de execução, pode ser interposto o agravo de petição, bem como o recurso de revista e os embargos para a SBDI do TST, mas, com viés constitucional (Súmula n. 433 do TST: "A admissibilidade do recurso de embargos contra acórdão de Turma em Recurso de Revista em fase de execução, publicado na vigência da Lei n. 11.496, de 26.06.2007, condiciona-se à demonstração de divergência jurisprudencial entre Turmas ou destas e a Seção Especializada em Dissídios Individuais do Tribunal Superior do Trabalho em relação à interpretação de dispositivo constitucional"), afora o agravos de instrumento, o agravo interno, e, eventual agravo regimental e os embargos declaratórios.

4. No STF

Também, é admissível o recurso extraordinário para o Supremo Tribunal Federal (inciso III do art. 102 da CF), observada a repercussão geral (§ 3º, do art. 102, da CF c/c 1035, do CPC, e §§ 13 e 14, do art. 896-C, da CLT).

5. Correição parcial

A correição parcial, que embora muitos não a considerem como recurso pelo fato de que seu alcance, *a priori*, não atingir o conteúdo jurisdicional da decisão corrigenda, na verdade, por conta do poder geral de cautela nela ínsito (parágrafo único do art. 13 do Regimento Interno da Corregedoria Geral da Justiça do Trabalho), termina – tal como o *reclamo* italiano – corrigindo *"errores in judicando"*.

6. Reclamação

O Código de Processo Civil de 2015 tem por objetivo garantir a obtenção da tutela jurisdicional (de mérito e satisfativa) num prazo razoável e uma isonomia na aplicação da lei, para tanto se utiliza de procedimentos para julgamentos em massa, com o objetivo de garantir maior aderência aos princípios constitucionais, visando maior efetividade, eficiência, isonomia e segurança jurídica.

Nessa perspectiva, a adoção do regime de precedentes, mecanismo por meio do qual o CPC/2015 objetiva harmonizar dois valores contrastantes, quais sejam:

– da celeridade (todos os processos em andamento passarão a observar a decisão proferida e a tese jurídica fixada no regime de precedentes, além de facilitar a aplicação da tutela antecipada, nos termos do inciso II do art. 311 do NCPC), e,

– da isonomia e segurança jurídica (todos os jurisdicionados terão na resolução de seus conflitos tratamento isonômico pelo Poder Judiciário).

As reformas propostas pelo CPC/2015, incluindo o regime de precedentes, são uma resposta aos reclamos da sociedade por um sistema processual mais efetivo, eficiente, justo e *équo*, capaz de dar conta do trinômio qualidade-tempestividade-efetividade.

Atrelado ao regime de precedentes e como instrumento de correção daquelas disfuncionalidades, com o objetivo de garantia da regular e correta funcionalidade do sistema, o Código de Processo Civil/2015 estabeleceu de forma ampla a utilização do remédio da Reclamação.

A Reclamação é um remédio processual cujo cabimento foi estendido a todos os Tribunais e passa a ter função garantidora da aplicação isonômica do regime de precedentes, funcionando como uma "válvula de segurança" do sistema, no que diz respeito ao cumprimento do regime de precedentes.

A Reclamação é aplicável ao processo do trabalho, conforme dispõem os arts. 15 e 988, do CPC, c/c o art. 3º, da Instrução Normativa n. 39/2016, do TST, e os arts. 210 a 217, do Regimento Interno do TST.

6.1. Do art. 988 do CPC/2015

Dispõe o art. 988 do CPC/2015:

Art. 988. Caberá reclamação da parte interessada ou do Ministério Público para:

Preservar a competência do tribunal

II – garantir a autoridade das decisões do tribunal

III – garantir a observância de enunciado de súmula vinculante e de decisão do Supremo Tribunal Federal em controle concentrado de constitucionalidade;

IV – garantir a observância de acórdão proferido em julgamento de incidente de resolução de demandas repetitivas ou em incidente de assunção de competência.

§ 1º A reclamação pode ser proposta perante qualquer tribunal e seu julgamento compete ao órgão jurisdicional cuja competência se busca preservar ou cuja autoridade se pretenda garantir."

§ 4º As hipóteses dos incisos III e IV compreendem a aplicação indevida da tese jurídica e sua não aplicação aos casos que a ela correspondam. (grifos do autor)

A reclamação cabe para preservar a competência do tribunal; garantir a autoridade das decisões do tribunal; a observância de súmula vinculante de decisão do Supremo Tribunal Federal em controle concentrado de constitucionalidade; a observância de acórdão proferido em julgamento de incidente de resolução de demandas repetitivas ou em incidente de assunção de competência; compreendo a aplicação indevida da tese jurídica ou sua não aplicação aos casos que a ela correspondam.

A reclamação pode ser proposta perante qualquer tribunal.

6.2. Do inciso XXVIII do art. 3º da Instrução Normativa n. 39/2016

Dispõe o inciso XXVII do art. 3º da Instrução Normativa n. 39/2016:

Art. 3º Sem prejuízo de outros, aplicam-se ao Processo do Trabalho, em face da omissão e compatibilidade, os preceitos do Código de Processo Civil que regulam os seguintes temas: (...) XXVII – Arts. 988 a 993 (reclamação)

6.3. Dos arts. 210 a 217 do Regimento Interno do Tribunal Superior do Trabalho

Dispõem os artigos 210 a 217 do Regimento Interno do TST:

Art. 210. Caberá reclamação para: I – preservar a competência do Tribunal; II – garantir a autoridade das decisões do Tribunal; III – garantir a observância de acórdão proferido em incidentes de assunção de competência, de resolução de demandas repetitivas e de julgamento de recursos repetitivos. § 1º Estão legitimados para a reclamação a parte interessada ou o Ministério Público do Trabalho. § 2º A reclamação será processada e julgada pelo órgão colegiado cuja competência se busca preservar ou cuja autoridade se pretende garantir. § 3º Oficiará no feito o Ministério Público do Trabalho, como custos legis, salvo se figurar como reclamante.

Art. 211. A reclamação, dirigida ao Presidente do Tribunal e instruída com prova documental, será autuada e distribuída, sempre que possível, ao relator da causa principal, observando-se, no que couber, as disposições deste Regimento.

Art. 212. É inadmissível a reclamação proposta: I – após o trânsito em julgado da decisão reclamada; II – em face de decisão monocrática de Ministro ou colegiada do Tribunal, pelo seu Pleno ou órgão fracionário.

Art. 213. Ao despachar a inicial, incumbe ao relator: I – requisitar informações da autoridade a quem for atribuída a prática do ato impugnado, para que as apresente no prazo de 10 (dez) dias úteis; II – ordenar liminarmente, se houver risco de dano irreparável, a suspensão do processo ou do ato impugnado; III – determinar a citação do beneficiário da decisão impugnada, que terá prazo de 15 (quinze) dias úteis para apresentar contestação. Parágrafo único. Decorridos os prazos para informações e oferecimento de contestação pelo beneficiário do ato impugnado, o Ministério Público terá vista dos autos por 5 (cinco) dias, salvo se figurar como reclamante.

Art. 214. À reclamação poderá opor-se, fundamentadamente, qualquer interessado. § 1º É obrigatória a intimação da parte interessada da decisão de indeferimento liminar da reclamação. § 2º O relator arbitrará o valor das custas, bem como os ônus da sucumbência. § 3º Os valores decorrentes da sucumbência serão processados nos autos da reclamação.

Art. 215. Julgada procedente a reclamação, o Tribunal cassará a decisão exorbitante de seu julgado ou determinará medida adequada à preservação da sua competência.

Art. 216. O Presidente do órgão julgador competente determinará o cumprimento imediato da decisão, lavrando-se o acórdão posteriormente. Parágrafo único. Caberá ao Ministro relator determinar a adoção das medidas indutivas, coercitivas, mandamentais ou sub-rogatórias necessárias para assegurar o cumprimento da decisão.

Art. 217. Dos acórdãos proferidos pelos Tribunais Regionais do Trabalho, em reclamação, caberá recurso ordinário, a ser distribuído no âmbito do órgão fracionário competente para o julgamento do recurso cabível para o Tribunal Superior do Trabalho no processo principal. (grifos do autor)

De acordo com o Regimento Interno do TST, a reclamação cabe para preservar a competência do Tribunal; garantir a autoridade das decisões do Tribunal; garantir a observância de acórdão proferido em incidentes de assunção de competência, de resolução de demandas repetitivas e de julgamento de recursos repetitivos.

São legitimados para a reclamação a parte interessada ou o Ministério Público do Trabalho.

A reclamação será processada e julgada pelo órgão colegiado cuja competência se busca preservar ou cuja autoridade se pretende garantir.

O Ministério Público do Trabalho oficiará como *custos legis*, salvo se figurar como reclamante.

É inadmissível a reclamação proposta após o trânsito em julgado da decisão reclamada; em face de decisão monocrática de Ministro ou colegiada do STF, pelo seu Pleno ou órgão fracionário.

Compete ao Ministro relator requisitar informações da autoridade a quem for atribuída a prática do ato impugnado, para que as apresente no prazo de 10 (dez) dias úteis; ordenar liminarmente, se houver risco de dano irreparável, a suspensão do processo ou do ato impugnado; determinar a citação do beneficiário da decisão impugnada, que terá prazo de 15 (quinze) dias úteis para apresentar contestação.

Poderá opor-se a reclamação fundamentadamente, qualquer interessado, sendo obrigatória a intimação da parte interessada da decisão de indeferimento liminar da reclamação.

O relator arbitrará o valor das custas, bem como os ônus da sucumbência, uma vez que se trata de ação tendo em vista que o beneficiário da decisão reclamada será citado para apresentar contestação.

Julgada procedente a reclamação, o Tribunal cassará a decisão exorbitante de seu julgado ou determinará medida adequada à preservação da sua competência.

Dos acórdãos proferidos pelos Tribunais Regionais do Trabalho, em reclamação, caberá recurso ordinário para o Tribunal Superior do Trabalho no processo principal.

Parte IV
EFEITOS DO RECURSO

1. Efeito devolutivo

O efeito devolutivo do recurso transfere ou remete a jurisdição para o Tribunal Superior, de forma que tome conhecimento e reexamine a relação processual, as condições da ação e o mérito do processo, analisando a existência, ou não, de erros de procedimento e de julgamento, a princípio, nos limites e na extensão do objeto do recurso, salvo excepcionalmente na instância ordinária (afastando-se a preclusão e se conhecendo de ofício) no caso de matéria de ordem pública.

2. Efeito suspensivo parcial – impeditivo do trânsito em julgado

Os recursos trabalhistas, em regra (§ 1º, do art. 896, e art. 899, da CLT), não têm efeito suspensivo (pleno), na medida que não suspendem a eficácia natural da decisão recorrida.

No entanto, a interposição do recurso, ao impedir a formação da coisa julgada, suspende a definitividade ou o término da relação processual decretada pela decisão recorrida.

Nesse sentido, o recurso teria o efeito suspensivo parcial ao impedir o término da relação processual e prolongar a pendência da ação, evitando a formação da coisa julgada.

Dessa forma, a despeito da interposição do recurso não impedir que os efeitos da decisão recorrida se produzam, desde logo, por isso, se dizer que não tem efeito suspensivo, com a sua interposição os efeitos da decisão tornam-se, apenas, parciais tanto no que é pertinente à eficácia quanto à extensão dos seus efeitos.

No que diz respeito a extensão, salvo no caso da tutela antecipada concedida na decisão recorrida (cuja eficácia já é da tutela de urgência ou de evidência e não da tutela ordinária, conforme OJ 87 da SBDI 02 do TST), ou na hipótese da interposição de agravo de instrumento em face de despacho denegatório de agravo de petição em execução (§ 2º, do art. 897, da CLT), a interposição do recurso permite, apenas, execução incompleta, a chamada execução provisória, porque não tem natureza satisfativa, ou seja, não alcança o pagamento ou a entrega final do bem da vida; quanto à eficácia, o recurso impede que se agregue à eficácia da decisão a qualidade da imutabilidade própria da decisão transitada em julgado.

Parte V
RECURSO E EXTENSÃO DO DIREITO DE AÇÃO

1. Juízo de admissibilidade

Tendo em vista que o recurso é uma extensão do direito de ação, assim como a própria, cabe quanto ao recurso a verificação dos pressupostos e das condições de sua admissibilidade, que lhe abram caminho para o julgamento do mérito do apelo.

Esta verificação preliminar dos pressupostos e condições de admissibilidade do recurso denomina-se juízo de admissibilidade, sem o qual não será permitido se passar para o juízo de mérito do recurso.

2. Mérito da ação e mérito do recurso

Não confundir o mérito do recurso com o mérito da ação.

Normalmente, o mérito do recurso terá por exame o mérito da própria ação.

3. Questão processual e mérito do recurso

Em diversas situações, o mérito do recurso poderá ser uma questão processual e não o mérito propriamente dito da demanda.

Sempre que houver um erro de procedimento e não de julgamento, quer seja com relação a condução do processo (pressuposto de existência e desenvolvimento válido), v.g., cerceamento de defesa, ou, de deficiência (condição de existência e validade da decisão) na prestação jurisdicional (denegação dela – *v.g.*, decisão *"citra-petita"*) o mérito do recurso será uma questão processual.

Todavia, mesmo nessa hipótese, para se chegar ao conhecimento da questão processual que constitui o mérito do recurso se faz necessário ultrapassar o juízo de admissibilidade do próprio recurso, que cuida de questão puramente processual.

4. Nulidade do processo

No caso de nulidade do processo, será possível passar para o julgamento do mérito da pretensão processual, sanando-se (§ 1º, do art. 938, do CPC/2015), ou, deixando de declarar a nulidade, no caso de ser viável o julgamento de procedência em favor da parte a quem aproveitaria a declaração da nulidade (§ 2º, do art. 282, do CPC/2015).

5. Nulidade da decisão

No caso de nulidade da decisão, na hipótese da causa já estar madura e não existir prejuízo ao contraditório, se passará ao julgamento do mérito.

Ou seja, caso se entenda já ser possível o julgamento de mérito favoravelmente ao recorrente, não será, então, o caso de se declarar a nulidade, nos termos do que dispõe o § 2º, do art. 282 c/c os incisos I, II, III e IV, do § 3º, do art. 1.013, do CPC/2015, adotando-se a teoria da causa madura (Súmula n. 393 do TST).

6. Linguagem forense

Impende mencionar que, normalmente, na praxe da linguagem forense, costuma-se, no recurso, utilizar o registro de preliminares para tratar de nulidades do processo e da decisão recorrida, e, destacar, o mérito para as questões da lide propriamente dita.

Parte VI
REQUISITOS GERAIS DE ADMISSIBILIDADE DOS RECURSOS

1. Pressupostos gerais dos recursos

Os requisitos de admissibilidade dos recursos, em geral, podem ser classificados em pressupostos extrínsecos (objetivos/formais) e pressupostos intrínsecos (subjetivos).

Os pressupostos extrínsecos referem-se ao modo de exercer o ato, ou seja, ao modo pelo qual se exerce o direito de recorrer.

Os pressupostos intrínsecos dizem respeito aos requisitos relacionados à própria existência do direito de recorrer, ou, melhor, ao cabimento e procedência do recurso.

2. Pressupostos extrínsecos

Pressupostos extrínsecos são requisitos formais de admissibilidade do recurso relacionados ao modo de exercer o ato ou o direito de recorrer.

E, geralmente, são classificados como requisitos extrínsecos/objetivos: a) a tempestividade; b) a regularidade formal do apelo; c) regularidade dos poderes do subscritor do apelo; d) o depósito recursal; e) pagamento das custas processuais.

3. Pressupostos intrínsecos

Pressupostos intrínsecos são elementos ou requisitos relacionados ao próprio cabimento (pressupostos intrínsecos de admissibilidade em abstrato) ou a procedência do recurso (pressuposto intrínsecos em concreto).

Normalmente, se enquadram na categoria de requisitos intrínsecos/subjetivos: a) a existência de uma decisão recorrível ou o cabimento do recurso; b) a legitimação do recorrente; c) o interesse de agir no recurso; d) a inexistência de algum fato impeditivo ou extintivo do direito de recorrer; e) a ofensa à lei; f) a divergência jurisprudencial; g) o malferimento de súmula; h) a indicação do trecho da decisão objeto da impugnação; i) impugnação de todos os fundamentos da decisão recorrida; j) indicacação de forma explicita e fundamentada a contrariedade a dispositivo de lei, súmula ou orientação jurisprudencial; o que tem consequências, inclusive, para fins recursais (conforme Ementário 181 e 660 da lista de Repercussão Geral do STF) e para ação rescisória.

O Novo Recurso de Revista – 43

4. Linguagem forense – TST

Cabe mencionar que, regularmente, na praxe forense, especialmente, na linguagem utilizada nas decisões do Tribunal Superior do Trabalho, as questões relacionadas a admissibilidade formal do recurso são referidas como pressupostos extrínsecos e o juízo de mérito a pressuposto intrínseco, de forma que poderá "não ser conhecido" o recurso por pressuposto intrínseco quando, na verdade, julgado seu mérito pelo fato da tese recursal não ser aceita e provida.

Parte VII
DO RECURSO DE REVISTA

1. Função do recurso de revista

O Tribunal Superior do Trabalho tem como competência funcional, entre outras, julgar as causas decididas em única ou última instância pelos Tribunais Regionais do Trabalho.

E, particularmente, no que toca ao recurso de revista interposto para o Tribunal Superior do Trabalho, o referido remédio tem cabimento específico, em conformidade com o determinado pelo art. 896 da CLT, contra decisões **proferidas em grau de recurso ordinário, em dissídio individual,** pelos Tribunais Regionais do Trabalho, quando:

> a) derem ao mesmo **dispositivo de lei federal interpretação diversa da que lhe houver** dado outro Tribunal Regional do Trabalho, no seu Pleno ou Turma, ou a **Seção de Dissídios Individuais do Tribunal Superior do Trabalho, ou contrariarem súmula de jurisprudência uniforme dessa Corte ou súmula vinculante do Supremo Tribunal Federal;**

> b) derem ao mesmo dispositivo de lei estadual, Convenção Coletiva de Trabalho, Acordo Coletivo, sentença normativa ou regulamento empresarial **de observância obrigatória em área territorial que exceda a jurisdição do Tribunal Regiona**l prolator da decisão recorrida, **interpretação divergente**, na forma da alínea *a*;

> c) **proferidas com violação literal de disposição de lei federal ou afronta direta e literal à Constituição Federal.**

A partir do recurso de revista, o Tribunal Superior do Trabalho cumpre a missão de preservar a integridade do direito estadual ou norma coletiva de âmbito nacional, do direito federal e da Constituição Federal, atuando como mecanismo apto a garantir a uniformidade da interpretação jurisprudencial na aplicação da lei e de instrumento coletivo de extensão nacional ou extra regional.

Importante observar que, a despeito de não comportar o reexame dos fatos, cabe ao Tribunal Superior do Trabalho no julgamento do recurso de revista reestabelecer o correto reenquadramento jurídico aos fatos, igualmente, quanto ultrapassado o óbice de admissibilidade apontado no despacho denegatório Regional.

Nesse sentido a OJ 282 da SBDI 01 do TST:

282. AGRAVO DE INSTRUMENTO. JUÍZO DE ADMISSIBILIDADE *AD QUEM* (DJ 11.08.2003) No julgamento de Agravo de Instrumento, ao afastar o óbice apontado pelo TRT para o processamento do recurso de revista, pode o juízo *ad quem* prosseguir no exame dos demais pressupostos extrínsecos e intrínsecos do recurso de revista, mesmo que não apreciados pelo TRT.

Parte VII-A
DO ART. 896 DA CLT

1. Art. 896 da CLT

Dispõe o art. 896 da CLT

Art. 896 – **Cabe Recurso de Revista** para Turma do Tribunal Superior do Trabalho **das decisões proferidas em grau de recurso ordinário, em dissídio individual,** pelos Tribunais Regionais do Trabalho, quando:

a) derem ao mesmo dispositivo de lei federal **interpretação diversa da que lhe houver** dado outro Tribunal Regional do Trabalho, no seu Pleno ou Turma, ou a Seção de Dissídios Individuais do Tribunal Superior do Trabalho, **ou contrariarem súmula de jurisprudência uniforme dessa Corte ou súmula vinculante do Supremo Tribunal Federal;**

b) derem ao mesmo dispositivo de lei estadual, Convenção Coletiva de Trabalho, Acordo Coletivo, sentença normativa ou regulamento empresarial **de observância obrigatória em área territorial que exceda a jurisdição do Tribunal Regiona**l prolator da decisão recorrida, **interpretação divergente**, na forma da alínea a;

c) proferidas com violação literal de disposição de lei federal ou afronta direta e literal à Constituição Federal.

§ 1º O recurso de revista, dotado de efeito apenas devolutivo, <u>será interposto perante o Presidente do Tribunal Regional do Trabalho,</u> **que, por decisão fundamentada, poderá recebê-lo ou denegá-lo.**

§ 1º-A. **Sob pena de não conhecimento**, é ônus da parte:

I – indicar o trecho da decisão recorrida que consubstancia o prequestionamento da controvérsia objeto do recurso de revista;

II – indicar, de forma explícita e fundamentada, contrariedade a dispositivo de lei, súmula ou orientação jurisprudencial do Tribunal Superior do Trabalho que conflite com a decisão regional;

III – expor as razões do pedido de reforma, impugnando todos os fundamentos jurídicos da decisão recorrida, inclusive mediante demonstração analítica de cada dispositivo de lei, da Constituição Federal, de súmula ou orientação jurisprudencial cuja contrariedade aponte.

IV – transcrever na peça recursal, no caso de suscitar preliminar de nulidade de julgado por negativa de prestação jurisdicional, o trecho dos embargos declaratórios em que foi pedido o pronunciamento do tribunal sobre questão veiculada no recurso ordinário e o trecho da decisão regional que rejeitou os embargos quanto ao pedido, para cotejo e verificação, de plano, da ocorrência da omissão. (Incluído pela Lei n. 13.467, de 2017)

§ 2º Das decisões proferidas pelos Tribunais Regionais do Trabalho ou por suas Turmas, **em execução de sentença**, inclusive em processo incidente de embargos de terceiro, não caberá Recurso de Revista, **salvo na hipótese de ofensa direta e literal de norma da Constituição Federal.**

§ 3º (Revogado). (Redação dada pela Lei n. 13.467, de 2017)

§ 4º (Revogado). (Redação dada pela Lei n. 13.467, de 2017)

§ 5º (Revogado). (Redação dada pela Lei n. 13.467, de 2017)

§ 6º (Revogado). (Redação dada pela Lei n. 13.467, de 2017)

§ **7º A divergência apta a ensejar o recurso de revista deve ser atual,** não se considerando como tal a ultrapassada por súmula do Tribunal Superior do Trabalho ou do Supremo Tribunal Federal, ou superada por iterativa e notória jurisprudência do Tribunal Superior do Trabalho.

§ 8º Quando o recurso fundar-se em dissenso de julgados, **incumbe ao recorrente o ônus de produzir prova da divergência jurisprudencial,** mediante certidão, cópia ou citação do repositório de jurisprudência, oficial ou credenciado, inclusive em mídia eletrônica, em que houver sido publicada a decisão divergente, ou ainda pela reprodução de julgado disponível na internet, com indicação da respectiva fonte, mencionando, **em qualquer caso, as circunstâncias que identifiquem ou assemelhem os casos confrontados.**

§ 9º **Nas causas sujeitas ao procedimento sumaríssimo, somente será admitido recurso de revista por contrariedade a súmula de jurisprudência uniforme do Tribunal Superior do Trabalho ou a súmula vinculante do Supremo Tribunal Federal e por violação direta da Constituição Federal.**

§ 10. Cabe recurso de revista **por violação à lei federal, por divergência jurisprudencial e por ofensa à Constituição Federal nas execuções fiscais e nas controvérsias da fase de execução que envolvam a Certidão Negativa de Débitos Trabalhistas (CNDT),** criada pela Lei n. 12.440, de 7 de julho de 2011.

§ 11. **Quando o recurso tempestivo contiver defeito formal que não se repute grave, o Tribunal Superior do Trabalho poderá desconsiderar o vício ou mandar saná-lo, julgando o mérito.**

§ 12. Da decisão denegatória caberá agravo, no prazo de 8 (oito) dias.

§ 13. Dada a relevância da matéria, por iniciativa de um dos membros da Seção Especializada em Dissídios Individuais do Tribunal Superior do Trabalho, aprovada pela maioria dos integrantes da Seção, o julgamento a que se refere o § 3º poderá ser afeto ao Tribunal Pleno."

§ 14. **O relator do recurso de revista poderá denegar-lhe seguimento, em decisão monocrática, nas hipóteses de intempestividade, deserção, irregularidade de representação ou de ausência de qualquer outro pressuposto extrínseco ou intrínseco de admissibilidade.** (Incluído pela Lei n. 13.467, de 2017) (grifos do autor)

E dispõe o art. 900 da CLT:

Interposto o recurso, será notificado o recorrido para oferecer as suas razões, em prazo igual ao que tiver tido o recorrente.

2. Observação didática

A introdução do inciso IV, do § 1º-A, do art. 896, da CLT é salutar porque estabelece na lei exigência e requisito de pressuposto de admissibilidade que está assentado na jurisprudência do Tribunal Superior do Trabalho, exigindo para cumprimento do princípio da dialeticidade em recurso de vinculação específica, como o recurso de Revista, a transcrição do trecho do acórdão omisso, ao se suscitar negativa de prestação jurisdicional.

É imprescindível no caso de negativa de prestação jurisdicional que, no recurso de revista, seja feita a transcrição na "preliminar de nulidade de julgado por negativa de prestação jurisdicional, o trecho dos embargos declaratórios em que foi pedido o pronunciamento do tribunal sobre questão veiculada no

O Novo Recurso de Revista – 47

recurso ordinário e o trecho da decisão regional que rejeitou os embargos quanto ao pedido, para cotejo e verificação, de plano, da ocorrência da omissão".

3. Consequência do risco da perda de uma chance

Certamente, para evitar a perda de uma chance e os riscos da responsabilização do advogado por ela, os recursos ficarão cada vez maiores e repetitivos, com quadros comparativos, grifos, negritos, reproduções etc.

4. Decisão monocrática

Pelo § 14, do art. 896, da CLT o Relator do Recurso de Revista poderá decidi-lo monocraticamente nas hipóteses referentes aos pressupostos extrínsecos e intrínsecos de admissibilidade (em abstrato) do recurso em qualquer situação, e, passa praticamente a ter completa a possibilidade do julgamento monocrático do recurso (e não apenas nas hipóteses do art. 932 do CPC):

> **§ 14. O relator do recurso de revista poderá denegar-lhe seguimento, em decisão mono-crática, nas hipóteses de intempestividade, deserção, irregularidade de representação <u>ou de ausência de qualquer outro pressuposto extrínseco ou intrínseco</u> de admissibilidade.** (grifos do autor)

Isto porque, pelo art. 932 do CPC/2015 compatível com o processo do trabalho, conforme a Súmula n. 435 do TST, incumbe ao relator decisões monocráticas em situações específicas:

I – dirigir e ordenar o processo no tribunal, inclusive em relação à produção de prova, bem como, quando for o caso, homologar autocomposição das partes;

II – apreciar o pedido de tutela provisória nos recursos e nos processos de competência originária do tribunal;

III – não conhecer de recurso inadmissível, prejudicado ou que não tenha impugnado especificamente os fundamentos da decisão recorrida;

IV – negar provimento a recurso que for contrário a:

a) súmula do Supremo Tribunal Federal, do Superior Tribunal de Justiça ou do próprio tribunal;

b) acórdão proferido pelo Supremo Tribunal Federal ou pelo Superior Tribunal de Justiça em julgamento de recursos repetitivos;

c) entendimento firmado em incidente de resolução de demandas repetitivas ou de assunção de competência;

V – depois de facultada a apresentação de contrarrazões, dar provimento ao recurso se a decisão recorrida for contrária a:

a) súmula do Supremo Tribunal Federal, do Superior Tribunal de Justiça ou do próprio tribunal;

b) acórdão proferido pelo Supremo Tribunal Federal ou pelo Superior Tribunal de Justiça em julgamento de recursos repetitivos;

c) entendimento firmado em incidente de resolução de demandas repetitivas ou de assunção de competência;

VI – decidir o incidente de desconsideração da personalidade jurídica, quando este for instaurado originariamente perante o tribunal;

VII – determinar a intimação do Ministério Público, quando for o caso;

VIII – exercer outras atribuições estabelecidas no regimento interno do tribunal.

Parágrafo único. Antes de considerar inadmissível o recurso, o relator concederá o prazo de 5 (cinco) dias ao recorrente para que seja sanado vício ou complementada a documentação exigível. (grifos do autor)

Destaque-se que o parágrafo único do art. 932 do CPC/2015, é aplicável ao processo do trabalho, conforme a Súmula n. 435 do TST:

Aplica-se subsidiariamente ao processo do trabalho o art. 932 do CPC de 2015 (art. 557 do CPC de 1973).

E o item II da Súmula 456 do TST deixa claro que o § 1º do art. 76 do CPC/2015) é aplicável ao processo do trabalho:

II – Verificada a irregularidade de representação da parte na instância originária, o juiz designará prazo de 5 (cinco) dias para que seja sanado o vício. Descumprida a determinação, extinguirá o processo, sem resolução de mérito, se a providência couber ao reclamante, ou considerará revel o reclamado, se a providência lhe couber (art. 76, § 1º, do CPC de 2015).

No processo do trabalho, da decisão monocrática do ministro relator cabe Agravo Interno, nos termos do art. 1021 do CPC/2015 e OJ 412 da SBDI 01 do TST:

É incabível agravo interno (art. 1.021 do CPC de 2015, art. 557, § 1º, do CPC de 1973) ou agravo regimental (art. 235 do RITST) contra decisão proferida por Órgão colegiado. Tais recursos destinam-se, exclusivamente, a impugnar decisão monocrática nas hipóteses previstas. Inaplicável, no caso, o princípio da fungibilidade ante a configuração de erro grosseiro.

5. Fim do incidente de uniformização e tese prevalecente nos Tribunais Regionais e entendimento divergente da Instrução Normativa n. 41/2018 do TST

A revogação dos §§ 3º, 4º, 5º e 6º, do art. 896, da CLT decreta o fim da obrigatoriedade do incidente de uniformização da jurisprudência dos Tribunais Regionais do Trabalho, ou seja, do estabelecimento das teses regionais prevalecentes, bem como afasta sua menção (da tese prevalecente) para o fim de viabilizar a admissibilidade do recurso de revista por divergência jurisprudencial.

Porém, não é esse o entendimento do art. 18 da Instrução Normativa n. 41/2018 do TST:

O dever de os Tribunais Regionais do Trabalho uniformizarem a sua jurisprudência faz incidir, subsidiariamente ao processo do trabalho, o art. 926 do CPC, por meio do qual os Tribunais deverão manter sua jurisprudência integral, estável e coerente.

§ 1º Os incidentes de uniformização de jurisprudência suscitados ou iniciados antes da vigência da Lei n. 13.467/2017, no âmbito dos Tribunais Regionais do Trabalho ou por iniciativa de decisão do Tribunal Superior do Trabalho, deverão observar e serão concluídos sob a égide da legislação vigente ao tempo da interposição.

§ 2º Aos recursos de revista e de agravo de instrumento no âmbito do Tribunal Superior, conclusos aos relatores e ainda não julgados até a edição da Lei n. 13.467/2017, não se aplicam as disposições contidas nos §§ 3º a 6º do artigo 896 da Consolidação das Leis do Trabalho.

§ 3º As teses jurídicas prevalecentes e enunciados de Súmulas decorrentes do julgamento dos incidentes de uniformização de jurisprudência suscitados ou iniciados anteriormente à edição da Lei n. 13.467/2017, no âmbito dos Tribunais Regionais do Trabalho, conservam sua natureza vinculante à luz dos art. 926, §§ 1º e 2º, e 927, III e V, do CPC.

E, nesse ponto, parece que o *caput* do art. 18 da Instrução Normativa n. 41/2018 do TST é inconstitucional, na medida que extrapolou os limites da competência administrativa e passou a legislar em matéria processual, o que é vedado pelo inciso I do art. 22 da Carta Magna.

Até porque, o art. 18 da Instrução Normativa n. 41/2018 do TST, ao invés de estabilizar e uniformizar aplicação da lei e da jurisprudência, termina por gerar instabilidade institucional e insegurança jurídica ao repristinar normas revogadas, e, inclusive, não observando que parte das teses prevalecentes dos Tribunais Regionais contrastam com as Súmulas e OJs do próprio TST.

6. Depósito recursal e Lei n. 13.467/2017

Dispõe o art. 899, *caput* e §§ da CLT:

Art. 899 – Os recursos serão interpostos por simples petição e terão efeito meramente devolutivo, salvo as exceções previstas neste Título, permitida a execução provisória até a penhora. (Redação dada pela Lei n. 5.442, de 24.5.1968) (*Vide* Lei n. 7.701, de 1988)

§ 1º Sendo a condenação de valor até 10 (dez) vezes o salário-mínimo regional, nos dissídios individuais, só será admitido o recurso inclusive o extraordinário, mediante prévio depósito da respectiva importância. Transitada em julgado a decisão recorrida, ordenar-se-á o levantamento imediato da importância de depósito, em favor da parte vencedora, por simples despacho do juiz. (Redação dada pela Lei n. 5.442, 24.5.1968)

§ 2º Tratando-se de condenação de valor indeterminado, o depósito corresponderá ao que for arbitrado, para efeito de custas, pela Junta ou Juízo de Direito, até o limite de 10 (dez) vezes o salário-mínimo da região. (Redação dada pela Lei n. 5.442, 24.5.1968)

§ 4º O depósito recursal será feito em conta vinculada ao juízo e corrigido com os mesmos índices da poupança. (Redação dada pela Lei n. 13.467, de 2017)

§ 5º (Revogado). (Redação dada pela Lei n. 13.467, de 2017)

§ 6º Quando o valor da condenação, ou o arbitrado para fins de custas, exceder o limite de 10 (dez) vezes o salário-mínimo da região, o depósito para fins de recursos será limitado a este valor. (Incluído pela Lei n. 5.442, 24.5.1968)

§ 7º No ato de interposição do agravo de instrumento, o depósito recursal corresponderá a 50% (cinquenta por cento) do valor do depósito do recurso ao qual se pretende destrancar. (Incluído pela Lei n. 12.275, de 2010)

§ 8º Quando o agravo de instrumento tem a finalidade de destrancar recurso de revista que se insurge contra decisão que contraria a jurisprudência uniforme do Tribunal Superior do Trabalho, consubstanciada nas suas súmulas ou em orientação jurisprudencial, não haverá obrigatoriedade de se efetuar o depósito referido no § 7ºdeste artigo. (Incluído pela Lei n. 13.015, de 2014)

§ 9º O valor do depósito recursal será reduzido pela metade para entidades sem fins lucrativos, empregadores domésticos, microempreendedores individuais, microempresas e empresas de pequeno porte. (Incluído pela Lei n. 13.467, de 2017)

§ 10. São isentos do depósito recursal os beneficiários da justiça gratuita, as entidades filantrópicas e as empresas em recuperação judicial. (Incluído pela Lei n. 13.467, de 2017)

§ 11. O depósito recursal poderá ser substituído por fiança bancária ou seguro garantia judicial. (Incluído pela Lei n. 13.467, de 2017)

Nos dissídios individuais, só será admitido o recurso, inclusive o extraordinário, mediante prévio depósito que corresponderá ao que for arbitrado, para efeito de custas, até o limite de 10 (dez) vezes o salário-mínimo.

O depósito recursal será feito em conta vinculada ao juízo e corrigido com os mesmos índices da poupança.

O depósito recursal poderá ser substituído por fiança bancária ou seguro garantia judicial.

O valor do depósito recursal será reduzido pela metade para entidades sem fins lucrativos, empregadores domésticos, microempreendedores individuais, microempresas e empresas de pequeno porte.

E são isentos do depósito recursal os beneficiários da justiça gratuita, as entidades filantrópicas e as empresas em recuperação judicial.

Tratando-se de agravo de instrumento, o depósito recursal corresponderá a 50% (cinquenta por cento) do valor do depósito do recurso ao qual se pretende destrancar.

E, ainda, quando o agravo de instrumento tiver a finalidade de destrancar recurso de revista no qual se alega malferimento de súmula ou em orientação jurisprudencial do TST, não haverá obrigatoriedade de se efetuar o depósito recursal.

6.1. Depósito recursal, Lei n. 13.467/2017 e superação da Súmula n. 426 do TST

Dispõe a Súmula n. 426 do TST:

DEPÓSITO RECURSAL. UTILIZAÇÃO DA GUIA GFIP. OBRIGATORIEDADE (editada em decorrência do julgamento do processo TST-IUJEEDRR 91700-09.2006.5.18.0006) – Res. 174/2011, DEJT divulgado em 27, 30 e 31.05.2011. Nos dissídios individuais o depósito recursal será efetivado mediante a utilização da Guia de Recolhimento do FGTS e Informações à Previdência Social – GFIP, nos termos dos §§ 4º e 5º do art. 899 da CLT, admitido o depósito judicial, realizado na sede do juízo e à disposição deste, na hipótese de relação de trabalho não submetida ao regime do FGTS.

Ocorre que, como se viu, no item anterior, os §§ 4º e 5º, do art. 899, da CLT foram revogados pela Lei n. 13.467/2018 e alterados pelos §§ 4º e 11, do art. 899, da CLT que determinam, respectivamente, que o depósito recursal será feito em conta vinculada do juízo com os mesmo índices da poupança, ou, poderá ser substituído por fiança bancária ou seguro garantia judicial.

Incompreensível, no entanto, a determinação do § 4º, do art. 899, da CLT (com a redação dada pela Lei n. 13.467/2017) no sentido de que os depósitos judiciais sejam corrigidos pelos mesmos índices da poupança, posto que, somente, beneficia os bancos que mantém os depósitos judiciais e que se utilizam para emprestar tais valores com juros estratosféricos e a própria atividade jurisdicional, uma vez que os depósitos não são corrigidos pelo IPCA-E não servindo para a garantia da execução ou final quitação, abrindo caminho da execução complementar, o que prejudica tanto o exequente quanto o executado.

Parte VII-B

DOS PRESSUPOSTOS EXTRÍNSECOS (OBJETIVOS/FORMAIS) DO RECURSO DE REVISTA

I – DOS PRESSUPOSTOS (OBJETIVOS) EXTRÍNSECOS

Os requisitos de admissibilidade dos recursos, em geral, podem ser classificados em pressupostos extrínsecos (objetivos) e pressupostos intrínsecos (subjetivos).

Os pressupostos extrínsecos referem-se ao modo de exercer o ato, ou seja, ao modo pelo qual se exerce o direito de recorrer.

Os pressupostos extrínsecos são requisitos objetivos relativos ao aviamento (ou de envio) do recurso, ou seja, que não dizem respeito em abstrato e nem em concreto ao conteúdo do recurso.

O recurso de revista é como uma correspondência, cujo conteúdo, só pode ser conhecido, e lido, se a correspondência estiver em condições de chegar no destinatário e de ser aberta.

Os pressupostos extrínsecos seriam o selo da correspondência, o endereço ou o CEP do destinatário.

E os pressupostos intrínsecos, em abstrato ou em concreto, dizem respeito ao conteúdo e ao pedido veiculado na correspondência.

Os pressupostos extrínsecos são pressupostos processuais formais – assemelhados aos pressupostos processuais que aferem a regularidade da existência e validade do processo – que devem existir objetivamente, conforme fixados na lei, para se chegar ao conhecimento dos recursos nos Tribunais.

1. Tempestividade

1.1. Prazo

O recurso deve ser interposto dentro do prazo fixado pela lei, ou pelo regimento interno dos tribunais.

O recurso de revista teve ser interposto em 8 (oito) dias úteis que, com exceção dos embargos de declaração (art. 897 da CLT) e de recursos regimentais, é o mesmo prazo para todos os recursos trabalhistas (art. 6º da Lei n. 5.584/1970, arts. 894 *caput* e § 4º, 895 (incs. I e II), 897 da CLT).

O prazo para interposição do recurso extraordinário é de 15 dias úteis contados da publicação da decisão recorrida (art. 1.029/1.030 do CPC/2015 c/c art. 324/327 do Regimento Interno do TST).

1.2. Prazo em dias úteis

Conforme dispõe o art. 775 da CLT, os prazos serão contados em dias úteis:

Art. 775. Os prazos estabelecidos neste Título serão contados em dias úteis, com exclusão do dia do começo e inclusão do dia do vencimento. (Redação dada pela Lei n. 13.467, de 2017)

1.3. Pessoas jurídicas de direito público

O recurso de revista deve ser interposto no prazo de 8 (oito) dias (art. 6º da Lei n. 5584/1970). As pessoas jurídicas de direito público têm o prazo em dobro (art. 1º, inc. III, do Dec.-lei n. 779/1969 c/c arts. 182/183 do CPC/2015).

1.4. Litisconsórcio e OJ 310 da SBDI 01 do TST

No processo do trabalho, é inaplicável a regra do prazo em dobro, mesmo quando as partes em litisconsórcio mantiverem procuradores distintos, fixada pelo art. 229 do CPC/2015, por se entender incompatível com o processo do trabalho, conforme a **OJ 310 da SBDI 01 do TST:**

Inaplicável ao processo do trabalho a norma contida no art. 229, *caput* **e §§ 1º e 2º, do CPC de 2015 (art. 191 do CPC de 1973), em razão de incompatibilidade com a celeridade que lhe é inerente.**

1.5. Intempestividade

O recurso interposto fora do prazo é considerado intempestivo e, por isso, não admissível seu processamento, ou, seu conhecimento.

1.6. Cancelamento da Súmula n. 434 do TST face ao § 4º, do art. 218, do CPC/2015 e o recurso interposto antes da publicação

O item I da Súmula n. 434 do TST dispunha que considerava intempestivo o recurso interposto antes da publicação do acórdão recorrido:

RECURSO. INTERPOSIÇÃO ANTES DA PUBLICAÇÃO DO ACÓRDÃO IMPUGNADO. EX-TEMPORANEIDADE. <u>(cancelada)</u> *– Res. 198/2015, republicada em razão de erro material – DEJT divulgado em 12, 15 e 16.06.2015.*

I) É extemporâneo recurso interposto antes de publicado o acórdãoimpugnado.(ex-OJ n. 357 da SBDI-1 – inserida em 14.03.2008)

II) A interrupção do prazo recursal em razão da interposição de embargos de declaração pela parte adversa não acarreta qualquer prejuízo àquele que apresentou seu recurso tempestivamente. (grifos do autor)

<u>No entanto, a Súmula n. 434 do TST</u> que considerava o recurso apresentado antes da publicação da decisão recorrida como extemporâneo foi cancelada por conta do disposto no § 4º, do art. 218, do CPC/2015:

§ 4º *Será considerado tempestivo o ato praticado antes do termo inicial do prazo.* (grifos do autor)

2. Dos poderes do subscritor do apelo e da representação processual

2.1. Súmula n. 425 do TST e *jus postulandi*

No caso do recurso ser interposto por advogado (e não pela parte, o que só é possível à vista do "*jus postulandi*", no processo do trabalho, até o encerramento da jurisdição ordinária), excepcionado o mandato tácito, deverá ser juntado o instrumento de procuração e, verificada a regularidade dos poderes do subscritor do apelo, sob pena de não processamento ou conhecimento.

Nesse sentido, a **Súmula n. 425 do TST:**

JUS POSTULANDI **NA JUSTIÇA DO TRABALHO. ALCANCE.** Res. 165/2010, DEJT divulgado em 30.04.2010 e 03 e 04.05.2010. **O** *jus postulandi* **das partes, estabelecido no art. 791 da CLT, limita-se às Varas do Trabalho e aos Tribunais Regionais do Trabalho, não alcançando a ação rescisória, a ação cautelar, o mandado de segurança e os recursos de competência do Tribunal Superior do Trabalho.** (grifos do autor)

2.2. Súmula n. 456 do TST e representação de pessoa jurídica

A regularidade da procuração outorgada por pessoa jurídica, exige que contenha, pelo menos, o nome da entidade outorgante e do signatário, sob pena de invalidade, se a parte intimada para regularizar, em 05 dias, não o fizer.

Nesse sentido, a **Súmula n. 456 do TST**, aplicando o art. 76 do CPC/2015:

REPRESENTAÇÃO. PESSOA JURÍDICA. PROCURAÇÃO. INVALIDADE. IDENTIFICAÇÃO DO OUTORGANTE E DE SEU REPRESENTANTE. (inseridos os itens II e III em decorrência do CPC de 2015) – Res. 211/2016, DEJT divulgado em 24, 25 e 26.08.2016

I – É inválido o instrumento de mandato firmado em nome de pessoa jurídica que não contenha, pelo menos, o nome do outorgante e do signatário da procuração, pois estes dados constituem elementos que os individualizam.

II – Verificada a irregularidade de representação da parte na instância originária, o juiz designará prazo de 5 (cinco) dias para que seja sanado o vício. Descumprida a determinação, extinguirá o processo, sem resolução de mérito, se a providência couber ao reclamante, ou considerará revel o reclamado, se a providência lhe couber (art. 76, § 1º, do CPC de 2015).

III – Caso a irregularidade de representação da parte seja constatada em fase recursal, o relator designará prazo de 5 (cinco) dias para que seja sanado o vício. Descumprida a determinação, o relator não conhecerá do recurso, se a providência couber ao recorrente, ou determinará o desentranhamento das contrarrazões, se a providência couber ao recorrido (art. 76, § 2º, do CPC de 2015). (grifos do autor)

2.3. Súmula n. 383 do TST e sanação da irregularidade processual

A **Súmula n. 383 do TST,** aplicando os arts. 76 e 104 do CPC/2015, fixa:

Súmula n. 383 do TST

RECURSO. MANDATO. IRREGULARIDADE DE REPRESENTAÇÃO. CPC DE 2015, ARTS. 104 E 76, § 2º (nova redação em decorrência do CPC de 2015) – Res. 210/2016, DEJT divulgado em 30.06.2016 e 01 e 04.07.2016

I – É inadmissível recurso firmado por advogado sem procuração juntada aos autos até o momento da sua interposição, salvo mandato tácito. Em caráter excepcional (art. 104 do CPC de 2015), admite-se que o advogado, independentemente de intimação, exiba a procuração no prazo de 5 (cinco) dias após a interposição do recurso, prorrogável por igual período mediante despacho do juiz. Caso não a exiba, considera-se ineficaz o ato praticado e não se conhece do recurso.

II – Verificada a irregularidade de representação da parte em fase recursal, em procuração ou substabelecimento já constante dos autos, o relator ou o órgão competente para julgamento do recurso designará prazo de 5 (cinco) dias para que seja sanado o vício. Descumprida a determinação, o relator não conhecerá do recurso, se a providência couber ao recorrente, ou determinará o desentranhamento das contrarrazões, se a providência couber ao recorrido (art. 76, § 2º, do CPC de 2015). (grifos do autor)

Dessa maneira, em caráter excepcional (art. 104, do CPC, de 2015), admite-se que o advogado, independentemente de intimação, exiba procuração que já possuía no momento da interposição do recurso, no prazo de 5 (cinco) dias após a interposição do recurso, prorrogável por igual período mediante despacho do juiz.

Caso não exiba a procuração que já possuía antes da interposição do recurso, considera-se ineficaz o ato praticado e não se conhece do recurso.

Convém esclarecer que, se no momento da interposição do recurso o subscritor do apelo não possuía procuração e não sendo o caso de mandato tácito, nem de urgência excepcional referida no art. 104 do CPC/2015, não se tratando de irregularidade em procuração ou substabelecimento já constante dos autos que desse ensejo a aplicação da hipótese do art. 76 do CPC, mas, sim, de ausência de outorga de poderes ao subscritor do apelo não é o caso de se conceder prazo para saneamento da irregularidade.

Nesse sentido o entendimento da SBDI 01 do TST:

ACÓRDÃO SDI-1 GMHCS/rqr **AGRAVO. EMBARGOS EM RECURSO DE REVISTA. IR-REGULARIDADE DE REPRESENTAÇÃO. RECURSO INTERPOSTO POR ADVOGA-DO SEM PROCURAÇÃO NOS AUTOS. SÚMULA 383 DO TST. NÃO CONHECIMEN-TO. 1.** Não merece conhecimento o agravo interposto por advogado sem procuração nos autos, situação em que não há falar em concessão de prazo para que seja sanado o vício. Aplicação do entendimento consagrado na nova redação da Súmula n. 383/TST. **2.** A existência de procuração válida, da qual não consta o nome do subscritor do presente recurso, afasta a possibilidade de mandato tácito. **Agravo não conhecido.** Vistos, relatados e discutidos estes autos de Agravo em Embargos em Recurso de Revista n. **TST-Ag-E-RR-1121-52.2015.5.09.0005**, em que é Agravante **VIVIANE DA ROSA GRAS** e Agravada **EMPRESA BRASILEIRA DE CORREIOS E TELÉGRAFOS – ECT**. A Eg. Sexta Turma desta Corte, mediante o acórdão das fls. 1368-75, quanto ao tema "diferenças de horas extras – base de cálculo – salário-base – adicional majorado para 70%", conheceu do recurso de revista da reclamada, por violação do art. 7º, XXVI, da CF, e, no mérito, deu-lhe provimento para "excluir a condenação ao pagamento de diferenças de horas extras". Contra essa decisão a reclamante interpôs recurso de embargos (fls. 1377– 92), cujo seguimento foi denegado às fls. 1560-1. Irresignada, a reclamante interpõe agravo (fls. 1564-88). Impugnação ao recurso de embargos às fls. 1591-8 e contrarrazões ao agravo às fls. 1602-5. Dispensada a remessa dos autos ao Ministério Público do Trabalho (art. 83, § 2º, II, do RITST). É o relatório. VOTO **Em que pese tempestiva a sua interposição (fls. 1563 e 1589), o agravo não merece conhecimento, por irregularidade de representação. Com efeito, o nome do signatário do agravo, Dr. Dyego Alves Cardoso, não consta do instrumento de mandato outorgado pela reclamante (fl. 18).** Aplicável, pois, na hipótese, a Súmula n. 383/TST, *verbis*: RECURSO. MANDATO. IRREGULARIDADE DE REPRESENTAÇÃO. CPC DE 2015, ARTS. 104 E 76, § 2º (nova redação em decorrência do CPC de 2015) – Res. 210/2016, DEJT divulgado em 30.06.2016 e 01 e 04.07.2016. I – É inadmissível recurso firmado por advogado sem procuração juntada aos autos até o momento da sua interposição, salvo mandato tácito. Em caráter excepcional (art. 104 do CPC de 2015), admite-se que o advogado, independentemente de intimação, exiba a procuração no prazo de 5 (cinco) dias após a interposição do recurso, prorrogável por igual período mediante despacho do juiz. Caso não a exiba, considera-se ineficaz o ato praticado e não se conhece do recurso. II – Verificada a irregularidade de representação da parte em fase recursal, em procuração ou substabelecimento já constante dos autos, o relator ou o órgão competente para julgamento do recurso designará prazo de 5 (cinco) dias para que seja sanado o vício. Descumprida a determinação, o relator não conhecerá do recurso, se a providência couber ao recorrente, ou determinará o desentranhamento das contrarrazões, se a providência couber ao recorrido (art. 76, § 2º, do CPC de 2015)". <u>Cumpre ressaltar que não há falar em concessão de prazo para que seja sanado o vício, porquanto ausente a caracterização da hipótese do art. 104 do CPC ou de irregularidade na procuração constante dos autos. Nessa linha trago julgados desta Subseção:</u> "AGRAVO INTERNO EM EMBARGOS EM RECURSO DE REVISTA. INTERPOSIÇÃO NA VIGÊNCIA DA LEI N. 13.015/2014. IRREGULARIDADE DE REPRESENTAÇÃO. AUSÊNCIA DE PROCURAÇÃO. RECURSO DE EMBARGOS. DEFEITO INSANÁVEL EM FASE RECURSAL Ao contrário do que pretendem as agravantes, na presente situação, não há que se falar em concessão de prazo para sanar o vício, pois não existe nos autos procuração ou substabelecimento em nome do advogado que subscreveu o recurso de embargos, <u>tampouco se trata de exceção prevista no artigo 104 do Código de Processo Civil.</u> Inadmissível, portanto, os embargos, por irregularidade de representação. Correta a aplicação do referido óbice, mantém-se o decidido. Acrescente-se que as agravantes tentam induzir o julgador a erro, ao refutarem a decisão denegatória quanto à existência de mandato tácito, o que, efetivamente, não se verifica nos presentes autos. Tal procedimento pode ser considerado litigância de má-fé, por violação do dever de lealdade processual. Agravo interno conhecido e não provido" (Processo: Ag-E-RR – 42800-58.2008.5.15.0151 Data de Julgamento: 24.05.2018, Relator Ministro: Cláudio Mascarenhas Brandão, Subseção I Especializada em Dissídios Individuais, Data de Publicação: DEJT 01.06.2018). "AGRAVO EM EMBARGOS EM RECURSO DE REVISTA. REGÊNCIA DA LEI N. 13.015/2014. ADVOGADO SUBSCRITOR DAS RAZÕES RECURSAIS SEM INSTRUMENTO DE MANDATO NOS AUTOS. IRREGULARIDADE DE REPRESENTAÇÃO PROCESSUAL. NÃO CONHECIMENTO. Não se conhece de agravo subscrito por advogado sem procuração nos autos à época da interposição. Nos termos da Súmula n. 383 do TST, em razão de não se tratar das hipóteses previstas no art. 104 do CPC ou de mandato tácito, tampouco de irregularidade constatada em instrumento de mandato já constante dos autos, mas de ausência de procuração outorgando poderes ao subscritor do recurso, inviável cogitar de designação de prazo para saneamento do vício na representação processual. Agravo de que não se conhece" (Processo: Ag-E-RR – 946-39.2013.5.09.0325 Data de Julgamento: 10.05.2018, Relator Ministro: Walmir Oliveira da Costa, Subseção I Especializada em Dissídios Individuais, Data de Publicação: DEJT 18.05.2018). "AGRAVO REGIMENTAL EM EMBARGOS EM RECURSO DE REVISTA. INTERPOSIÇÃO NA VIGÊNCIA DA LEI N. 13.015/2014. IRREGULARIDADE DE REPRESENTAÇÃO PROCESSUAL. AUSÊNCIA DE MANDATO. SÚMULA N. 383, I, DO TRIBUNAL SUPERIOR DO TRABALHO. <u>Apenas na hipótese de irregularidade no próprio instrumento de mandato ou em substabelecimento é que a parte será intimada para regularizar a sua representação (item II da Súmula n. 383 desta Corte).</u> No caso dos autos, não há que se falar em intimação para a regularização, <u>uma vez que se trata de ausência de procuração do subscritor dos embargos, o que atrai a hipótese estabelecida na Súmula n. 383, I, deste Tribunal, pois é inadmissível recurso firmado por advogado sem procuração juntada aos autos.</u> Ressalte-se que tampouco foi exibida procuração no prazo de cinco dias após a interposição do recurso. Correta a decisão denegatória, mantém-se o decidido.

Agravo regimental de que se conhece e a que se nega provimento" (Processo: AgR-E-RR – 1732-16.2011.5.06.0009 Data de Julgamento: 14.12.2017, Relator Ministro: Cláudio Mascarenhas Brandão, Subseção I Especializada em Dissídios Individuais, Data de Publicação: DEJT 19.12.2017). Não socorre à reclamante o fato de o nome do Dr. Dyego Alves Cardoso constar do termo de audiência (fl. 1036), pois a existência de mandato expresso afasta a possibilidade de mandato tácito. Nesse sentido já decidiu esta SDI-I: "EMBARGOS DO RECLAMANTE. IRREGULARIDADE DE REPRESENTAÇÃO. EXISTÊNCIA DE MANDATO EXPRESSO NOS AUTOS. IMPOSSIBILIDADE DE MANDATO TÁCITO. Discute-se, na hipótese, a possibilidade de coexistência de mandato tácito com mandato expresso, quando existente nos autos procuração válida da qual não consta o subscritor do recurso. Observa-se que, consoante registrado pela Turma, o advogado subscritor do recurso de revista, <u>não detém procuração nos autos, não estando configurado o mandato tácito, o que torna seu pelo inexistente,</u> nos termos da Súmula n. 164 desta Corte, vigente à época em que interposto este recurso de embargos, a qual preconizava que "o não cumprimento das determinações dos §§ 1º e 2º do art. 5º da Lei n. 8.906, de 04.07.1994 e do art. 37, parágrafo único, do Código de Processo Civil importa o não conhecimento de recurso, por inexistente, exceto na hipótese de mandato tácito". Aplica-se, pois, o entendimento que, então, <u>se firmou nesta Subseção no sentido de que a existência de mandato expresso e regular nos autos afasta a possibilidade de mandato tácito, que somente teria cabimento em casos de ausência ou invalidação da procuração juntada, por alguma irregularidade formal constatada no documento. Uma vez válida a procuração juntada aos autos, não se aplica a Orientação Jurisprudencial n. 286 da SbDI-1</u> do Tribunal Superior do Trabalho, a qual preconiza que 'configurada a existência de mandato tácito fica suprida a irregularidade detectada no mandato expresso'. Embargos não conhecidos" (Processo: E-ED-RR – 1680800-85.2004.5.09.0016 Data de Julgamento: 02.02.2017, Relator Ministro: José Roberto Freire Pimenta, Subseção I Especializada em Dissídios Individuais, Data de Publicação: DEJT 10.02.2017). "AGRAVO INTERPOSTO CONTRA DECISÃO MONOCRÁTICA DE PRESIDENTE DE TURMA QUE NEGA SEGUIMENTO A RECURSO DE EMBARGOS. IRREGULARIDADE DE REPRESENTAÇÃO PROCESSUAL DO RECURSO DE REVISTA INTERPOSTO CONTRA ACÓRDÃO PUBLICADO ANTES DA VIGÊNCIA DA LEI N. 13.015/2014. MANDATO EXPRESSO NO QUAL NÃO CONSTA O NOME DO ADVOGADO SUBSCRITOR DO RECURSO. IMPOSSIBILIDADE DE CONFIGURAÇÃO DE MANDATO TÁCITO. DIVERGÊNCIA JURISPRUDENCIAL. NÃO CONFIGURAÇÃO. Os arestos paradigmas são inespecíficos na medida em que a tese jurídica firmada nesses julgados trata da validade do mandato tácito quando detectada irregularidade no mandato expresso, verificada pela ausência de juntada do instrumento de mandato e não identificação do representante legal da pessoa jurídica. Ocorre que, no caso, foi afastada a configuração de mandato tácito, por existir mandato expresso regular no qual não constou o nome do advogado que subscreveu o recurso de revista. A particularidade do caso dos autos não permite a aplicação do item II da Orientação Jurisprudencial 286 da SbDI-1, que trata especificamente do reconhecimento do mandato tácito quando há irregularidade no mandato expresso, situação não verificada no caso concreto. Não demonstrado, pois, o dissenso de teses na forma da diretriz preconizada na Súmula 296, I, do TST, deve ser confirmada a decisão recorrida. Agravo desprovido" (AgR-E-ED-RR – 89700-50.2011.5.13.0022, Relator Ministro: Augusto César Leite de Carvalho, data de julgamento: 09.06.2016, Subseção I Especializada em Dissídios Individuais, data de publicação: DEJT 17.06.2016). Não conheço. <u>ISTO POSTO</u> ACORDAM os Ministros da Subseção I Especializada em Dissídios Individuais do Tribunal Superior do Trabalho, por unanimidade, não conhecer do agravo. Brasília, 02 de agosto de 2018. <u>**Firmado por assinatura digital (MP 2.200-2/2001) HUGO CARLOS SCHEUERMANN Ministro Relator**</u> Fls. PROCESSO N. TST-Ag-E-RR-1121-52.2015.5.09.0005" Fonte Site do TST: DEJT 02.08.2018 URL: <htpp://aplicacao5.TST.jus.br/consultaunificada2/inteiroTeor.do?action=printInteiroTeor&format=html&highlight=true&numeroFormatado=Ag-E-RR%20

O Novo Recurso de Revista – 57

-%20GhABIAAAQYIAAO&dataPublicacao=10/08/2018&localPlocalPublicacao=DEJT&-query=defeito%20and%20formal%20~%20grave>. (grifos do autor)

2.4. OJ 286 da SBDI 01 do TST e mandato tácito

É admissível a procuração tácita, no processo laboral, do advogado que participou da audiência, conforme estabelece a **OJ 286 da SBDI 01 do TST:**

OJ-SDI1-286 AGRAVO DE INSTRUMENTO. TRASLADO. MANDATO TÁCITO. ATA DE AUDIÊNCIA. CONFIGURAÇÃO (alterada) – Res. 167/2010, DEJT divulgado em 30.04.2010 e 03 e 04.05.2010 Orientação Jurisprudencial da SBDI-I C-67 SBDI – I

I – A juntada da ata de audiência, em que consignada a presença do advogado, desde que não estivesse atuando com mandato expresso, torna dispensável a procuração deste, porque demonstrada a existência de mandato tácito.

II – Configurada a existência de mandato tácito fica suprida a irregularidade detectada no mandato expresso.

Cumpre observar que a existência de mandato expresso e regular nos autos afasta a possibilidade de mandato tácito que, somente, tem cabimento no caso de ausência ou invalidação da procuração juntada, por alguma irregularidade formal constatada no documento.

2.5. Da OJ 200 da SBDI 01 do TST e invalidade de substabelecimento de mandato tácito

É admissível a procuração tácita, no processo laboral, do advogado que participou da audiência, no entanto, não tem validade seu substabelecimento, sem prévia formalização da sua procuração **(OJ 200 da SBDI 01 do TST):**

200. MANDATO TÁCITO. SUBSTABELECIMENTO INVÁLIDO (inserido dispositivo) – DJ 20.04.2005 É inválido o substabelecimento de advogado investido de mandato tácito.

2.6. Da mitigação do item IV da Súmula n. 395 conjugado pela diretriz da OJ 349 da SBDI 01 do TST

Dispõe o item IV da Súmula n. 395 do TST:

MANDATO E SUBSTABELECIMENTO. CONDIÇÕES DE VALIDADE (nova redação dos itens I e II e acrescido o item V em decorrência do CPC de 2015) – Res. 211/2016, DEJT divulgado em 24, 25 e 26.08.2016

I – Válido é o instrumento de mandato com prazo determinado que contém cláusula estabelecendo a prevalência dos poderes para atuar até o final da demanda (§ 4º do art. 105 do CPC de 2015). (ex -OJ n. 312 da SBDI-1 – DJ 11.08.2003)

II – Se há previsão, no instrumento de mandato, de prazo para sua juntada, o mandato só tem validade se anexado ao processo o respectivo instrumento no aludido prazo. (ex-OJ n. 313 da SBDI-1 – DJ 11.08.2003)

III – São válidos os atos praticados pelo substabelecido, ainda que não haja, no mandato, poderes expressos para substabelecer (art. 667, e parágrafos, do Código Civil de 2002). (ex-OJ n. 108 da SBDI-1 – inserida em 01.10.1997)

IV – Configura-se a irregularidade de representação se o substabelecimento é anterior à outorga passada ao substabelecente. (ex-OJ n. 330 da SBDI-1 – DJ 09.12.2003)

V – Verificada a irregularidade de representação nas hipóteses dos itens II e IV, deve o juiz suspender o processo e designar prazo razoável para que seja sanado o vício, ainda que em instância recursal (art. 76 do CPC de 2015). (grifos do autor)

E reza a OJ 349 da SBDI 01 do TST:

349. MANDATO. JUNTADA DE NOVA PROCURAÇÃO. AUSÊNCIA DE RESSALVA. EFEITOS (DJ 25.04.2007). A juntada de nova procuração aos autos, sem ressalva de poderes conferidos ao antigo patrono, implica revogação tácita do mandato anterior.

A SBDI 01 do TST vem mitigando a rigidez do entendimento do item IV da Súmula n. 395 do TST, conjugando-se o entendimento da OJ 349 da SBDI 01 do TST, de forma a conferir validade de substabelecimento com data anterior a procuração que confere poderes ao advogado representante da parte, simultaneamente juntados aos autos, uma vez que demonstra a intenção da parte da outorga de poderes ao advogado.

ACÓRDÃO SDI-1 JOD/tb/fv EMBARGOS INTERPOSTOS NA VIGÊNCIA DA LEI N. 11.496/2007. IRREGULARIDADE DE REPRESENTAÇÃO PROCESSUAL. SUBSTABELECIMENTO ANTERIOR À PROCURAÇÃO. JUNTADA CONCOMITANTE

<u>**1. A SbDI1 vem mitigando o rigor da diretriz perfilhada na Súmula n. 395, IV, do TST, conjugando-a com o entendimento consubstanciado na Orientação Jurisprudencial n. 349 da SbDI1 do TST. Considera-se, pois, válida a juntada simultânea do substabelecimento e da procuração, uma vez que demonstra a intenção do litigante na outorga de poderes ao causídico.**</u> **Precedentes. 2. Embargos de que se conhece e a que se dá provimento. Vistos, relatados e discutidos estes autos de Agravo em Embargos em Embargos de Declaração em Agravo em Agravo de Instrumento em Recurso de Revista n. TST-Ag-E-ED-Ag-AIRR-222500-62.2006.5.02.0462, em que é Agravante MAN LATIN AMERICA INDÚSTRIA E COMERCIO DE VEICULOS LTDA. e Agravado NELSON CELIO DINIZ.** (*omissis*) **1.2. IRREGULARIDADE DE REPRESENTAÇÃO PROCESSUAL. SUBSTABELECIMENTO ANTERIOR À PROCURAÇÃO. JUNTADA CONCOMITANTE** A Presidência do TST monocraticamente denegou seguimento ao agravo de instrumento interposto pela Reclamada, por inexistente, em virtude de irregularidade de representação processual. Invocou as Súmulas ns. 395, IV, e 164 do TST (fls. 1.287/1.288). A Eg. Terceira Turma do TST, mediante acórdão da lavra do Exmo. Ministro Mauricio Godinho Delgado, negou provimento ao agravo interposto pela Reclamada. Eis os fundamentos do v. acórdão turmário: "O substabelecimento que conferiria poderes ao advogado subscritor do agravo de instrumento, Dr. Geraldo Baraldi Júnior, foi firmado em 08.03.2005 pelo Dr. Eurico Martins de Almeida Júnior, que não detinha, à época, poderes para substabelecer, só vindo a termandato-constituído em data posterior, no caso, em 23.08.2006, de modo que incide, na espécie, a Súmula n. 395, IV/TST, *verbis*: [...] Nesse sentido, inclusive, já decidiu a SBDI-1/TST: [...] A propósito, não se afigura a hipótese demandatotácitono caso em comento (OJ 286SBDI-1/TST), uma vez que, analisando as atas de audiência trasladadas, a advogada subscritora do recurso ordinário não compareceu a nenhuma das audiências referentes a este processo para representar a Reclamada. Ressalte-se, também, que é inadmissível na fase recursal a regularização da representação processual e o oferecimento tardio de procuração. Entendimento cristalizado na Súmula n. 383/TST. Registre-se, à demasia, que, embora não sujeito a formalismo excessivo, o Processo do Trabalho também deve respeitar rotinas indispensáveis à segurança das partes, dos atos praticados e da própria prestação jurisdicional. Diante do exposto, NEGO PROVIMENTO ao agravo." *(fl. 1.324) Aos embargos de declaração interpostos pela Reclamada, a Eg. Turma negou provimento (fls. 1.339/1.342). Em face de tal decisão, a Reclamada interpõe embargos. Alega que se revela "incontroverso que houve a juntada simultânea da procuração e do substabelecimento no dia 09/01/2007". Aponta* contrariedade à Súmula n. 395, IV, do TST, por má aplicação, bem como à Súmula n. 383 do TST e à Orientação Jurisprudencial n. 349 da SbDI1 do TST, além de transcrever arestos para o cotejo de teses. A meu ver, assiste-lhe razão. Com efeito. Não obstante do termo de substabelecimento

O Novo Recurso de Revista – 59

(fls. 364/366) conste data anterior à outorga de poderes conferida pela procuração de fls. 362/363 ao advogado subscritor do agravo de instrumento, os aludidos instrumentos de mandato foram juntados aos autos em uma mesma oportunidade, dia 9.01.2007 (fl. 358). Em tais circunstâncias, a Eg. SbDI1 vem mitigando o rigor da diretriz perfilhada na Súmula n. 395, IV, do TST, conjugando-a com o entendimento consubstanciado na Orientação Jurisprudencial n. 349 da SbDI1 do TST. Considera-se, para tanto, válida a juntada simultânea do substabelecimento e da procuração, uma vez que demonstra a intenção do litigante na outorga de poderes ao causídico. De sorte que, a meu ver, ao invocar a incidência da Súmula n. 395, IV, do TST, a Eg. Terceira Turma deixou de observar as peculiaridades do caso concreto, viabilizando, pois, o conhecimento dos embargos por contrariedade à Súmula em apreço. Não obstante, ressalvado meu entendimento pessoal, a douta maioria desta Eg. Seção concluiu que os embargos comportam conhecimento, por divergência jurisprudencial, em face dos arestos de fls. 1.350/1.355. Os arestos de fls. 1.353 e 1.354/1.355 consignam, em linhas gerais, que, não obstante a data indicada no substabelecimento mostre-se anterior à outorga de poderes mediante procuração, consideram-se válidos os aludidos instrumentos no caso de juntada concomitante. Conheço, pois, dos embargos por divergência jurisprudencial. 2. MÉRITO DOS EMBARGOS. 2.1. IRREGULARIDADE DE REPRESENTAÇÃO PROCESSUAL. SUBSTABELECIMENTO ANTERIOR À PROCURAÇÃO. JUNTADA CONCOMITANTE **Discute-se a validade de substabelecimento com data anterior à procuração que confere poderes ao advogado representante da parte, simultaneamente juntados aos autos. Em tais circunstâncias, a Eg. SbDI1 vem mitigando o rigor da diretriz perfilhada na Súmula n. 395, IV, do TST, conjugando-a com o entendimento consubstanciado na Orientação Jurisprudencial n. 349 da SbDI1 do TST. Considera-se, para tanto, válida a juntada simultânea do substabelecimento e da procuração, uma vez que demonstra a intenção do litigante na outorga de poderes ao causídico. Nesse sentido, figuram os seguintes precedentes:** "AGRAVO REGIMENTAL EM EMBARGOS – IRREGULARIDADE DE REPRESENTAÇÃO – ADMISSIBILIDADE. Esta Subseção vem se orientando, conforme o princípio da instrumentalidade contido no art. 244 do CPC, e com base na análise conjunta do item IV da Súmula n. 395 e da Orientação Jurisprudencial n. 349 da SBDI-1, ambas desta Corte, no sentido de que, ainda que o substabelecimento seja anterior à procuração, sua juntada na mesma data confere validade ao mandato, pois suficiente para ratificar a intenção da parte na outorga de poderes. Precedentes. [...]"(*AgR-E-ED--RR-1726-78.2010.5.03.0089, Rel. Min. Luiz Philippe Vieira de Mello Filho, Subseção I Especializada em Dissídios Individuais, DEJT de 21/2/2014, grifo nosso*) "EMBARGOS. RECURSO DE EMBARGOS. IRREGULARIDADE DE REPRESENTAÇÃO. AGRAVO DE INSTRUMENTO NÃO CONHECIDO. SUBSTABELECIMENTO ANTERIOR À PROCURAÇÃO. JUNTADA CONCOMITANTE. Diante do que dispõe a OJ 349 da C. SDI, e uma vez que os referidos instrumentos foram juntados simultaneamente, ainda que na outorga de poderes do substabelecimento esteja datado com dois dias anteriores à data da outorga da procuração. Aprecia-se, assim, o tema, em conformidade com o princípio da instrumentalidade previsto no artigo 244 do Código de Processo civil, bem como diante da expressa dicção do art. 662 e parágrafo único, do Código Civil. Embargos conhecidos e providos."(*E-ED-AIRR-44440-41.2006.5.01.0027, Rel. Min. Aloysio Corrêa da Veiga,Subseção I Especializada em Dissídios Individuais, DEJT de 24/6/2011, grifo nosso*) *"RECURSO DE EMBARGOS. IRREGULARIDADE DE REPRESENTAÇÃO. PRELIMINAR AFASTADA PELA C. TURMA. SUBSTABELECIMENTO ANTERIOR À PROCURAÇÃO. JUNTADA PELA MESMA PETIÇÃO, NA MESMA DATA. A tese da c. Turma não confronta com o item IV da Súmula n. 395/TST, dando-lhe interpretação em consonância com o princípio da instrumentalidade, pois entende que a juntada do substabelecimento, mesmo com data anterior à da procuração, está em conformidade com a OJ 349 da C. SDI, uma vez que os referidos instrumentos foram juntados simultaneamente e por meio de mesma petição, ainda que na outorga de poderes do substabelecimento esteja datado com dois dias anteriores à data da outorga da procuração. Aprecia-se, assim, o tema, em conformidade com o princípio da instrumentalidade previsto no artigo 244 do Código de Processo Civil, bem como diante da expressa dicção do art. 662 e parágrafo único, do Código Civil. Embargos conhecidos e desprovidos. "(E-RR-42600-63.2004.5.09.0020, Rel. Min. Aloysio Corrêa da Veiga, Subseção I Especializada em Dissídios*

Individuais, DEJT de 19.04.2011. (grifo nosso) Por todo o exposto,dou provimentoaos embargos para, afastada a irregularidade de representação processual, determinar o retorno dos autos à Terceira Turma do TST a fim de que prossiga no **exame do agravo de instrumento em recurso de revista da Reclamada, como entender de direito. ISTO POSTO ACORDAM os Ministros da Subseção I Especializada em Dissídios Individuais do Tribunal Superior do Trabalho, por unanimidade, I – dar provimento ao agravo regimental para determinar o regular processamento dos embargos interpostos pela Reclamada e julgamento na primeira sessão subsequente à data de publicação da presente decisão, nos termos do art. 3º da Instrução Normativa n. 35/2012; II – não conhecer dos embargos quanto ao tema "negativa de prestação jurisdicional"; e III – no que diz respeito ao tema "irregularidade de representação processual – substabelecimento anterior à procuração – juntada concomitante", conhecer dos embargos, por divergência jurisprudencial, e, no mérito, dar-lhes provimento para, afastada a irregularidade de representação processual, determinar o retorno dos autos à Terceira Turma do TST a fim de que prossiga no exame do agravo de instrumento em recurso de revista da Reclamada, como entender de direito.** Brasília, 15 de dezembro de 2016. Firmado por assinatura digital (MP 2.200-2/2001) JOÃO ORESTE DALAZEN Ministro Relator fls. PROCESSO N. TST-E- -ED-Ag-AIRR-222500-62.2006.5.02.0462! Fonte Site do TST: DEJT URL: <http://aplicacao5.TST. jus.br/consultaunificada2/inteiroTeor.do?action=printInteiroTeor&format=html&highlight= true&numeroFormatado=E-ED-Ag-AIRR%20-%20222500-62.2006.5.02.0462&base=acordao&rowid=AAANGhAAFAAA/ewAAG&dataPublicacao=17/02/2017&localPublicacao=DEJT&query=OJ%20and%20286%20and%20SDI%20and%20mandato%20and%20t%E1cito>. (grifos do autor)

Destaque-se, ainda, que o acórdão acima transcrito trata de hipótese de embargos conhecidos e providos em matéria processual por divergência jurisprudencial, e, não especificamente por afrontar Súmula e OJ de matéria processual por conta da normalmente exigida presença da dissonância com a própria súmula processual.

2.7. Da OJ 319 da SBDI 01 do TST e estagiário/advogado

Dispõe a OJ 319 da SBDI 01 do TST:

REPRESENTAÇÃO REGULAR. ESTAGIÁRIO. HABILITAÇÃO POSTERIOR.Válidos são os atos praticados por estagiários e, entre o substabelecimento e a interposição do recurso, sobreveio a habilitação, do então estagiário, para atuar como advogado.

Dessa forma, a OJ 319 da SBDI 01 do TST mitiga a irregularidade dos atos praticados por estagiário se, entre o susbstabelecimento e a interposição do recurso, sobreveio a habilitação do então estagiário para atuar como advogado, não observando a irregularidade da prática de ato privativo de advogado, conforme estabelece o inciso I do art. 1º, da Lei n. 8.906/1994 (Estatuto da Advocacia).

Saliente-se, ainda, que a SBDI 01 do TST, ainda, entende que para a comprovação do *status* de advogado, exige-se apenas a identificação do patrono, com o respectivo número de inscrição, conforme preceitua o artigo 14 da Lei n. 8.906/1994. Assim, a posterior graduação do estagiário e o consequente registro na Ordem dos Advogados habilita-o a praticar todos os atos inerentes à profissão, independentemente de novo mandato.

Nesse sentido, o entendimento da SBDI 01 do TST:

"ACÓRDÃO SBDI-I LBC/vfh EMBARGOS. REPRESENTAÇÃO PROCESSUAL. PROCURA-ÇÃO OUTORGANDO PODERES À SUBSCRITORA DO RECURSO DE REVISTA COMO ESTAGIÁRIA. INTERPOSIÇÃO DO RECURSO NA CONDIÇÃO DE ADVOGADA. VALI-DADE. Nos termos da Orientação Jurisprudencial n. 319 da SBDI-I, são válidos os atos praticados por estagiários e, entre o substabelecimento e a interposição do recurso, sobreveio sua habilitação para atuar como advogado. Embargos conhecidos e providos. Vistos, relatados e discutidos estes autos dos Embargos em Embargos de Declaração em Agravo de Instrumento em Recurso de Revista n. **TST-E-ED-AIRR-91.417/2003-900-02-00.7**, em que é embargante **MAHLE METAL LEVE S.A. INDÚSTRIA E COMÉRCIO** e embargado **ADAMILTON OLIVA**. A colenda Terceira Turma desta Corte superior, mediante acórdão prolatado às fls. 201/203, complementado às fls. 218/219, negou provimento ao agravo de instrumento interposto pela reclamada, por irregularidade de representação. Consignou que, à época da interposição do recurso de revista, a Dra. Alice Sachi Shimamura não detinha procuração ou substabelecimento válido autorizando a sua atuação como advogada, existindo apenas uma procuração conferindo-lhe poderes para atuar como estagiária. À decisão da Turma a reclamada interpõe recurso de embargos à SBDI-I (fls. 221/230). Esgrime com violação do artigo 5º, inciso LV, da Constituição Federal e aponta contrariedade à Orientação Jurisprudencial n. 319 da SBDI-I do TST. Afirma que a representação era regular, ao argumento de que a advogada que assinou o recurso possuía procuração nos autos, ainda que como estagiária. Não foi apresentada impugnação. Dispensou-se a remessa dos autos à douta Procuradoria-Geral do Trabalho, ante a ausência de interesse público a tutelar. É o relatório. **VOTO Conhecimento AUSÊNCIA DE TRASLADO DA PROCURAÇÃO OUTORGADA AO ADVOGADO Do segundo AGRAVADO/reclamante. Existência de mandato tácito.** A colenda Terceira Turma desta Corte superior, mediante acórdão prolatado às fls. 201/203, complementado às fls. 218/219, negou provimento ao agravo de instrumento interposto pela reclamada, por irregularidade de representação. Houve por bem manter a decisão monocrática de que resultou a obstaculização do recurso de revista patronal porque inexistente, nos termos do disposto na Súmula n. 164 do TST. Consignou a Turma que, à época da interposição do recurso de revista, a Dra. Alice Sachi Shimamura não detinha procuração ou substabelecimento válido autorizando a sua atuação como advogada, existindo apenas uma procuração conferindo-lhe poderes para atuar como estagiária. A reclamada interpõe recurso de embargos para a SBDI-I. Sustenta, em síntese, que seu agravo de instrumento merecia ser conhecido, uma vez que, na hipótese, a representação da subscritorado recurso de revista é plenamente válida, nos termos do disposto na Orientação Jurisprudencial n. 319 da SBDI-I do TST. Esclarece que a advogada possuía procuração nos autos como estagiária, tendo adquirido sua habilitação como advogada posteriormente, constando, inclusive, do recurso de revista, o número de sua inscrição na Ordem dos Advogados do Brasil, nos termos do disposto no artigo 3º, § 2º, da Lei n. 8.906/94. Esgrime com violação do artigo 5º, inciso LV, da Constituição Federal e aponta contrariedade à Orientação Jurisprudencial n. 319 da SBDI-I do TST (fls. 221/230). Com razão a ora embargante. Depreende-se dos autos que, no momento da interposição do recurso de revista, a Drª. Alice Sachi Samamura identificou-se como advogada, tendo apresentado o número de sua inscrição na Ordem dos Advogados do Brasil, Seccional de São Paulo – OAB/SP n. 162.126. Assim sendo, desnecessária a prova de sua habilitação profissional para subscrever o recurso de revista, ainda que tenha atuado nos autos anteriormente como estagiária. Configurada, portanto, a hipótese prevista na Orientação Jurisprudencial n. 319 da SBDI-I desta Corte superior, que assim dispõe: **REPRESENTAÇÃO REGULAR.** ESTAGIÁRIO. **HABILITAÇÃO POSTERIOR.** Válidos são os atos praticados porestagiáriose, entre o substabelecimento e a interposição do recurso, sobreveio a habilitação, do então estagiário, para atuar como advogado". Saliente-se, por oportuno, que, para a comprovação do *status* de advogado, exige-se apenas a identificação do patrono, com o respectivo número de inscrição, conforme preceitua o artigo 14 da Lei n. 8.906/94. Assim, a posterior graduação do estagiário e consequente registro na Ordem dos Advogados habilita-o a praticar todos os atos inerentes à profissão,

62 – *Jorge Pinheiro Castelo*

independentemente de novo mandato. Demonstrada a regularidade da representação, resta patente que o não conhecimento do agravo de instrumento importou em violação do artigo 5º, inciso LV, da Constituição Federal. Conheço, pois, dos embargos, por violação ao artigo 5º, LV, da Carta Magna. **MÉRITO** Como consectário lógico do conhecimento do recurso por ofensa ao artigo 5º, LV, da Constituição Federal, dou provimento aos embargos para determinar o retorno dos autos à Turma de origem, a fim de que prossiga no julgamento do agravo de instrumento, como entender de direito, afastado o óbice da irregularidade de representação processual. **ISTO POSTO ACORDAM** os Ministros da Subseção I Especializada em Dissídios Individuais do Tribunal Superior do Trabalho, por unanimidade, conhecer do recurso de embargos por ofensa ao artigo 5º, LV, da Constituição Federal e, no mérito, dar-lhe provimento para determinar o retorno dos autos à Turma de origem, a fim de que prossiga no julgamento do agravo de instrumento, como entender de direito, afastado o óbice da irregularidade de representação processual. Brasília, 20 de agosto de 2007. LELIO BENTES CORRÊA Relator fls. PROC. N. TST-E-ED-AIRR-91.417/2003-900-02-00.7 PROC. N. TST-E-ED-AIRR-91.417/2003-900-02-00.7." Fonte Site do TST: DEJT URL: <htpp://aplicacao5.TST.jus.br/consultaunificada2/inteiroTeor.format=html&highlight=true&numeroFormatado=AIRR%20-%20ANGhAAFAAAWpiAAA&dataPublicacao=31/08/2007&localPublicacao=DJ&query=procura%E7%E3o%20and%20estagi%E1rio%20and%20aus%EAncia%20and%20de%20and%20poderes>. (grifos do autor)

3. Do depósito recursal e do pagamento das custas processuais

3.1. Art. 899 da CLT

Para o processamento e conhecimento do recurso, salvo exceções, deverão ser pagas as custas processuais e efetuado o depósito recursal (art. 899 da CLT), e, por vezes, v.g., no caso do recurso extraordinário o porte de remessa e retorno para processos físicos (§ 1º, 2º e 3º do art. 1.007 do CPC/2015 c/c art. 324/327 do Regimento Interno do TST).

O depósito recursal deverá ser efetuado a cada recurso, havendo solidariedade o depósito de um litisconsorte aproveita o outro (salvo quando a empresa que efetuou o depósito postula a exclusão da lide) e na execução, havendo a garantia do juízo não é mais exigível.

Assim, no caso de litisconsórcio unitário, quando o julgamento tiver que ser uniforme (igual) para todos os litisconsortes, ou seja, não tendo interesses conflitantes, assim como no caso do próprio recurso, o depósito recursal por um aproveita aos demais, salvo se a empresa que efetuou o depósito pedir a exclusão do feito (cfr. Item III da Súmula n. 128 do TST: Havendo condenação solidária de duas ou mais empresas, o depósito recursal efetuado por uma delas aproveita as demais, quando a empresa que efetuou o depósito não pleiteia sua exclusão da lide. (ex-OJ n. 190 da SBDI-1 – inserida em 08.11.2000)

3.2. Súmula n. 128 do TST, depósito recursal e litisconsórcio

A Súmula n. 128 do TST estabelece:

"**DEPÓSITO RECURSAL (incorporadas as Orientações Jurisprudenciais ns. 139, 189 e 190 da SBDI-1) – Res. 129/2005, DJ 20, 22 e 25.04.2005**

I – É ônus da parte recorrente efetuar o depósito legal, integralmente, em relação a cada novo recurso interposto, sob pena de deserção. Atingido o valor da condenação, nenhum depósito mais é exigido para qualquer recurso. (ex-Súmula n. 128 – alterada pela Res. 121/2003, DJ 21.11.03, que incorporou a OJ n. 139 da SBDI-1 – inserida em 27.11.1998)

II – Garantido o juízo, na fase executória, a exigência de depósito para recorrer de qualquer decisão viola os incisos II e LV do art. 5º da CF/1988. Havendo, porém, elevação do valor do débito, **exige-se a complementação da garantia do juízo.** (ex-OJ n. 189 da SBDI-1 – inserida em 08.11.2000)

III – Havendo condenação solidária de duas ou mais empresas, o depósito recursal efetuado por uma delas aproveita as demais, quando a empresa que efetuou o depósito não pleiteia sua exclusão da lide. (ex-OJ n. 190 da SBDI-1 – inserida em 08.11.2000) (grifos do autor)

Cabe a parte efetuar o depósito legal, integralmente, em relação a cada novo recurso interposto, sob pena de deserção.

Atingido o valor da condenação, nenhum depósito mais é exigido para qualquer recurso.

Na fase de execução, garantido o juízo, não haverá necessidade de novos depósitos recursais, salvo se elevado o valor do débito para além do valor objeto da constrição legal, quando se exige a complementação da garantia do juízo.

Havendo condenação solidária de duas ou mais empresas, o depósito recursal efetuado por uma delas aproveita as demais, salvo se a empresa que efetuou o depósito postula na peça recursal a sua exclusão da lide.

3.3. Súmula n. 245 do TST e comprovação do depósito recursal

A Súmula n. 245 do TST fixa:

O depósito recursal deve ser feito e comprovado no prazo alusivo ao recurso. A interposição antecipada deste não prejudica a dilação legal.

Nos termos da Súmula n. 245 do TST, o depósito recursal deve ser feito e comprovado no prazo alusivo ao recurso, independentemente da interposição o recurso ter sido feita antes dos 8 dias úteis do prazo recursal.

3.4. Depósito recursal, custas e §§ 2º e 4º, do art. 1.007, do CPC/2015

Estabelece o art. 1.007 do CPC/2015:

Art. 1.007. No ato de interposição do recurso, o recorrente comprovará, quando exigido pela legislação pertinente, o respectivo preparo, inclusive porte de remessa e de retorno, sob pena de deserção.

§ 2º A insuficiência no valor do preparo, inclusive porte de remessa e de retorno, implicará deserção se o recorrente, intimado na pessoa de seu advogado, não vier a supri-lo no prazo de 5 (cinco) dias.

§ 3º É dispensado o recolhimento do porte de remessa e de retorno no processo em autos eletrônicos.

§ 4º O recorrente que não comprovar, no ato de interposição do recurso, o recolhimento do preparo, inclusive porte de remessa e de retorno, será intimado, na pessoa de seu advogado, para realizar o recolhimento em dobro, sob pena de deserção.

§ 5º É vedada a complementação se houver insuficiência parcial do preparo, inclusive porte de remessa e de retorno, no recolhimento realizado na forma do § 4º.

§ 6º Provando o recorrente justo impedimento, o relator relevará a pena de deserção, por decisão irrecorrível, fixando-lhe prazo de 5 (cinco) dias para efetuar o preparo.

§ 7º O equívoco no preenchimento da guia de custas não implicará a aplicação da pena de deserção, cabendo ao relator, na hipótese de dúvida quanto ao recolhimento, intimar o recorrente para sanar o vício no prazo de 5 (cinco) dias.

A insuficiência no valor do depósito recursal e das custas implicará na deserção do recurso se o recorrente, intimado na pessoa de seu advogado, não vier a supri-lo no prazo de 5 (cinco) dias.

3.5. Depósito recursal e custas = OJ 140 da SBDI 01 do TST, §§ 2º e 4º do art. 1.007 do CPC/2015 e deserção

Dispõe a OJ 140 da SBDI 01 do TST:

DEPÓSITO RECURSAL E CUSTAS PROCESSUAIS. RECOLHIMENTO INSUFICIENTE. DESERÇÃO (nova redação em decorrência do CPC de 2015)

Em caso de recolhimento insuficiente das custas processuais ou do depósito recursal, somente haverá deserção do recurso se, concedido o prazo de 5 (cinco) dias previsto no § 2º do art. 1.007 do CPC de 2015, o recorrente não complementar e comprovar o valor devido. (grifos do autor)

Note-se que a hipótese do § 2º, do art. 1.007, do CPC/2015 e da OJ 140 da SBDI 01 do TST trata de complemento de depósito insuficiente e não de ausência da realização do depósito recursal.

Nesse sentido, o entendimento da SBDI 01 do TST:

ACÓRDÃO SbDI-1 GMJRP/ir/rb/JRFP/li AGRAVO EM EMBARGOS REGIDOS PELA LEI N. 13.015/2014, PELO CPC/2015 E PELA INSTRUÇÃO NORMATIVA N. 39/2016 DO TRIBUNAL SUPERIOR DO TRABALHO. RECURSO ORDINÁRIO. DESERÇÃO. DEPÓSITO-RECURSAL. GUIA GFIP SEM AUTENTICAÇÃO BANCÁRIA. INAPLICABILIDADE DA ORIENTAÇÃO JURISPRUDENCIAL N. 140 DA SBDI-1 DO TRIBUNAL SUPERIOR DO TRABALHO. DIVERGÊNCIA JURISPRUDENCIAL NÃO DEMONSTRADA.

<u>A nova redação da Orientação Jurisprudencial n. 140 da SbDI-1 do TST, segundo a qual, "em caso de recolhimento insuficiente das custas processuais ou do depósito recursal, somente haverá deserção do recurso se, concedido o prazo de 5 (cinco) dias previsto no § 2º do art. 1.007 do CPCde 2015, o recorrente não complementar e comprovar o valor devido", não se aplica aos casos em que se verifica a ausência total de recolhimento do depósito recursal ou a ausência de sua comprovação, como ocorre no caso destes autos, em que a parte apresentou a guia GFIP sem a autenticação bancária necessária para se aferir o efetivo pagamento do valor respectivo.</u> **Por outro lado, a divergência jurisprudencial não está demonstrada, nos termos da Súmula n. 296, item I, do Tribunal Superior do Trabalho, pois o único aresto indicado ao cotejo de teses, oriundo da Quinta Turma, refere-se a circunstância distinta do caso** *sub judice,* **uma vez que, naquele caso concreto, a parte recorrente apresentou guia GFIP ilegível e, posteriormente, no momento da interposição de embargos de declaração, juntou a guia de recolhimento do depósito recursal com a respectiva autenticação bancária, motivo pelo qual a Turma adotou o entendimento de que a regularidade da guia deveria ser presumida. Agravo desprovido.** Vistos, relatados e discutidos estes autos de Agravo em Embargos em Agravo em Recurso de Revista n. **TST-Ag-E-Ag-RR-436-95.2015.5.12.0026,** em que é Agravante **TAM LINHAS AEREAS S/A.** e Agravado **ALEXANDRE JOSÉ DE**

SOUZA. (*omissis*) **DESERÇÃO DO RECURSO ORDINÁRIO. DEPÓSITO RECURSAL. INEXISTÊNCIA DE AUTENTICAÇÃO BANCÁRIA NA GUIA GFIP. AUSÊNCIA DE RE-COLHIMENTO.** (*omissis*) Com efeito, a nova redação da Orientação Jurisprudencial n. 140 da SbDI-1 do TST, segundo a qual, "em caso de recolhimento insuficiente das custas processuais ou do depósito recursal, somente haverá deserção do recurso se, concedido o prazo de 5 (cinco) dias previsto no § 2º do art. 1.007 do CPC de 2015, o recorrente não complementar e comprovar o valor devido", não se aplica aos casos em que se verifica a ausência total de recolhimento do depósito recursal ou a ausência de sua comprovação, como ocorre no caso destes autos, em que a parte apresentou a guia GFIP sem a autenticação bancária necessária para se aferir o efetivo pagamento do valor respectivo. Inespecífico, portanto, o respectivo julgado, nos termos da Súmula n. 296, item I, do Tribunal Superior do Trabalho. Com esses fundamentos, **nego provimento** ao agravo. **ISTO POSTO ACORDAM os Ministros da Subseção I** **Especializada em Dissídios Individuais do Tribunal Superior do Trabalho, por unanimidade,** **negar provimento ao agravo. Brasília, 22 de novembro de 2018. Firmado por assinatura digi-** **tal (MP 2.200-2/2001) JOSÉ ROBERTO FREIRE PIMENTA Ministro Relator** fls. **PROCESSO** **N. TST-Ag-E-Ag-RR-436-95.2015.5.12.0026** Firmado por assinatura digital em 23.11.2018 pelo sistema AssineJus da Justiça do Trabalho, conforme MP 2.200-2/2001, que instituiu a Infra-Estrutura de Chaves Públicas Brasileira." FONTE SITE DO TST: DEJT 30.11.2018 URL: <http:// aplicacao5.TST.jus.br/consultaunificada2/inteiroTeor.do?action=printInteiroTeor&format=html&highlight=true&numeroFormatado=Ag-E-Ag-RR%20-%20436-95.2015.5.12.0026&base=acordao&rowid=AAANGhAA+AAAWoDAAI&dataPublicacao=30/11/2018&localPublicacao=DEJT&query=%A7%20and%202%20and%20%BA%20and%20do%20and%20art%20 and%201.007%20and%20do%20and%20CPC%20and%20complemento%20and%20de%20 and%20dep%F3sito%20and%20insuficiente%20and%20comprova%E7%E3o%20and%20 de%20and%20dep%F3sito>. (grifos do autor)

3.6. Depósito recursal e custas = §§ 4º e 6º, do art. 1.007, do CPC/2015, comprovação, insuficiência e inexistência

Dispõe o § 4º do art. 1.007 do CPC/2015:

> **§ 4º O recorrente que não comprovar, no ato de interposição do recurso, o recolhimento do preparo, inclusive porte de remessa e de retorno, será intimado, na pessoa de seu advogado, para realizar o recolhimento em dobro, sob pena de deserção.**

Registre-se que o § 4º, do art. 1.007, do CPC/2015 trata, apenas, de comprovação e não de pagamento (ainda que insuficiente), cuja nova oportunidade, da comprovação, também, importa o recolhimento em dobro.

No entanto, a interpretação do Tribunal Superior do Trabalho é mais restrita e não admite sequer a comprovação do recolhimento do depósito recursal realizado, mas, não apresentado nos autos, ainda, que em dobro.

Nesse sentido, o entendimento da SBDI 01 do TST:

> "**ACÓRDÃO SBDI-1 GMAAB/syi/ct/smf AGRAVO REGIMENTAL. EMBARGOS. DESER-** **ÇÃO. AUSÊNCIA DE RECOLHIMENTO DO DEPÓSITO RECURSAL. SÚMULA N. 245** **DO TST. OJ N. 140 DA SBDI-1 DO TST. INCIDÊNCIA. A Reclamada, ao interpor o recurso** de embargos, <u>não demonstrou o recolhimento do depósito recursal, o que se fazia impres-</u> <u>cindível, consoante Súmula n. 128, I, do TST. Nos termos da Súmula n. 245 do TST, "o</u> <u>depósito recursal deve ser feito e comprovado no prazo alusivo ao recurso". De outro lado, a</u> <u>OJ n. 140 da SBDI-1 do TST estabelece que, em caso de recolhimento insuficiente das custas</u> <u>processuais ou do de pósito recursal, deve ser concedido prazo para o saneamento, conforme</u>

§ 2º do art. 1.007 do CPC de 2015. **Portanto, como o caso em exame trata de ausência de reco-lhimento do depósito recursal, e não de mera insuficiência, não se há falar em concessão de prazo para a parte sanear o vício,** convicção que se mantém após a Resolução do TST n. 218 de 17.04.2017, que revogou o parágrafo único do art. 10 da Instrução Normativa n. 39/2016, uma vez que a literalidade do art. 1.007, § 2º, do CPC/2015 é clara no sentido de admitir-se o saneamento nas hipóteses de insuficiência do valor do preparo. **Agravo regimental conhecido e desprovido.** Vistos, relatados e discutidos estes autos de Agravo Regimental em Embargos de Declaração em Recurso de Revista n. **TST-AgR-E-ED-RR-132600-33.2009.5.22.0001**, em que é Agravante **CAR-VALHO ATACADO DE ALIMENTOS LTDA.** e Agravado **JEAN PEREIRA QUEIROZ.** (*omis-sis*) elo exposto, **nego provimento** ao agravo regimental. **ISTO POSTO ACORDAM** os Minis-trosda Subseção I Especializada em Dissídios Individuais do Tribunal Superior do Trabalho, por unanimidade, **conhecer** do agravo regimental e, no mérito, **negar-lhe** provimento. Brasília, 5 de outubro de 2017. **Firmado por assinatura digital (MP 2.200-2/2001) ALEXANDRE AGRA BEL-MONTE Ministro Relator** fls. **PROCESSO N. TST-AgR-E-ED-RR-132600-33.2009.5.22.0001."** Fonte Site do TST DEJT 05.10.2017 URL: <http://aplicacao5.TST.jus.br/consultaunificada2/in-teiroTeor.do?action=printInteiroTeor&format=html&highlight=true&numeroFormatado=AgR- -E-ED-RR%20-%20132600-33.2009.5.22.0001&base=acordao&rowid=AAANGhAA+AAAU6oA- AM&dataPublicacao=13/10/2017&localPublicacao=DEJT&query=OJ%20and%20140%20and%20 %A7%20and%202%20and%20%BA%20and%20%A7%20and%204%20and%20%BA%20and%20- do%20and%20art%20and%201.007%20and%20do%20and%20CPC%20and%20aus%EAn- cia%20and%20de%20and%20comprova%E7%E3o%20and%20do%20and%20recolhimento%20 and%20dep%F3sito%20and%20recursal>. (grifos do autor)

Não obstante, provado o justo impedimento o Relator relevará a pena de de-serção, fixando um prazo de 5 (cinco) dias para efetuar o recolhimento do depósito recursal, conforme estabelece o § 6º, do art. 1.007, do CPC/2015:

§ 6º **Provando o recorrente justo impedimento, o relator relevará a pena de deserção, por decisão irrecorrível, fixando-lhe prazo de 5 (cinco) dias para efetuar o preparo.**

4. Guia de depósito

Até 10.11.2017, o depósito recursal deveria ser efetivado em conta vinculada me-diante guia de recolhimento do FGTS (§§ 4º e 5º do art. 899), admitindo-se por exceção o depósito judicial (Súmula n. 426 do TST que deverá ser cancelada ou revista).

A partir do dia 11.11.2017, com a nova redação do § 4º, do art. 899, da CLT (com a redação dada pela Lei n. 13.467/2017), o depósito recursal deverá ser feito em conta vinculada ao juízo:

§ 4º *O depósito recursal será feito em conta vinculada ao juízo e corrigido com os mesmos índices da poupança.* (grifo do autor)

5. Depósito recursal, fiança bancária ou seguro garantia judicial

Ainda, a partir do dia 11.11.2017, com a nova redação do § 11, do art. 899, da CLT (com a redação dada pela Lei n. 13.467/2017), o depósito recursal poderá ser substituído por fiança bancária ou seguro garantia:

§ 11. *O depósito recursal poderá ser substituído por fiança bancária ou seguro garantia judicial.*

No caso do seguro garantia judicial, com relação ao prazo de vencimento deverá ser observado o disposto nos arts. 3º, 4º e 10 da Portaria 164, de 27.02.2014 da Procuradoria da Fazenda Nacional.

6. Entidades sem fins lucrativos, empregadores domésticos, microempreendedores individuais, micro empresas, empresas de pequeno porte

A partir do dia 11.11.2017, com o advento do § 9º, do art. 899, da CLT, fixado pela Lei n. 13.467/2017, as entidades sem fim lucrativos e empregadores domésticos, microempreendedores individuais, microempresas e empresas de pequeno porte efetuarão o depósito recursal pela metade:

§ 9º O valor do depósito recursal será reduzido pela metade para entidades sem fins lucrativos, empregadores domésticos, microempreendedores individuais, microempresas empresas de pequeno porte.

Trata-se de enorme privilégio na medida que tais réus tem seus encargos processuais reduzidos à metade o que estimula a continuidade do processo em sede recursal.

7. Beneficiários das justiça gratuita, entidades filantrópicas e empresas em recuperação judicial

Desde 11.11.2017, de acordo com o § 10, do art. 899, da CLT, fixado pela Lei n. 13.467/2017, os beneficiários da justiça gratuita, as entidades filantrópicas e as empresas em recuperação judicial estarão isentas do depósito recursal:

§ 10. São isentos do depósito recursal os beneficiários da justiça gratuita, as entidades filantrópicas e as empresas em recuperação judicial.

Com exceção aos beneficiários da justiça gratuita, essa isenção configura enorme privilégio na medida que tais réus passam a não ter encargos processuais e não sofrer qualquer consequência pela eternização dos processos, o que estimula a continuidade do processo em sede recursal.

Com efeito, existem enormes universidades e gigantescos hospitais com imenso patrimônio e recursos econômicos, com o "selo" de entidades filantrópica que exploram atividade econômica e cobram muito caro por sua prestação de serviço.

Esse tipo de isenção só se justificaria para entidades filantrópicas que não explorassem atividade econômica propriamente dita e não cobrassem por sua prestação de serviços à população de baixa renda, tal qual ocorre com entidades públicas, nos termos do Decreto-Lei n. 779/1969 e da OJ 87 da SBDI 01 do TST.

No caso de empresa em recuperação judicial que continua operando nada justifica que não realize o depósito recursal do processo judicial que deu causa e que foi condenada, na medida que tem fluxo de caixa e seus compromissos obrigacionais regulares foram suspensos e reorganizados pela moratória.

8. Massa falida e empresas em liquidação extrajudicial – Súmula n. 86 do TST

Não ocorre deserção de recurso da massa falida por falta de pagamento de custas ou de depósito do valor da condenação. Esse privilégio, todavia, não se aplica à empresa em liquidação extrajudicial.

Nesse sentido a **Súmula n. 86 do TST**:

DESERÇÃO. MASSA FALIDA. EMPRESA EM LIQUIDAÇÃO EXTRAJUDICIAL (incorporada a Orientação Jurisprudencial n. 31 da SBDI-1) – Res. 129/2005, DJ 20, 22 e 25.04.2005 **Não ocorre deserção de recurso da massa falida por falta de pagamento de custas ou de depósito do valor da condenação. Esse privilégio, todavia, não se aplica à empresa em liquidação extrajudicial.** (primeira parte – ex-Súmula n. 86 – RA 69/78, DJ 26.09.1978; segunda parte – ex-OJ n. 31 da SBDI-1 – inserida em 14.03.1994) (grifos do autor)

9. Custas processuais nos recursos, prazo e valor máximo – art. 789 da CLT

Dispõe o art. 789, itens e §§ da CLT:

Art. 789. Nos dissídios individuais e nos dissídios coletivos do trabalho, nas ações e procedimentos de competência da Justiça do Trabalho, bem como nas demandas propostas perante a Justiça Estadual, no exercício da jurisdição trabalhista, **as custas relativas ao processo de conhecimento incidirão à base de 2% (dois por cento), observado o mínimo de R$ 10,64 (dez reais e sessenta e quatro centavos) e o máximo de quatro vezes o limite máximo dos benefícios do Regime Geral de Previdência Social, e serão calculadas:** (Redação dada pela Lei n. 13.467, de 2017)

I – quando houver acordo ou condenação, sobre o respectivo valor;

II – quando houver extinção do processo, sem julgamento do mérito, ou julgado totalmente improcedente o pedido, sobre o valor da causa;

III – no caso de procedência do pedido formulado em ação declaratória e em ação constitutiva, sobre o valor da causa;

IV – quando o valor for indeterminado, sobre o que o juiz fixar.

§ 1º As custas serão pagas pelo vencido, após o trânsito em julgado da decisão. **No caso de recurso, as custas serão pagas e comprovado o recolhimento dentro do prazo recursal.**

§ 2º **Não sendo líquida a condenação, o juízo arbitrar-lhe-á o valor e fixará o montante das custas processuais.**

§ 3º Sempre que houver acordo, se de outra forma não for convencionado, o pagamento das custas caberá em partes iguais aos litigantes.

§ 4º Nos dissídios coletivos, as partes vencidas responderão solidariamente pelo pagamento das custas, calculadas sobre o valor arbitrado na decisão, ou pelo Presidente do Tribunal.

Art. 789-A. **No processo de execução são devidas custas, sempre de responsabilidade do executado e pagas ao final,** de conformidade com a seguinte tabela: (...) (grifos do autor)

O Novo Recurso de Revista – 69

Desse modo, as custas relativas ao processo de conhecimento incidirão à base de 2% (dois por cento) sobre o valor da condenação, da causa, acordo ou for arbitrado, observado o valor mínimo de R$ 10,64 e o valor máximo de quatro vezes o limite máximo dos benefícios do Regime Geral de Previdência Social.

No caso de recurso, as custas serão pagas e comprovado o recolhimento dentro do prazo recursal, em conformidade com o § 1º, do art. 789, da CLT.

No caso de insuficiência deverá ser observado o § 2º, do art. 1.007, do CPC/2015 c/c a OJ 140 da SBDI 02 do TST:

Art. 1.007. No ato de interposição do recurso, o recorrente comprovará, quando exigido pela legislação pertinente, o respectivo preparo, inclusive porte de remessa e de retorno, sob pena de deserção.

§ 2ºA insuficiência no valor do preparo, inclusive porte de remessa e de retorno, implicará deserção se o recorrente, intimado na pessoa de seu advogado, não vier a supri-lo no prazo de 5 (cinco) dias.

OJ 140. DEPÓSITO RECURSAL E CUSTAS PROCESSUAIS. RECOLHIMENTO INSUFICIENTE. DESERÇÃO (nova redação em decorrência do CPC de 2015) Em caso de recolhimento insuficiente das custas processuais ou do depósito recursal, somente haverá deserção do recurso se, concedido o prazo de 5 (cinco) dias previsto no § 2º do art. 1.007 do CPC de 2015, o recorrente não complementar e comprovar o valor devido. (grifos do autor)

10. Súmula n. 25 do TST, inversão do ônus da sucumbência e ausência de deserção

A parte vencedora na primeira instância, se vencida na segunda, está obrigada, independentemente de intimação, a pagar as custas fixadas na sentença originária, das quais ficará isenta a parte então vencida, porém, no caso de inversão da sucumbência se as custas já foram recolhidas, descabe novo pagamento, pelo vencido, em segundo grau, ao recorrer, devendo ao final, se sucumbente, reembolsar a quantia.

Nesses termos a **Súmula n. 25 do TST:**

CUSTAS PROCESSUAIS. INVERSÃO DO ÔNUS DA SUCUMBÊNCIA. (alterada a Súmula e incorporadas as Orientações Jurisprudenciais ns. 104 e 186 da SBDI-1) – Res. 197/2015 – DEJT divulgado em 14, 15 e 18.05.2015

I – A parte vencedora na primeira instância, se vencida na segunda, está obrigada, independentemente de intimação, a pagar as custas fixadas na sentençaoriginária, das quais ficara isenta a parte então vencida;

II – No caso de inversão do ônus da sucumbência em segundo grau, sem acréscimo ou atualização do valor das custas e se estas já foram devidamente recolhidas, descabe um novo pagamento pela parte vencida, ao recorrer. Deverá ao final, se sucumbente, reembolsar a quantia; (ex-OJ n. 186 da SBDI-I)

III – Não caracteriza deserção a hipótese em que, acrescido o valor da condenação, não houve fixação ou cálculo do valor devido a título de custas e tampouco intimação da parte para o preparo do recurso, devendo ser as custas pagas ao final; (ex-OJ n. 104 da SBDI-I)

IV – O reembolso das custas à parte vencedora faz-se necessário mesmo na hipótese em que a parte vencida for pessoa isenta do seu pagamento, nos termos do art. 790-A, parágrafo único, da CLT. (grifos do autor)

11. Valor máximo das custas

Desde 11.11.2017, com a nova redação do art. 789 da CLT (dada pela Lei n. 13.467/2017), o valor máximo das custas processuais corresponderá a quatro vezes o valor máximo do regime de benefícios da Previdência Social:

Art. 789. Nos dissídios individuais e nos dissídios coletivos do trabalho, nas ações e procedimentos de competência da Justiça do Trabalho, bem como nas demandas propostas perante a Justiça Estadual, no exercício da jurisdição trabalhista, as custas relativas ao processo de conhecimento incidirão à base de 2% (dois por cento), observado o mínimo de R$ 10,64 (dez reais e sessenta e quatro centavos) e o máximo de quatro vezes o limite máximo dos benefícios do Regime Geral de Previdência Social, e serão calculadas.

O estabelecimento de limite do valor máximo para pagamento das custas é medida salutar de garantia de acesso à Justiça.

12. Pessoas jurídicas de direito público – privilégios

No processo do trabalho, as pessoas jurídicas de direito público (União Federal, Estado, Municípios, Distrito Federal, autarquias, fundações que não explorem atividade econômica), estão dispensadas do depósito recursal (inc. IV do art. 1º do Dec-Lei 779/1969), bem como deverão pagar as custas, apenas, a final, com exceção da União que não as paga (inc. IV do art. 1º do Dec-Lei n. 779/1969).

Nesse sentido, é o texto do Dec-Lei n. 779/1969:

Art. 1º Nos processos perante a Justiça do Trabalho, constituem privilégio da União, dos Estados, do Distrito Federal, dos Municípios e das autarquias ou fundações de direito público federais, estaduais ou municipais <u>que não explorem atividade econômica</u>:

I – a presunção relativa de validade dos recibos de quitação ou pedidos de demissão de seus empregados ainda que não homologados nem submetidos à assistência mencionada nos parágrafos 1º, 2º e 3º do artigo 477 da Consolidação das Leis do Trabalho;

II – o quádruplo do prazo fixado no artigo 841, *in fine*, da Consolidação das Leis do Trabalho;

III – o prazo em dôbro para recurso;

IV – a dispensa de depósito para interposição de recurso;

V – o recurso ordinário *ex officio* das decisões que lhe sejam total ou parcialmente contrárias;

VI – o pagamento de custas a final salva quanto à União Federal, que não as pagará. (grifos do autor)

13. Pessoas jurídicas de direito público que explorem atividade econômica – ausência de privilégios – execução direta – sem precatório – OJ 87 da SBDI 01 do TST

No processo do trabalho, as pessoas jurídicas de direito público que explorem atividade econômica estão submetidas a execução direta, nos termos da OJ 87 da SBDI 01 do TST:

87. ENTIDADE PÚBLICA. EXPLORAÇÃO DE ATIVIDADE EMINENTEMENTE ECONÔMICA. EXECUÇÃO. ART. 883 DA CLT (mantida conforme decidido no julgamento do processo TST-AgR-E-RR-148500-29.2004.5.09.0022 pelo Tribunal Pleno em 22.08.2016) É direta a execução contra a APPA e MINASCAIXA (§ 1º do art. 173, da CF/1988).

Parte VII-C

REGULARIZAÇÃO DE DEFEITO FORMAL PARA A OBTENÇÃO DO JULGAMENTO DE MÉRITO DO RECURSO DE REVISTA

I – JUÍZO DE ADMISSIBILIDADE DO RECURSO DE REVISTA

1. Duplo juízo de admissibilidade do recurso de revista

No juízo de admissibilidade se declara a presença ou a ausência dos requisitos extrínsecos e intrínsecos (em abstrato) do recurso. É um juízo preliminar ao juízo de mérito do recurso.

No processo do trabalho, na maioria dos recursos, assim como no recurso revista, o juízo de admissibilidade é feito nos dois graus de jurisdição.

Na verdade, o primeiro juízo de admissibilidade positivo não vincula o tribunal superior que poderá adotar outra conclusão. Quando negativo, o primeiro juízo de admissibilidade do recurso de revista pode ser revisto, pelo Tribunal Superior do Trabalho, mediante a interposição de outro recurso que é o agravo de instrumento (alínea "b" do art. 897 da CLT).

Não cabe no recurso de revista a verificação pelo Presidente ou Vice-Presidente do Tribunal Regional da transcendência, matéria afeta exclusivamente ao Tribunal Superior do Trabalho (art. 896-A da CLT), tampouco lhe cabe revisar requisitos de admissibilidade do recurso ordinário já feito pelo acórdão regional (§ 1º do art. 896 da CLT), sob pena de malferimento da OJ 271, da SBDI 01, do TST.

Desse modo, não cabe ao órgão encarregado de analisar a admissibilidade do recurso de revista, no caso, a Presidência ou a Vice-Presidência do Tribunal Regional, inovar a discussão relativa a eventual equívoco no recolhimento do depósito recursal apresentado por ocasião da interposição do recurso ordinário, caso a matéria não tenha sido objeto de controvérsia ou do recurso de revista, situação que não prejudica a regularidade do preparo relativo ao recurso de revista, porquanto não houve controvérsia acerca da questão na instância ordinária.

Nesse sentido, é o entendimento da Orientação Jurisprudencial n. 217 da SDBI-1:

> para formação do agravo de instrumento, não é necessária a juntada de comprovantes de recolhimento de custas e de depósito recursal relativamente ao recurso ordinário, desde que não seja objeto de controvérsia no recurso de revista a validade daqueles recolhimentos.

Ainda, nesse diapasão a Orientação Jurisprudencial n. 282 da SDBI-1:

282. AGRAVO DE INSTRUMENTO. JUÍZO DE ADMISSIBILIDADE *"AD QUEM"* (DJ 11.08.2003) No julgamento de Agravo de Instrumento, ao afastar o óbice apontado pelo TRT

O Novo Recurso de Revista – 73

para o processamento do recurso de revista, pode o juízo *"ad quem"* prosseguir no exame dos demais pressupostos extrínsecos e intrínsecos do recurso de revista, mesmo que não apreciados pelo TRT. (grifo do autor)

Nesse sentido, é o entendimento do TST:

"ACÓRDÃO (8ª Turma) GMDMC/Dr/Vb/nc/já **AGRAVO DE INSTRUMENTO EM RECURSO DE REVISTA. 1. DESERÇÃO DO RECURSO DE REVISTA DETECTADA PELO TRIBUNAL REGIONAL. NÃO CONFIGURAÇÃO.** Verifica-se que o recurso ordinário interposto pela reclamada foi regularmente conhecido pelo Regional, sem que fosse apontada irregularidade quanto ao recolhimento do depósito recursal e das custas, não havendo insurgência das partes quanto a essa matéria, a qual restou sepultada pela preclusão. Desse modo, não caberia ao órgão encarregado de analisar a admissibilidade do recurso de revista, no caso, a Vice-Presidência Judicial do Tribunal Regional, ressuscitar a discussão. Logo, eventual equívoco na comprovação do preparo do recurso ordinário não prejudica a regularidade do preparo relativo ao recurso de revista, porquanto não houve controvérsia sobre a questão em Instância ordinária. Assim, afasta-se o óbice imposto pelo Regional e prossegue-se na análise dos demais pressupostos de admissibilidade do recurso de revista, nos termos da OJ n. 282 da SDI-1 do TST. **2. PRELIMINAR DE NULIDADE POR NEGATIVA DE PRESTAÇÃO JURISDICIONAL.** Descabida a alegação de prestação jurisdicional incompleta, porquanto não demonstrado nenhum vício na decisão recorrida, mas apenas o mero inconformismo da parte com o *decisum* objurgado. Incólumes os artigos 93, IX, da CF, 489 do CPC/15 e 832 da CLT. **Agravo de instrumento conhecido e não provido. Vistos, relatados e discutidos estes autos de Agravo de Instrumento em Recurso de Revista n. TST-AIRR-12203-48.2014.5.15.0070,** em que é Agravante **CFO BRASIL S.A.** e Agravado **ANDRÉ LUIS REMEDE.** *(omissis)* A **Vice-Presidência do Tribunal Regional denegou seguimento ao recurso de revista, por entender estar irregular o preparo referente ao recurso ordinário interposto pela reclamada, porquanto não juntadas a SEFIP e GRU juntamente com os comprovantes de autenticação bancária relativos ao pagamento do depósito recursal e das custas.** <u>Contudo, verifica-se que o Tribunal Regional, quando da análise do recurso ordinário em questão, reputou preenchidos os pressupostos de admissibilidade do recurso, inclusive, no concernente ao preparo, não havendo insurgência das partes quanto a essa matéria, a qual restou sepultada pela preclusão. Desse modo, não caberia ao órgão encarregado de analisar a admissibilidade do recurso de revista, no caso, a Vice-Presidência do Tribunal Regional, ressuscitar a discussão. Assim, eventual equívoco no recolhimento do depósito recursal, apresentado por ocasião da interposição do recurso ordinário, não prejudica a regularidade do preparo relativo ao recurso de revista, porquanto não houve controvérsia acerca da questão na instância ordinária. Tanto é assim, que o entendimento desta Corte, consubstanciado na Orientação Jurisprudencial n. 217 da SDI-1,</u> se firmou no sentido de que, *"para formação do agravo de instrumento, não é necessária a juntada de comprovantes de recolhimento de custas e de depósito recursal relativamente ao recurso ordinário, desde que não seja objeto de controvérsia no recurso de revista a validade daqueles recolhimentos".* Nesse sentido, os seguintes precedentes desta Corte: *(omissis)* **ISTO POSTO ACORDAM** os Ministros da Oitava Turma do Tribunal Superior do Trabalho, por unanimidade, **conhecer** do agravo de instrumento e, no mérito, **negar-lhe provimento.** Brasília, 13 de dezembro de 2017. **Firmado por assinatura digital (MP 2.200-2/2001) Dora Maria da Costa Ministra Relatora** fls. **PROCESSO N. TST-AIRR-12203-48.2014.5.15.0070"** Fonte Site do TST: DEJT 13.12.2017 URL. <http://aplicacao5.TST.jus.br/consultaunificada2/inteiroTeor.do?action=printInteiroTeor&format=html&highlight=true&numeroFormatado=AIRR%20-%2012203-48.2014.5.15.0070&base=acordao&rowid=AAANGhAAFAABAHSAAJ&dataPublicacao=19/12/2017&localPublicacao=DEJT&query=>. (grifos do autor)

2. Do triplo e quadruplo juízo de admissibilidade do recurso de revista

Como visto acima, o primeiro juízo de admissibilidade do recurso de Revista é feito pelo Presidente ou Vice-Presidente do tribunal regional e não vincula o tribunal superior, que poderá adotar outra conclusão.

Da decisão monocrática do Ministro Relator que denegue conhecimento do recurso de revista (art. 932, do CPC, c/c Súmula n. 435, do TST) cabe à interposição do agravo interno ao colegiado da Turma do Tribunal Superior do Trabalho (art. 1.021, do CPC, c/c Súmula n. 421 do TST e § 2º, do art. 896, da CLT) que procederá ao triplo juízo de admissibilidade da revista.

Da decisão da Turma do TST pelo não conhecimento do recurso de revista caberá o recurso de embargos para SBDI 01 do Tribunal Superior do Trabalho, que procederá ao quadruplo juízo de admissibilidade, tanto para determinar que a Turma conheça do recurso de revista, como para afastar o conhecimento do recurso de revista ilegalmente conhecido pela Turma, a despeito da excepcionalidade em se tratando de matéria processual, que exige que seja expressa contrariedade a própria súmula ou que a decisão seja dissonante com a súmula ou orientação jurisprudencial de natureza processual.

O conhecimento do recurso de embargos para SBDI em matéria processual exige a excepcionalidade do conteúdo da própria decisão da turma se verificar a afirmação ou manifestação que seja dissonante com o teor da súmula ou da orientação jurisprudencial malferida.

Nesse sentido, é o entendimento da SDBI-1:

"ACÓRDÃO SbDI-1 GMJRP/ir/ap/li <u>EMBARGOS REGIDOS PELA LEI N. 11.496/2007.</u> **PREQUESTIONAMENTO. MÁ APLICAÇÃO DA SÚMULA N. 297 DO TRIBUNAL SUPERIOR DO TRABALHO. EXTINÇÃO DO CONTRATO DE TRABALHO EM RAZÃO DA CONCESSAO DA APOSENTADORIA ESPONTÂNEA. ARTIGO 7º, INCISO I, DA CONSTITUIÇÃO FEDERAL.** O autor pretende nestes autos a percepção do aviso-prévio e da multa de 40% do FGTS, amparado no argumento de que deve ser reconhecido que a sua dispensa ocorreu sem justa causa, pois a aposentadoria espontânea não extingue o contrato de trabalho, consoante entendimento do Supremo Tribunal Federal. A **decisão da Turma não se coaduna com o disposto no item I da Súmula n. 297 desta Corte, nem com o disposto na Orientação Jurisprudencial n. 118 da SbDI-1, que tem como prequestionada a matéria, ainda que não haja referência expressa ao dispositivo legal na decisão recorrida.** <u>Com efeito, no caso destes autos, embora a decisão embargada assegure que a Corte regional não se manifestou sobre o artigo 7º, inciso I, da Constituição Federal, os fundamentos consignados pela Turma permitem se concluir que a matéria foi devidamente prequestionada. Entende-se, portanto, que a Turma, ao não conhecer do recurso de revista do reclamante, contrariou a Súmula n. 297, item I, e a Orientação Jurisprudencial n. 118 da SbDO-1 do Tribunal Superior do Trabalho.</u> **Embargos conhecidos e providos.** (*omissis*) ISTO POSTO ACORDAM os Ministros da Subseção I Especializada em Dissídios Individuais do Tribunal Superior do Trabalho, por unanimidade, conhecer dos embargos por contrariedade à Súmula n. 297, item I, e à Orientação Jurisprudencial n. 118 da SbD1I-1 do Tribunal Superior do Trabalho e, no mérito, dar-lhe provimento para, reconhecendo que está devidamente prequestionado o debate jurídico acerca da aposentadoria espontânea como causa de extinção do contrato de trabalho e da ofensa ao artigo 7º, inciso I, da Constituição Federal, determinar o retorno dos autos à Turma de origem, a fim de que examine o recurso de revista do reclamante à luz desse dispositivo constitucional, considerando, para tanto, as alegações recursais atinentes à suposta existência de norma interna do banco impondo a cessação do vínculo de emprego em caso de aposentadoria espontânea do empregado, como entender de direito.** Brasília, 06 de setembro de 2018. Firmado por assinatura digital (MP 2.200-2/2001) JOSÉ ROBERTO FREIRE PIMENTA Ministro Relator fls. PROCESSO N. TST-E-ED-RR-58600-45.2007.5.10.0008" URL: <http://aplicacao5.TST.jus.br/consultaunificada2/inteiroTeor.do?action=printInteiroTeor&format=ht-

ml&highlight=true&numeroFormatado=E-ED-RR%20-%2058600-45.2007.5.10.0008&base=acordao&rowid=AAANGhABIAAARV1AAL&dataPublicacao=14/09/2018&localPublicacao=DEJT&query=OJ%20and%20118%20and%20da%20and%20SBDI%20and%2001>. (grifos do autor)

Ainda nesse sentido, acórdão da SDBI-1:

"ACÓRDÃO SbDI-1 GMJRP/ir/rb/jrp/ac EMBARGOS REGIDOS PELA LEI N. 13.015/2014, PELO CPC/2015 E PELA INSTRUÇÃO NORMATIVA N. 39/2016 DO TRIBUNAL SUPERIOR DO TRABALHO. REQUISITO ESTABELECIDO NO ARTIGO 896, § 1º-A, INCISO I, DA CLT INDICAÇÃO DA EMENTA DA DECISÃO REGIONAL QUE NÃO CONTÉM A FUNDAMENTAÇÃO ADOTADA PELA CORTE *A QUO* PARA A SOLUÇÃO DA CONTROVÉRSIA TRAZIDA AO DEBATE. INVALIDADE. 1. *In casu,* a discussão cinge-se em saber se a ementa transcrita pela reclamada na petição de recurso de revista atende o requisito do prequestionamento da controvérsia, conforme exige o artigo 896, § 1-A, da CLT. 2. Nos termos da jurisprudência firmada nesta Subseção, acerca dos pressupostos intrínsecos do recurso de revista, insertos no artigo 896, § 1º-A, da CLT, é indispensável a transcrição do trecho exato da decisão recorrida que consubstancie o prequestionamento da matéria trazida ao debate, cabendo à parte a demonstração, clara e objetiva, dos fundamentos de fato e de direito constantes da decisão regional no tema debatido, não se admitindo, para tanto, a mera indicação das páginas correspondentes, paráfrase, sinopse, transcrição integral do acórdão recorrido, do relatório, da parte dispositiva, ou apenas da ementa, quando esta for meramente genérica, pois, para fins de cumprimento da exigência legal, é imprescindível a transcrição textual do trecho da decisão recorrida. Assim, a mera transcrição da ementa do acórdão regional não atende ao referido dispositivo legal, se não contém fundamentação suficiente para a aferição imediata do prequestionamento da matéria. 3. Na hipótese destes autos, do teor da ementa da decisão proferida pelo Tribunal Regional, observa-se que a única assertiva ali contida é a de descumprimento "dos requisitos dispostos nas Resoluções ns. 23/82 e 27/86 para a concessão das promoções por antiguidade e mérito", não havendo, contudo, nenhuma informação sobre quais requisitos não teriam sido observados pela reclamada. Trata-se, na realidade, de síntese genérica e extremamente sucinta, que não contém elementos fáticos e jurídicos que demonstrem, de plano, quais requisitos da norma em comento teriam sido descumpridos pela reclamada e que justificariam a sua condenação à concessão das promoções por antiguidade e por merecimento. E isso se confirma com base no exame do teor do acórdão regional do qual consta a tese de que a realização da avaliação de desempenho é obrigatória, recaindo a discricionariedade apenas sobre o conteúdo e a forma de elaboração da avaliação. Segundo o Tribunal *a quo,* nos termos da Resolução 23/82, tanto as promoções por antiguidade quanto as promoções por merecimento estão condicionadas ao atendimento de critérios objetivos, cabendo à diretoria da empresa estabelecer o percentual de empregados a serem promovidos a cada ano, observada a alternância entre os critérios de antiguidade e de merecimento. Essa tese, como referido, no entanto, não constou da ementa do acórdão regional recorrido. 4. Assim, constata-se que, na hipótese, a ementa do acórdão regional, transcrita na petição do recurso de revista patronal, em razão do seu conteúdo meramente genérico, não consubstancia o prequestionamento da controvérsia, motivo pelo qual se conclui que, neste caso, a reclamada não atendeu ao artigo 896, § 1º-A, da CLT, de maneira que o seu recurso de revista não se mostrava apto ao conhecimento. Embargos conhecidos e providos. Vistos, relatados e discutidos estes autos de Embargos em Embargos de Declaração em Embargos de Declaração em Recurso de Revista n. TST-E-ED-ED-RR-1079-37.2013.5.04.0611, em que é Embargante CARLOS GILBERTO DA SILVA ZIMMERMANN e Embargada COMPANHIA RIOGRANDENSE DE SANEAMENTO – CORSAN.(*omissis*) ISTO POSTO ACORDAM os Ministros da Subseção I Especializada em Dissídios Individuais do Tribunal Superior do Trabalho, por unanimidade, conhecer dos embargos por divergência jurisprudencial e, no mérito, dar-lhe provimento para não conhecer do recurso de revista da reclamada no tema "Promoção por Merecimento. Resolução n. 23/82" e, por conseguinte, restabelecer o acórdão regional pelo qual se reconheceu o direito do reclamante às promoções por merecimento e se condenou a reclamada ao pagamento das diferenças salariais respectivas com os devidos reflexos. Brasília, 23 de agosto de 2018. **Firmado por assinatura digital (MP 2.200-2/2001) JOSÉ ROBERTO FREIRE PIMENTA Ministro Relator** fls. **PROCESSO N. TST-E-ED-ED-RR-1079-37.2013.5.04.0611** Fonte Site TST: DEJT 23/08/2018 URL: <http://aplicacao5.TST.jus.br/consultaunificada2/inteiroTeor.do?action=printInteiroTeor&format=html&highlight=true&numeroFormatado=E-ED-ED-RR%20-%201079-37.2013.5.04.0611&base=acordao&rowid=AAANGhAAFAABDFtAAO&dataPublicacao=31/08/2018&localPublicacao=DEJT&query=provimento%20and%20aos%20and%20embargos%20and%20/%20~%2082%20%20ou%20%20Requisitos%20and%20Estabelecido%20and%20no%20and%20artigo%20and%20896%20and%20Indica%E7%E3o%20and%20de%20and%20Ementa>. (grifos do autor)

Se a negativa do conhecimento do recurso de revista for por ausência de transcendência e se der em sede de agravo de instrumento não caberá recurso, conforme estabelece o § 5º, do 896-A, da CLT:

> **§ 5º É irrecorrível a decisão monocrática do relator que, em agravo de instrumento em recurso de revista, considerar ausente a transcendência da matéria.**

Também, não caberão embargos a SBDI 01 do TST quando o agravo de instrumento tiver sido conhecido e se negado provimento, salvo no caso de ausência de pressupostos extrínsecos de conhecimento da revista ou do agravo ou do seu conhecimento quando caberão os embargos para SBDI 01, **consoante a Súmula n. 353 do TST:**

> **Não cabem embargos para a Seção de Dissídios Individuais de decisão de Turma proferida em agravo, salvo:** a) da decisão que não conhece de agravo de instrumento ou de agravo pela ausência de pressupostos extrínsecos; b) da decisão que nega provimento a agravo contra decisão monocrática do Relator, em que se proclamou a ausência de pressupostos extrínsecos de agravo de instrumento; c) para revisão dos pressupostos extrínsecos de admissibilidade do recurso de revista, cuja ausência haja sido declarada originariamente pela Turma no julgamento do agravo; d) para impugnar o conhecimento de agravo de instrumento; e) para impugnar a imposição de multas previstas nos arts. 1.021, § 4º, do CPC de 2015 ou 1.026, § 2º, do CPC de 2015 (art. 538, parágrafo único, do CPC de 1973, ou art. 557, § 2º, do CPC de 1973); f) contra decisão de Turma proferida em agravo em recurso de revista, nos termos do art. 894, II, da CLT. (grifos do autor)

II – DEFEITO FORMAL CONSIDERADO NÃO GRAVE

1. § 11, do art. 899, da CLT

O § 11, do art. 896, da CLT permite a regularização dos defeitos formais do recurso que não sejam considerados graves:

§ 11. Quando o recurso tempestivo contiver defeito formal que não se repute grave, o Tribunal Superior do Trabalho poderá desconsiderar o vício ou mandar saná-lo, julgando o mérito.

Esse o entendimento da SBDI 01 do TST:

ACÓRDÃO SbDI-1 GMJRP/ap/rb/JRFP/ac EMBARGOS REGIDOS PELA LEI N. 11.496/2007. PRELIMINAR DE NÃO CONHECIMENTO DO RECURSO DE EMBARGOS ARGUIDA EM IMPUGNAÇÃO. Em impugnação aos embargos, os reclamados sustentam que o recurso não pode ser conhecido, por entenderem inadequada a via eleita, já que os autores interpuseram "embargos de declaração por divergência jurisprudencial". De fato, os reclamantes nominaram o apelo de "embargos de declaração por divergência jurisprudencial". Contudo, todo o apelo foi fundamentado no artigo 894 da CLT, que trata do recurso de embargos. Além disso, as partes colacionaram arestos de Turmas desta Corte e desta Subseção para demonstrar divergência jurisprudencial. Importante ressaltar que, em nenhum momento, as partes alegam haver omissão, contradição ou obscuridade na decisão embargada, ao contrário, toda a fundamentação do seu recuso está baseada em divergência jurisprudencial. Também foi observado o prazo de oito dias para a interposição do apelo. Verifica-se, portanto, que houve mero erro material ao nominar o recurso, não se tratando de erro grosseiro, o que permite o seu juízo de admissibilidade e o exame dos requisitos intrínsecos, em estrita observância ao princípio da instrumentalidade das formas. Essa diretriz é a que vem sendo preconizada pelos atuais sistemas processuais capitaneados pela Lei n. 13.015/2014 e pelo novo CPC, os quais consagram o postulado de prevalência do exame do mérito da causa em detrimento de meros defeitos formais. Nesse contexto, faz-se mister destacar os artigos 896, § 11, da CLT e 1.029, § 3º, do novo CPC, que tratam da matéria em âmbito recursal. Eis o teor dos referidos dispositivos: "Art. 896 (...) § 11. Quando o recurso tempestivo contiver defeito formal que não se repute grave, o Tribunal Superior do Trabalho poderá desconsiderar o vício ou mandar saná-lo, julgando o mérito." "Art. 1.029 (...) § 3º O Supremo Tribunal Federal ou o Superior Tribunal de Justiça poderá desconsiderar vício formal de recurso tempestivo ou determinar sua correção, desde que não o repute grave." (*omissis*) ISTO POSTO ACORDAM os Ministros da Subseção I Especializada em Dissídios Individuais do Tribunal Superior do Trabalho, por unanimidade, rejeitar a preliminar de não conhecimento do recurso arguida na impugnação aos embargos. Ainda, por unanimidade, conhecer do recurso de embargos por divergência jurisprudencial e, no mérito, dar-lhe provimento para afastar a prescrição pronunciada e determinar o retorno dos autos ao Tribunal Regional, para que prossiga no exame dos recursos ordinários das partes, como entender de direito. Brasília, 06 de dezembro de 2018. Firmado por assinatura digital (MP 2.200-2/2001) JOSÉ ROBERTO FREIRE PIMENTA Ministro Relator fls. PROCESSO N. TST-E-ED-RR-363400-47.2005.5.15.0146 Firmado por assinatura digital em 11.12.2018 pelo sistema AssineJus da Justiça do Trabalho, conforme MP 2.200-2/2001, que instituiu a Infra-Estrutura de Chaves Públicas Brasileira. Fonte Site do TST: DEJT 19.12.2108 URL: <http://aplicacao5.TST.jus.br/consultaunificada2/inteiroTeor.do?action=printInteiroTeor&format=html&highlight=true&numeroFormatado=E-ED-RR%20

-%20363400-47.2005.5.15.0146&base=acordao&rowid=AAANGhAA+AAAYc5AAO&data-Publicacao=19/12/2018&localPublicacao=DEJT&query=%A7%20and%2011%20and%20do%20 and%20artigo%20and%20896%20and%20da%20and%20CLT%20and%20defeito%20and%20 conhecimento%20~%20do%20and%20recurso>. (grifos do autor)

Destaque-se, que o § 11, do art. 896, da CLT cuida de pressuposto extrínsecos e não de ausência de pressuposto intrínseco que não é defeito formal e é defeito grave, posto que toca com a inovação recursal e o contraditório.

Nesse sentido, também, o Enunciado Administrativo n. 6 do Superior Tribunal de Justiça:

> **Enunciado administrativo n. 6.** Nos recursos tempestivos interpostos com fundamento no CPC/2015 (relativos a decisões publicadas a partir de 18 de março de 2016), somente será concedido o prazo previsto no art. 932, parágrafo único, c/c o art. 1.029, § 3º, do novo CPC **para que a parte sane vício estritamente formal**.

2. § 3º, do art. 1.029, da CLT

O § 3º, do art. 1.029, do CPC/2015, dispõe:

> **§ 3º O Supremo Tribunal Federal ou o Superior Tribunal de Justiça poderá desconsiderar vício formal de recurso tempestivo ou determinar sua correção, desde que não o repute grave.**

O § 3º, do art. 1.029, do CPC/2015 autoriza aos Tribunais desconsiderar vício formal que não seja considerado grave de recurso tempestivo ou até mesmo determinar sua correção, com o objetivo de privilegiar o princípio do julgamento do mérito.

3. Conceito de defeito formal considerado não grave

O defeito formal "não grave" diz respeito a regularidade formal do recurso, inclusive, o depósito recursal e o pagamento insuficiente das custas, mas, não do conteúdo, abstrato (prequestionamento, dialeticidade, indicação da fonte da divergência) ou concreto (demonstração da violação da lei ou da divergência), ou, da matéria, tema e teses tais como apresentadas no recurso (pressupostos intrínsecos), sob pena de indevidamente estar se propiciando a inovação processual para que a parte complemente as razões recursais (com nova impugnação específica) ou apresente novas razões ou novo apelo.

Esse o entendimento do TST:

> **ACÓRDÃO 7ª TURMA VMF/rqd/hcf/pm AGRAVO REGIMENTAL EM AGRAVO DE INSTRUMENTO EM RECURSO DE REVISTA INTERPOSTO PELA RECLAMADA – PRESCRIÇÃO – PRESSUPOSTOS RECURSAIS – ART. 896, § 1º-A, I, DA CLT – AUSÊNCIA DE INDICAÇÃO DO TRECHO DA DECISÃO RECORRIDA QUE CONSUBSTANCIA O PREQUESTIONAMENTO DA CONTROVÉRSIA.** Conforme entendimento sedimentado pela Subseção I Especializada em Dissídios Individuais desta Corte, após a vigência da Lei n. 13.015/2014, <u>para atender ao disposto no inciso I do § 1º-A do art. 896 da CLT, no recurso de revista deve estar transcrito expressamente o trecho da decisão recorrida que refletiria a afronta aos dispositivos, às súmulas e às orientações jurisprudenciais indicados pela parte ou que comprovaria a divergência jurisprudencial, requisito que não fora</u>

cumprido pela agravante. <u>Registre-se que o descumprimento do pressuposto intrínseco re-ferido não se trata de defeito formal sanável, sendo inviável a sua desconsideração ou a permissão da sua correção, nos termos do § 11 do art. 896 da CLT.</u> (*omissis*) **Agravo regimental desprovido.** Vistos, relatados e discutidos estes autos de Agravo Regimental em Agravo de Instrumento em Recurso de Revista n. **TST-AgR-AIRR-11868-46.2014.5.01.0061**, em que é Agravante **FURNAS CENTRAIS ELÉTRICAS S.A.** e Agravado **JOSÉ NAYLOR LARICHIA.** (*omissis*) **ISTO POSTO ACORDAM** os Ministros da 7ª Turma do Tribunal Superior do Trabalho, por unanimidade, conhecer do agravo regimental e, no mérito, negar-lhe provimento. Brasília, 18 de dezembro de 2018. **Firmado por assinatura digital (MP 2.200-2/2001) Ministro Vieira de Mello Filho Relator** fls. PROCESSO N. TST-AgR-AIRR-11868-46.2014.5.01.0061" **Fonte Site do TST: DEJT 19.12.2018 URL: <http://aplicacao5.TST.jus.br/consultaunificada2/ inteiroTeor.do?action=printInteiroTeor&format=html&highlight=true&numeroFormata-do=AgR-AIRR%20-%2011868-46.2014.5.01.0061&base=acordao&rowid=AAANGhAA+AA-AYY+AAL&dataPublicacao=19/12/2018&localPublicacao=DEJT&query=defeito%20and%20 inova%E7%E3o%20~%20processual>.** (grifos do autor)

4. Contrato social = OJ 255 da SBDI 01 do TST e art. 75 do CPC/2015

Dispõe a **OJ 255 da SBDI 01 do TST**, aplicando o art. 75 do CPC/2015:

255. MANDATO. CONTRATO SOCIAL. DESNECESSÁRIA A JUNTADA. (atualizada em decorrência do CPC de 2015) – Res. 208/2016, DEJT divulgado em 22, 25 e 26.04.2016. **O art. 75, inciso VIII, do CPC de 2015 (art. 12, VI, do CPC de 1973) não determina a exibição dos estatutos da empresa em juízo como condição de validade do instrumento de mandato ou-torgado ao seu procurador, <u>salvo se houver impugnação da parte contrária.</u>** (grifos do autor)

Desse modo, não há necessidade de exibição dos estatutos da empresa em juízo como condição de validade da procuração outorgada ao seu procurador, salvo se houver impugnação da parte contrária.

5. Data da outorga de poderes = OJ 371 da SBDI 01 do TST e art. 409 do CPC/2015

Dispõe a OJ 371 da SBDI 01 do TST:

371. IRREGULARIDADE DE REPRESENTAÇÃO. SUBSTABELECIMENTO NÃO DA-TADO. INAPLICABILIDADE DO ART. 654, § 1º, DO CÓDIGO CIVIL. (Atualizada em decorrência do CPC de 2015) – Res. 208/2016, DEJT divulgado em 22, 25 e 26.04.2016 Não caracteriza a irregularidade de representação a ausência da data da outorga de poderes, pois, no mandato judicial, ao contrário do mandato civil, não é condição de validade do ne-gócio jurídico. **Assim, a data a ser considerada é aquela em que o instrumento for juntado aos autos, conforme preceitua o art. 409, IV, do CPC de 2015** (art. 370, IV, do CPC de 1973). Inaplicável o art. 654, § 1º, do Código Civil. (grifos do autor)

Não caracteriza a irregularidade de representação a ausência da data da ou-torga de poderes no mandato judicial. A data a ser considerada é aquela em que o instrumento procuratório for juntado aos autos do processo.

6. Procuração = Súmula n. 456 do TST e art. 76 do CPC/2015

Dispõe, a Súmula n. 456 do TST, aplicando o art. 76 do CPC/2015:

REPRESENTAÇÃO. PESSOA JURÍDICA. PROCURAÇÃO. INVALIDADE. IDENTIFICA-ÇÃO DO OUTORGANTE E DE SEU REPRESENTANTE. (Inseridos os itens II e III em decorrência do CPC de 2015) – Res. 211/2016, DEJT divulgado em 24, 25 e 26.08.2016

I – É inválido o instrumento de mandato firmado em nome de pessoa jurídica que não contenha, pelo menos, o nome do outorgante e do signatário da procuração, pois estes dados constituem elementos que os individualizam.

II – Verificada a irregularidade de representação da parte na instância originária, o juiz designará prazo de 5 (cinco) dias para que seja sanado o vício. Descumprida a determinação, extinguirá o processo, sem resolução de mérito, se a providência couber ao reclamante, ou considerará revel o reclamado, se a providência lhe couber (art. 76, § 1º, do CPC de 2015).

III – Caso a irregularidade de representação da parte seja constatada em fase recursal, o relator designará prazo de 5 (cinco) dias para que seja sanado o vício. Descumprida a determinação, o relator não conhecerá do recurso, se a providência couber ao recorrente, ou determinará o desentranhamento das contrarrazões, se a providência couber ao recorrido (art. 76, § 2º, do CPC de 2015). (grifos do autor)

No caso da irregularidade de representação da parte ser constatada na fase recursal, deverá ser dado prazo de 5 (cinco) dias para que seja sanado o vício. Descumprida a determinação, o recurso ou as contrarrazões não deverão ser conhecidos.

7. Ainda procuração = Súmula n. 383, do TST, arts. 76 e 104 do CPC/2015

Dispõe a Súmula n. 383 do TST, aplicando os arts. 76 e 104, do CPC/2015:

Súmula n. 383 do TST

RECURSO. MANDATO. IRREGULARIDADE DE REPRESENTAÇÃO. CPC DE 2015, ARTS. 104 E 76, § 2º (nova redação em decorrência do CPC de 2015) – Res. 210/2016, DEJT divulgado em 30.06.2016 e 01 e 04.07.2016

I – É inadmissível recurso firmado por advogado sem procuração juntada aos autos <u>até o momento da sua interposição, salvo mandato tácito. Em caráter excepcional</u> (art. 104 do CPC de 2015), admite-se que o advogado, independentemente de intimação, exiba a procuração no prazo de 5 (cinco) dias após a interposição do recurso, prorrogável por igual período mediante despacho do juiz. Caso não a exiba, considera-se ineficaz o ato praticado e não se conhece do recurso.

II – Verificada a irregularidade de representação da parte em fase recursal, em procuração ou substabelecimento <u>já constante dos autos</u>, o relator ou o órgão competente para julgamento do recurso designará <u>prazo de 5 (cinco) dias para que seja sanado o vício</u>. Descumprida a determinação, o relator não conhecerá do recurso, se a providência couber ao recorrente, ou determinará o desentranhamento das contrarrazões, se a providência couber ao recorrido (art. 76, § 2º, do CPC de 2015). (grifos do autor)

Em caráter excepcional (art. 104 do CPC de 2015), admite-se que o advogado, independentemente de intimação, exiba procuração no prazo de 5 (cinco) dias após a interposição do recurso, prorrogável por igual período mediante despacho do juiz.

Caso não exiba, considera-se ineficaz o ato praticado e não se conhece do recurso.

Impende registrar que, se no momento da interposição do recurso o subscritor do apelo não possuía procuração e não sendo o caso de mandato tácito, nem de urgência excepcional referida no art. 104 do CPC/2015, não se tratando de irregularidade em procuração ou substabelecimento já constante dos autos que desse ensejo a aplicação da hipótese do art. 76 do CPC, mas, sim, de ausência de outorga de poderes ao subscritor do apelo não é o caso de se conceder prazo para saneamento da irregularidade.

Nesse sentido o entendimento da SBDI 01 do TST:

"**ÁCORDÃO (SDI-1)** GMWOC/ar/accd/mp/db **RECURSO DE EMBARGOS. REGÊNCIA DA LEI N. 13.015/2014. ADVOGADO SUBSCRITOR DAS RAZÕES RECURSAIS SEM INSTRUMENTO DE MANDATO NOS AUTOS. IRREGULARIDADE DE REPRESENTAÇÃO PROCESSUAL. NÃO CONHECIMENTO.** <u>Não se conhece do recurso de embargos subscrito por advogado sem procuração nos autos à época da interposição. Nos termos da Súmula n. 383 do TST, em razão de não se tratar das hipóteses previstas no art. 104 do CPC ou de mandato tácito, tampouco de irregularidade constatada em instrumento de mandato já constante dos autos, mas de ausência de procuração outorgando poderes ao subscritor do recurso, inviável cogitar de designação de prazo para saneamento do vício na representação processual.</u> **Recurso de embargos de que não se conhece. Vistos, relatados e discutidos estes autos de Embargos em Recurso de Revista n. TST-E-RR-1070-84.2013.5.04.0802,** em que é Embargante **FOZ DE URUGUAIANA S.A.** e são Embargados **SÉRGIO BALTAZAR BRITES RIOS e JUMPY LTDA. (***omissis***) VOTO CONHECIMENTO** Embora seja tempestivo (fls. 494 e 508) e custas processuais recolhidas (fls. 336, 380 e 382), o presente recurso de embargos não comporta conhecimento, por irregularidade de representação processual. Com efeito, não consta nos autos instrumento válido de mandato outorgado pela reclamada Foz de Uruguaiana S.A. à Dra. Talitha Belinello de Toledo, advogada que substabeleceu poderes ao advogado Dr. Eduardo Velo Pereira, subscritor do recurso de embargos (fl. 508). **Dessa forma, ao interpor o recurso sob exame, o advogado atuou sem procuração.** Impõe-se registrar, quanto à necessidade de mandato válido conferindo poderes ao subscritor do recurso, o entendimento desta Corte, consubstanciado atual redação da Súmula n. 383, decorrente do CPC de 2015, *verbis*: RECURSO. MANDATO. IRREGULARIDADE DE REPRESENTAÇÃO. CPC DE 2015, ARTS. 104 E 76, § 2º (nova redação em decorrência do CPC de 2015) – Res. 210/2016, DEJT divulgado em 30.06.2016 e 01 e 04.07.2016 I – É inadmissível recurso firmado por advogado sem procuração juntada aos autos até o momento da sua interposição, salvo mandato tácito. Em caráter excepcional (art. 104 do CPC de 2015), admite-se que o advogado, independentemente de intimação, exiba a procuração no prazo de 5 (cinco) dias após a interposição do recurso, prorrogável por igual período mediante despacho do juiz. Caso não a exiba, considera-se ineficaz o ato praticado e não se conhece do recurso.verificada a irregularidade de representação da parte em fase recursal, em procuração ou substabelecimento já constante dos autos, o relator ou o órgão competente para julgamento do recurso designará prazo de 5 (cinco) dias para que seja sanado o vício. Descumprida a determinação, o relator não conhecerá do recurso, se a providência couber ao recorrente, ou determinará o desentranhamento das contrarrazões, se a providência couber ao recorrido (art. 76, § 2º, do CPC de 2015). **A propósito, não se trata das hipóteses de ato urgente ou para evitar preclusão, decadência ou prescrição, previstas no art. 104 do CPC, tampouco de mandato tácito, ou, ainda, de irregularidade posteriormente verificada em instrumento já constante dos autos, mas de ausência de procuração outorgando poderes ao subscritor do recurso, restando inviável designar prazo para que seja saneado o vício.** Corroboram esse entendimento os seguintes acórdãos: AGRAVO REGIMENTAL EM EMBARGOS. ADVOGADO SUBSCRITOR SEM PROCURAÇÃO. IRREGULARIDADE DE REPRESENTAÇÃO

PROCESSUAL. NÃO CONHECIMENTO. Não se conhece de agravo regimental subscrito por advogado sem procuração nos autos à época da interposição. Nos termos da Súmula n. 383 do TST, em razão de não se tratar das hipóteses previstas no art. 104 do CPC ou de mandato tácito, tampouco de irregularidade constatada em instrumento de mandato já constante dos autos, mas de ausência de procuração outorgando poderes ao subscritor do recurso, inviável cogitar de designação de prazo para saneamento do vício na representação processual. Agravo regimental de que não se conhece. (TST-AgR-E-ED-RR-195900-02.2007.5.02.0031, Rel. Min. Walmir Oliveira da Costa, SBDI-1, DEJT 09.03.2018). AGRAVO REGIMENTAL EM EMBARGOS EM EMBARGOS DE DECLARAÇÃO EM RECURSO DE REVISTA. INTERPOSIÇÃO NA VIGÊN-CIA DA LEI N. 13.015/2014. AGRAVO REGIMENTAL INTERPOSTO SOB A ÉGIDE DO CÓ-DIGO DE PROCESSO CIVIL DE 2015. AUSÊNCIA DE INSTRUMENTO DE MANDATO EM NOME DO SUBSCRITOR DO AGRAVO. IRREGULARIDADE DE REPRESENTAÇÃO. SÚ-MULA N. 383 DO TRIBUNAL SUPERIOR DO TRABALHO. Nos termos da nova redação da Súmula n. 383 desta Corte, alterada em decorrência do CPC de 2015 (Lei n. 13.105/2015), não se admite o recurso interposto por advogado sem procuração nos autos, não havendo que se falar, no presente caso, em concessão de prazo para que seja sanado o vício, uma vez que não se trata da hipótese de irregularidade "em procuração ou substabelecimento já constante dos autos". No caso, ausente a outorga de poderes em nome do subscritor do presente agravo regimental e, em consequência, a capacidade postulatória do advogado, todos os atos praticados por ele são considerados ineficazes, no CPC/2015. Ressalte-se que o artigo 76, § 2º, do referido Diploma Legal pressupõe a possibilidade de sanar defeito em procuração existente nos autos, não se aplicando às hipóteses de ausência de procuração. Também não se verifica a exceção prevista no artigo 104 do atual CPC. Inadmissível o agravo regimental, na forma da Súmula n. 383 do TST. Agravo regimental de que não se conhece. (TST-AgR-E-ED-RR-134800-08.2009.5.01.0030, Rel. Min. Cláudio Mascarenhas Brandão, SBDI-1, DEJT 24.11.2017). AGRAVO REGIMENTAL EM RECURSO DE EMBARGOS REGIDO PELAS LEIS NS. 13.015/2014 E 13.105/2015. IRRE-GULARIDADE DE REPRESENTAÇÃO PROCESSUAL. AUSÊNCIA DE PROCURAÇÃO AO SUBSCRITOR DO AGRAVO REGIMENTAL. NÃO CONHECIMENTO. Embora tempestivo o recurso e desnecessário o preparo, no entanto, há vício insanável no que diz respeito à representação processual. Nos termos da Súmula n. 383, I e II, deste Tribunal, que trata da representação processual em sede de recurso, com exame da matéria à luz do disposto nos artigos 76, § 2º, 104, *caput*, e 932, parágrafo único, do CPC/2015, o vício de representação processual em recurso poderá ser sanado tanto nos casos de ausência de procuração, em caráter excepcional, como nos casos em que há defeitos no instrumento de mandato juntado aos autos, tudo nos termos da lei. No caso, o comprovante de recebimento de petição eletrônica do agravo regimental registra a assinatura digital por advogado que não consta nos instrumentos de mandato e substabelecimento juntados aos autos, e não se verifica a exceção prevista no artigo 104 do CPC de 2015, razão pela qual inadmissível o recurso nos termos do inciso I da Súmula n. 383 do TST. Agravo regimental não conhecido. (TST-AgR-E-RR 155600-52.2009.5.09.0671, Rel. Min. Augusto César Leite de Carvalho, SBDI-1, DEJT 02.06.2017). Desse modo, o recurso subscrito por procurador sem mandato é juridicamente inexistente, não merecendo conhe-cimento. Ante todo o exposto, **NÃO CONHEÇO** do recurso de embargos. **ISTO POSTO ACORDAM os Ministros da Subseção I Especializada em Dissídios Individuais do Tribunal Superior do Trabalho, por unanimidade, não conhecer do recurso de embargos. Brasília, 13 de dezembro de 2018. Firmado por assinatura digital (MP 2.200-2/2001) Walmir Oliveira da Costa Ministro Relator** fls. **PROCESSO N. TST-E-RR-1070-84.2013.5.04.0802." Fonte Site do TST: DEJT 19.12.2018 URL: <http://aplicacao5.TST.jus.br/consultaunificada2/inteiroTeor. do?action=printInteiroTeor&format=html&highlight=true&numeroFormatado=E-RR%20 -%201070-84.2013.5.04.0802&base=acordao&rowid=AAANGhAA+AAAYa5AAO&dataPu-blicacao=19/12/2018&localPublicacao=DEJT&query=s%FAmula%20and%20383%20and%20 artigos%20and%20CPC/%20and%202015%20and%20procura%E7%E3o>.** (grifos do autor)

8. Representação das autarquias e fundações públicas – OJ 318, da SBDI 01, do TST e art. 75, IV, do CPC/2015

Dispõe a OJ 318, da SBDI 01, do TST.:

318. AUTARQUIA. FUNDAÇÃO PÚBLICA. LEGITIMIDADE PARA RECORRER. REPRESENTAÇÃO PROCESSUAL. (incluído o item II e alterada em decorrência do CPC de 2015) – Res. 220/2017, DEJT divulgado em 21, 22 e 25.09.2017I – Os Estados e os Municípios não têm legitimidade para recorrer em nome das autarquias e das fundações públicas. II – Os procuradores estaduais e municipais podem representar as respectivas autarquias e fundações públicas em juízo somente se designados pela lei da respectiva unidade da federação (art. 75, IV, do CPC de 2015) ou se investidos de instrumento de mandato válido."

E estabelece o inciso IV do art. 75 do CPC/2015:

"Art. 75. Serão representados em juízo, ativa e passivamente:

I – a União, pela Advocacia-Geral da União, diretamente ou mediante órgão vinculado;

II – o Estado e o Distrito Federal, por seus procuradores;

III – o Município, por seu prefeito ou procurador;

IV – a autarquia e a fundação de direito público, por quem a lei do ente federado designar;

V – a massa falida, pelo administrador judicial;

VI – a herança jacente ou vacante, por seu curador;

VII – o espólio, pelo inventariante;

VIII – a pessoa jurídica, por quem os respectivos atos constitutivos designarem ou, não havendo essa designação, por seus diretores;

IX – a sociedade e a associação irregulares e outros entes organizados sem personalidade jurídica, pela pessoa a quem couber a administração de seus bens;

X – a pessoa jurídica estrangeira, pelo gerente, representante ou administrador de sua filial, agência ou sucursal aberta ou instalada no Brasil;

XI – o condomínio, pelo administrador ou síndico. (grifos do autor)

Os Estados e os Municípios não têm legitimidade para recorrer em nome das autarquias e das fundações públicas. Os procuradores estaduais e municipais podem representar as respectivas autarquias e fundações públicas em juízo, somente, se designados pela lei da respectiva unidade da federação ou se investidos de instrumento de mandato válido.

9. Assinatura do recurso = OJ 120, da SBDI 01, do TST, § 2º do art. 76 e parágrafo único do art. 932 do CPC/2015

Dispõe a OJ 120 da SBDI 01 do TST, aplicando o § 2º, do art. 76, c/c o parágrafo único do art. 932 do CPC/2015:

OJ SBDI 01 120. RECURSO. ASSINATURA DA PETIÇÃO OU DAS RAZÕES RECURSAIS. ART. 932, PARÁGRAFO ÚNICO, DO CPC DE 2015. (Alterada em decorrência do CPC de 2015) Res. 212/2016, DEJT divulgado em: 20, 21 e 22.09.2016

I – Verificada a total ausência de assinatura no recurso, o juiz ou o relator concederá prazo de 5 (cinco) dias para que seja sanado o vício. Descumprida a determinação, o recurso será reputado inadmissível (art. 932, parágrafo único, do CPC de 2015).

II – É válido o recurso assinado, ao menos, na petição de apresentação ou nas razões recursais. (grifos do autor)

E estabelece o § 2º do art. 76 do CPC/2015:

Art. 76. Verificada a incapacidade processual ou a irregularidade da representação da parte, o juiz suspenderá o processo e designará prazo razoável para que seja sanado o vício.

§ 1º Descumprida a determinação, caso o processo esteja na instância originária:

I – o processo será extinto, se a providência couber ao autor;

II – o réu será considerado revel, se a providência lhe couber;

III – o terceiro será considerado revel ou excluído do processo, dependendo do polo em que se encontre.

§ 2º Descumprida a determinação em fase recursal perante tribunal de justiça, tribunal regional federal ou tribunal superior, o relator:

I – não conhecerá do recurso, se a providência couber ao recorrente;

II – determinará o desentranhamento das contrarrazões, se a providência couber ao recorrido. (grifos do autor)

E fixa o parágrafo único do art. 932 do CPC/2015:

Art. 932. Incumbe ao relator:

(*omissis*)

Parágrafo único. Antes de considerar inadmissível o recurso, o relator concederá o prazo de 5 (cinco) dias ao recorrente para que seja sanado vício ou complementada a documentação exigível. (grifos do autor)

Esse o entendimento da SBDI 01 do TST a partir do CPC/2015 e não aplicável aos recursos interpostos antes da vigência do referido diploma processual:

"ACÓRDÃO **(SDI-1)** GMACC/mda/m **AGRAVO REGIMENTAL INTERPOSTO CONTRA DECISÃO MONOCRÁTICA DE PRESIDENTE DE TURMA QUE NEGA SEGUIMENTO A RECURSO DE EMBARGOS. IRREGULARIDADE DE REPRESENTAÇÃO. RECURSO DE REVISTA INTERPOSTO SOB A ÉGIDE DO CPC DE 1973.** A Turma acolheu a preliminar de não conhecimento do recurso de revista do reclamado, por irregularidade de representação, **em vista da ausência de assinatura no instrumento de procuração, mediante o qual se outorgava poderes à subscritora do apelo. Ressaltou não ser aplicável a nova regra processual prevista no CPC constante do artigo 76,** *caput* **e § 2º, do CPC, porquanto o recurso de revista fora interposto sob a égide do CPC anterior. Não há contrariedade à Orientação Jurisprudencial 286, I, da SBDI-1, porque foi indicado na ata de audiência advogado diverso daquela que subscreveu o recurso de revista. Por outro giro, não se constata contrariedade à Súmula n. 383, II, do TST nem à Orientação Jurisprudencial 120 da SBDI-1, tendo em vista que o recurso de revista fora interposto sob a égide da legislação processual anterior.** Agravo regimental não provido. Vistos, relatados e discutidos estes autos de Agravo Regimental em Embargos em Embargos de Declaração em Recursode Revista n. **TST-AgR-E-ED--RR-644-53.2014.5.02.0039,** em que é Agravante **CONSULADO GERAL DA REPÚBLICA DA COLÔMBIA EM SÃO PAULO** e Agravada **MARTHA YUNUEN ABELLO ROVAI.** (*omissis*) Não há contrariedade à Orientação Jurisprudencial 286, I, da SBDI-1, porque foi indicado na ata de audiência (fl. 55) advogado diverso daquela que subscreveu o recursode revista, Dra. Regilene Santos do Nascimento. Por outro giro, não se constata contrariedade à Súmula n. 383, II, do TST nem à Orientação Jurisprudencial 120 da SBDI-1, tendo em vista que o recurso de revista fora interposto sob a égide da legislação processual anterior.

Nesse mesmo sentido, os seguintes julgados desta Corte (*omissis*) **ACORDAM os Ministros da Subseção I Especializada em Dissídios Individuais do Tribunal Superior do Trabalho, por unanimidade, negar provimento ao agravo regimental. Brasília, 16 de novembro de 2017. AUGUSTO CÉSAR LEITE DE CARVALHO Ministro Relator** fls. **PROCESSO N. TST-AgR-E-ED-RR-644-53.2014.5.02.0039."** Fonte Site do TST: **DEJT 24.11.2017** URL: **<http://aplicacao5.TST.jus.br/consultaunificada2/inteiroTeor.do?action=printInteiroTeor&format=html&highlight=true&numeroFormatado=AgR-E-ED-RR%20-%20 644-53.2014.5.02.0039&base=acordao&rowid=AAANGhAAFAABAOvAAJ&dataPublicacao=24/11/2017&localPublicacao=DEJT&query=OJ%20and%20120%20and%20SDI%20 and%20recurso%20and%20assinatura>.** (grifos do autor)

10. Tempestividade e comprovação de feriado local = Súmula 385 do TST, arts. 932 e § 6º do 1.003 do CPC/2015

Dispõe a Súmula n. 385 do TST:

Súmula n. 385 do TST

FERIADO LOCAL OU FORENSE. AUSÊNCIA DE EXPEDIENTE. PRAZO RECURSAL. PRORROGAÇÃO. COMPROVAÇÃO. NECESSIDADE. (Alterada em decorrência do CPC de 2015) – Res. 220/2017, DEJT divulgado em 21, 22 e 25.09.2017

I – Incumbe à parte o ônus de provar, quando da interposição do recurso, a existência de feriado local que autorize a prorrogação do prazo recursal (art. 1.003, § 6º, do CPC de 2015). No caso de o recorrente alegar a existência de feriado local e não o comprovar no momento da interposição do recurso, cumpre ao relator conceder o prazo de 5 (cinco) dias para que seja sanado o vício (art. 932, parágrafo único, do CPC de 2015), sob pena de não conhecimento se da comprovação depender a tempestividade recursal;

II – Na hipótese de feriado forense, incumbirá à autoridade que proferir a decisão de admissibilidade certificar o expediente nos autos;

III – Admite-se a reconsideração da análise da tempestividade do recurso, mediante prova documental superveniente, em agravo de instrumento, agravo interno, agravo regimental, ou embargos de declaração, desde que, em momento anterior, não tenha havido a concessão de prazo para a comprovação da ausência de expediente forense. (grifos do autor)

Fixa o § 6º, do art. 1.003, do CPC/2015:

Art. 1.003. O prazo para interposição de recurso conta-se da data em que os advogados, a sociedade de advogados, a Advocacia Pública, a Defensoria Pública ou o Ministério Público são intimados da decisão.

(*omissis*)

§ 6º O recorrente comprovará a ocorrência de feriado local no ato de interposição do recurso. (grifos do autor)

Destaque-se que pelo III da Súmula n. 385 do TST, admite-se a reconsideração da análise da tempestividade do recurso, mediante prova documental superveniente, desde que não tenha sido oportunizada a demonstração em momento anterior, para comprovação da ausência de expediente forense.

11. Depósito recursal e custas = OJ 140 da SBDI 01 do TST e § 2º do art. 1.007 do CPC/2015

Dispõe a OJ 140 da SBDI 01 do TST:

"DEPÓSITO RECURSAL E CUSTAS PROCESSUAIS. RECOLHIMENTO INSUFICIENTE. DE-SERÇÃO (nova redação em decorrência do CPC de 2015)

Em caso de recolhimento insuficiente das custas processuais ou do depósito recursal, somente haverá deserção do recurso se, concedido o prazo de 5 (cinco) dias previsto no § 2º do art. 1.007 do CPC de 2015, o recorrente não complementar e comprovar o valor devido.

Dispõe o § 2º do art. 1.007 do CPC/2015:

"Art. 1.007. No ato de interposição do recurso, o recorrente comprovará, quando exigido pela legislação pertinente, o respectivo preparo, inclusive porte de remessa e de retorno, sob pena de deserção.

§ 1º São dispensados de preparo, inclusive porte de remessa e de retorno, os recursos interpostos pelo Ministério Público, pela União, pelo Distrito Federal, pelos Estados, pelos Municípios, e respectivas autarquias, e pelos que gozam de isenção legal.

§ 2ºA insuficiência no valor do preparo, inclusive porte de remessa e de retorno, implicará deserção se o recorrente, intimado na pessoa de seu advogado, não vier a supri-lo no prazo de 5 (cinco) dias."

A hipótese do § 2º do art. 1.007 do CPC/2015, trata de complemento de depósito insuficiente e não de comprovação do depósito cuja disciplina se dá no § 4º do art. 1.007 do CPC/2015.

12. Depósito recursal e custas = § 4º, do art. 1.007, do CPC/2015

Dispõe o § 4º, do art. 1.007, do CPC/2015:

§ 4º O recorrente que não comprovar, no ato de interposição do recurso, o recolhimento do preparo, inclusive porte de remessa e de retorno, será intimado, na pessoa de seu advogado, para realizar o recolhimento em dobro, sob pena de deserção.

Registre-se que a interpretação do Tribunal Superior do Trabalho com relação ao § 4º, do art. 1.007, do CPC/2015 é mais restrita e não admite sequer a comprovação do recolhimento do depósito recursal realizado, mas, não apresentado nos autos, ainda, que em dobro.

Nesse sentido, o entendimento da SBDI 01 do TST:

ACÓRDÃO SBDI-1 GMAAB/syi/ct/smf AGRAVO REGIMENTAL. EMBARGOS. DESERÇÃO. AUSÊNCIA DE RECOLHIMENTO DO DEPÓSITO RECURSAL. SÚMULA N. 245 DO TST. OJ N. 140 DA SBDI-1 DO TST. INCIDÊNCIA. A Reclamada, ao interpor o recurso de embargos, <u>não demonstrou o recolhimento do depósito recursal, o que se fazia imprescindível, consoante Súmula n. 128, I, do TST. Nos termos da Súmula n. 245 do TST, "o depósito recursal deve ser feito e comprovado no prazo alusivo ao recurso". De outro lado, a OJ n. 140 da SBDI-1 do TST estabelece que, em caso de recolhimento insuficiente das custas processuais ou do depósito recursal, deve ser concedido prazo para o saneamento, conforme § 2º do art. 1.007 do CPC de 2015. Portanto, como o caso em exame trata de ausência de recolhimento do depósito recursal, e não de mera insuficiência, não se há falar em concessão de prazo para</u>

O Novo Recurso de Revista – 87

a parte sanear o vício, convicção que se mantém após a Resolução do TST n. 218 de 17.04.2017, que revogou o parágrafo único do art. 10 da Instrução Normativa n. 39/2016, uma vez que a literalidade do art. 1.007, § 2º, do CPC/2015 é clara no sentido de admitir-se o saneamento nas hipóteses de insuficiência do valor do preparo. **Agravo regimental conhecido e desprovido.** Vistos, relatados e discutidos estes autos de Agravo Regimental em Embargos em Embargos de Declaração em Recurso de Revista n. **TST-AgR-E-ED-RR-132600-33.2009.5.22.0001,** em que é Agravante **CARVALHO ATACADO DE ALIMENTOS LTDA** e Agravado **JEAN PEREIRA QUEIROZ.** (*omissis*) elo exposto, **nego provimento** ao agravo regimental. <u>ISTO POSTO ACORDAM os Ministros da Subseção I Especializada em Dissídios Individuais do Tribunal Superior do Trabalho, por unanimidade,</u> **conhecer** <u>do agravo regimental e, no</u> mérito, **negar-lhe** <u>provimento. Brasília, 5 de outubro de 2017.</u> **Firmado por assinatura digital (MP 2.200-2/2001) ALEXANDRE AGRA BELMONTE Ministro Relator** fls. PROCESSO N. TST-AgR-E-ED-RR-132600-33.2009.5.22.0001" Fonte Site do TST DEJT 05.10.2017 URL: <http://aplicacao5.TST.jus.br/consultaunificada2/inteiroTeor.do?action=printInteiroTeor&format=html&highlight=true&numeroFormatado=AgR-E-ED-RR%20-%20 132600-33.2009.5.22.0001&base=acordao&rowid=AAANGhAA+AAAU6oAAM&dataPublicacao=13/10/2017&localPublicacao=DEJT&query=OJ%20and%20140%20and%20 %A7%20and%202%20and%20%BA%20and%20%A7%20and%204%20and%20%BA%20 and%20do%20and%20art%20and%201.007%20and%20do%20and%20CPC%20and%20 aus%EAncia%20and%20de%20and%20comprova%E7%E3o%20and%20do%20and%20recolhimento%20and%20dep%F3sito%20and%20recursal>. (grifos do autor)

Parte VII-D
DOS PRESSUPOSTOS INTRÍNSECOS DO CURSO DE REVISTA

I – PRESSUPOSTOS INTRÍNSECOS DE ADMISSIBILIDADE E MÉRITO

1. Requisitos objetivos relativos ao conteúdo do recurso de revista

Pressupostos intrínsecos são elementos ou requisitos relacionados ao próprio cabimento (pressupostos intrínsecos de admissibilidade em abstrato) ou à procedência do recurso (pressuposto intrínsecos em concreto).

Normalmente, se enquadram na categoria de requisitos intrínsecos/subjetivos: a) a existência de uma decisão recorrível ou o cabimento do recurso; b) a legitimação do recorrente; c) o interesse de agir no recurso; d) a inexistência de algum fato impeditivo ou extintivo do direito de recorrer; e) a ofensa à lei; f) a divergência jurisprudencial; g) o malferimento de súmula ou orientação jurisprudencial.

Os pressupostos intrínsecos são requisitos objetivos, de natureza abstrata e concreta, relativos ao próprio conteúdo do recurso, ou seja, que dizem respeito em abstrato e em concreto a matéria de fundo do apelo.

Os pressupostos intrínsecos são condições – como extensão do direito de ação e assemelhados às condições da ação necessárias ao julgamento do mérito – que devem existir objetivamente, conforme fixadas na lei, para se chegar a obter o julgamento do mérito dos recursos nos Tribunais Superiores.

Os pressupostos intrínsecos, em abstrato (ou de admissibilidade) e em concreto (de mérito/provimento), dizem respeito ao conteúdo do recurso que, ultrapassado os requisitos de admissibilidade formais (pressupostos extrínsecos), pode começar a ser examinado no seu interior (pressuposto intrínsecos).

Por exemplo e analogia, a leitura de um e-mail depende que ele ultrapasse o *firewall* de forma que possibilite a sua leitura (pressuposto abstrato intrínseco de admissibilidade), de maneira a ser possível examinar a procedência do pedido (pressuposto intrínseco em concreto – de provimento com a demonstração concreta da violação da lei ou da divergência –) contido no *e-mail*.

II – PREQUESTIONAMENTO

1. Do § 1º-A, do art. 896, da CLT

Dispõe o § 1º-A, do art. 896, da CLT:

§ 1º-A. <u>Sob pena de não conhecimento</u>, é ônus da parte:

I – <u>indicar o trecho da decisão recorrida que consubstancia o prequestionamento da controvérsia objeto do recurso de revista;</u>

II – indicar, de forma explícita e fundamentada, <u>contrariedade a dispositivo de lei, súmula ou orientação jurisprudencial do Tribunal</u> Superior do Trabalho que conflite com a decisão regional;

III – expor as razões do pedido de reforma, <u>impugnando todos os fundamentos jurídicos da decisão recorrida</u>, inclusive mediante demonstração analítica de cada dispositivo de lei, da Constituição Federal, de súmula ou orientação jurisprudencial cuja contrariedade aponte. (grifos do autor)

No recurso de revista a parte deverá indicar o trecho da decisão recorrida que consubstancia o prequestionamento da controvérsia objeto do recurso de revista; bem como apontar e comprovar, de forma explícita e fundamentada, contrariedade a dispositivo de lei, súmula ou orientação jurisprudencial do Tribunal Superior do Trabalho que conflite com a decisão regional; e, ainda, impugnar todos os fundamentos jurídicos da decisão regional com a demonstração analítica de cada dispositivo de lei, da Constituição Federal, de súmula ou orientação jurisprudencial que afirme ter sido violado ou malferido pela decisão regional, sob pena de não ser conhecido por ausência de pressupostos intrínsecos.

2. Impugnação específica/dialecticidade = transcrição em destaque da tese prequestionada no acórdão (não serve a mera transcrição integral do acórdão)

O recurso de revista deverá indicar, ou seja, transcrever o trecho do acórdão que noticia a tese adotada pelo tribunal de origem quanto ao tema objeto do recurso, de forma a dar cumprimento à exigência do prequestionamento da matéria e tese que pretende ver reapreciada para novo enquadramento jurídico pelo TST.

Dessa maneira, para atendimento desse pressuposto intrínseco ou dessa exigência a parte além de transcrever o trecho ou a parte ou do corpo do acórdão, deverá sublinhar ou negritar o trecho do acórdão, ou, apresentar enquadramento comparativo, para possibilitar o exame comparativo e analítico das teses jurídicas que se restringirá ao que for sublinhado/destacado/separado/comparado.

Outrossim, a mera transcrição integral do acórdão ou da decisão recorrida não cumpre a exigência do prequestionamento/dialeticidade, devendo ser destacado o trecho do acórdão, em debate, para a impugnação analítica específica.

Nos termos da jurisprudência da SBDI 01 do TST acerca dos pressupostos intrínsecos do recurso de revista, insertos no artigo 896, § 1º-A, da CLT, é indispensável a transcrição do trecho exato da decisão recorrida que consubstancie o prequestionamento da matéria trazida ao debate, cabendo à parte recorrente a demonstração, clara e objetiva, dos fundamentos de fato e de direito constantes da decisão regional no tema debatido, não se admitindo, para tanto, a mera indicação das páginas correspondentes, paráfrase, sinopse, transcrição integral do acórdão recorrido, do relatório, da ementa ou apenas da parte dispositiva, pois, para fins de cumprimento da exigência legal, é imprescindível a transcrição textual do trecho da decisão recorrida.

Assim, a mera transcrição da ementa do acórdão regional não atende ao referido dispositivo legal, se não contém fundamentação suficiente para a aferição imediata do prequestionamento da matéria, pois, traduz apenas síntese do julgamento, sem evidenciar fundamentos fáticos e jurídico adotados pelo Tribunal Regional sobre as teses e matérias debatidas.

2.1. Acórdão dos embargos de declaração

Para atendimento da exigência do § 1º-A, do art. 896, da CLT a parte, além de transcrever o trecho ou a parte do corpo do acórdão, deverá, inclusive, transcrever a parte do acórdão que resultou do julgamento dos embargos de declaração.

E, repita-se, a mera transcrição integral do acórdão ou da decisão recorrida não cumpre a exigência do prequestionamento/dialeticidade, devendo ser destacado o trecho do acórdão em debate, para configuração da específica e analítica impugnação.

2.2. Acórdão em procedimento sumaríssimo

No caso do recurso de revista de rito sumaríssimo, no qual o julgamento do tribunal regional se dá por uma mera certidão de julgamento que se limita a confirmar a sentença pelos próprios fundamentos (inciso IV, do § 1º, do art. 895, da CLT), a parte deverá transcrever o trecho ou a parte da sentença, para comprovar o prequestionamento da tese veiculada no recurso de revista.

Nesse sentido, o entendimento da SBDI 01 do TST:

ACÓRDÃO SbDI-1 JOD/vm/fv HORAS *IN ITINERE*. RURÍCOLA. NORMA COLETIVA. VALIDADE. PREFIXAÇÃO DO QUANTITATIVO DE HORAS DE PERCURSO. RAZO-ABILIDADE E PROPORCIONALIDADE 1. A jurisprudência predominante do TST confere validade às normas coletivas que fixam previamente o quantitativo de horas *in itinere*, desde que haja razoabilidade e proporcionalidade em face do tempo efetivamente despendido no trajeto de ida e volta, descartada, em todo caso, a pretexto de limitação das horas de percurso, a supressão do direito assegurado por lei. Segundo critério consolidado no âmbito da SbDI-1 do TST, é razoável a prefixação de um tempo médio de percurso correspondente, no mínimo, à metade (50%) do tempo real. Precedentes. (*omissis*) Vistos, relatados e discutidos estes autos de Embargos em Recurso de Revista n.**TST-E-RR-2118-45.2012.5.18.0181**, em que é Embargante**ANICUNS S.A. ÁLCOOL E DERIVADOS** e Embargado **EDSON REIS DA COSTA**.

Em **processo submetido ao rito sumaríssimo**, a Eg. Sétima Turma do TST, mediante o v. acórdão de fls. 319/328 da visualização eletrônica, da lavra da Exma. Ministra Delaíde Miranda Arantes, não conheceu do recurso de revista interposto pela Reclamada. **1.1. HORAS** *IN ITINERE.* **LIMITAÇÃO. NORMA COLETIVA. VALIDADE Em processo submetido ao rito sumaríssimo,** o Eg. TRT da Décima Oitava Região manteve, por seus próprios fundamentos, **a r. sentença que condenou a Reclamada ao pagamento de uma hora e quarenta minutos** *in itinere* **por dia efetivamente trabalhado e determinou a dedução dos valores já quitados a tal título. Eis o teor da r. sentença, endossada, na íntegra, na certidão de julgamento lavrada no Regional** às fls. 252/253: *(omissis)* **Já a Certidão lavrada nos autos** (...) Todavia, referida certidão atesta quase exclusivamente o tempo de percurso referente a trabalhadores oriundos da cidade de Anicuns-GO, relatando apenas um só percurso partindo da cidade de Americano do Brasil-GO com destino à fazenda São Bento (fl. 90), por isso **revelando-se incompleta diante do fato de que o autor laborava em diversos outros locais**. Nesse contexto, diante dessas declarações fornecidas pela testemunha associada **às informações constantes na certidão de averiguação lavrada nos autos** RTOrd-0002208-98.2010.5.18.221, proveniente da Vara do Trabalho de Goiás, adotando uma média do tempo gasto no percurso mais próximo e o mais distante, reconheço, portanto, como tempo *in itinere* somente 50 (cinquenta) minutos em cada trecho. (...) Quanto aos arestos, a teor do que sinaliza a Orientação Jurisprudencial n. 405 da SbDI-1, em causas sujeitas ao procedimento sumaríssimo o cabimento de embargos pressupõe a demonstração de *"divergência jurisprudencial entre Turmas do TST, fundada em interpretações diversas acerca da aplicação de mesmo dispositivo constitucional ou de matéria sumulada".* *(omissis)* a Eg. Sétima Turma, é razoável a média estabelecida na norma coletiva em questão, que atende ao critério fixado pela jurisprudência pacífica da SbDI-1 do TST, **já que é até superior à metade do tempo real de percurso**. Ou seja, no caso concreto, mediante negociação coletiva, assegurou-se o pagamento de **60%** das horas *in itinere* efetivamente despendidas pelo Reclamante. **Ademais, consoante a r. sentença ratificada integralmente pelo Regional, o Reclamante,** assim como os demais trabalhadores rurais, prestava serviços em diversas fazendas da Reclamada. Submetia-se, portanto, a tempos de trajeto diversos, a depender do local da execução das tarefas. Essa circunstância, a par de demonstrar a dificuldade na quantificação do tempo de trajeto de fato despendido pelo empregado, justifica a fixação de um tempo médio de percurso, conforme estabelecido na norma coletiva em questão. Ante o exposto, **dou provimento** aos embargos da Reclamada para excluir da condenação o pagamento, a título de horas *in itinere*, de uma hora e quarenta minutos diários. **ISTO POSTO ACORDAM** os Ministros da Subseção I Especializada em Dissídios Individuais do Tribunal Superior do Trabalho, por unanimidade, conhecer dos embargos apenas quanto ao tema "horas *in itinere*– limitação – norma coletiva – validade", por divergência jurisprudencial, e, no mérito, dar-lhes provimento para excluir da condenação o pagamento, a título de horas *in itinere*, de uma hora e quarenta minutos diários. Brasília, 15 de Maio de 2014. **Firmado por Assinatura Eletrônica (Lei n. 11.419/2006) JOÃO ORESTE DALAZEN Ministro Relator** fls. PROCESSO N. TST- -RR-2118-45.2012.5.18.0181 – FASE ATUAL: E." **Fonte Site do TST: DEJT 30.05.2014 URL:** <http://aplicacao5.TST.jus.br/consultaunificada2/inteiroTeor.do?action=printInteiroTeor&format=html&highlight=true&numeroFormatado=E-RR%20-%202118-45.2012.5.18.0181&base=acordao&rowid=AAANGhAA+AAANUlAAD&dataPublicacao=30/05/2014&localPublicacao=-DEJT&query=prequestionamento%20and%20Procedimento%20and%20Sumar%EDssimo%20and%20certid%E3o%20and%20senten%E7a>. (grifos do autor)

3. Da Súmula n. 297 do TST e prequestionamento

Fixa a Súmula n. 297 do TST:

PREQUESTIONAMENTO. OPORTUNIDADE. CONFIGURAÇÃO *(nova redação)* – *Res. 121/2003, DJ 19, 20 e 21.11.2003*

I. Diz-se prequestionada a matéria ou questão quando na decisão impugnada haja sido adotada, explicitamente, tese a respeito.

II. Incumbe à parte interessada, desde que a matéria haja sido invocada no recurso principal, opor embargos declaratórios objetivando o pronunciamento sobre o tema, sob pena de preclusão.

III. Considera-se prequestionada a questão jurídica invocada no recurso principal sobre a qual se omite o Tribunal de pronunciar tese, não obstante opostos embargos de declaração. (grifos do autor)

Para o conhecimento do recurso de revisa a matéria objeto do apelo deve ter sido prequestionada, com a decisão regional adotando, explicitamente, tese a respeito, no caso de omissão por parte do regional, a parte deverá opor embargos declaratórios para supri-la, sob pena de preclusão, e, mantida a negativa regional, em sendo matéria jurídica e estando madura a causa poderá ter-se por prequestionada (prequestionamento implícito, conforme item III da Súmula n. 297 do TST e o art. 1.025 do CPC) a questão invocada no apelo para, quando o caso permitir, seu julgamento imediato pelo TST.

4. Da OJ 118, da SBDI 01, do TST e tese explícita

Estipula a OJ 118, da SBDI 01, do TST:

118. PREQUESTIONAMENTO. TESE EXPLÍCITA. INTELIGÊNCIA DA SÚMULA N. 297 (inserida em 20.11.1997) **Havendo tese explícita sobre a matéria, na decisão recorrida, desnecessário contenha nela referência expressa do dispositivo legal para ter-se como prequestionado este.** (grifos do autor)

O acórdão regional não precisa trazer a referência expressa do dispositivo legal violado, mas sim a tese da disciplina jurídica nele envolvida, no entanto, a parte deverá indicar de forma expressa o dispositivo legal ofendido (alíneas "a" e "b" do art. 896 c/c item II do § 1º-A, do art. 896, da CLT c/c às Súmulas ns. 221 e 459 do TST).

Ou seja, o prequestionamento implícito do dispositivo legal violado vale para o acórdão regional e não para o recurso de revista.

De forma esclarecedora quanto a aplicação da OJ 118, DA SBDI 01, segue o entendimento da SBDI 01 do TST:

ACÓRDÃO SbDI-1 GMJRP/ir/ap/li <u>EMBARGOS REGIDOS PELA LEI N. 11.496/2007.</u> **PREQUESTIONAMENTO. MÁ APLICAÇÃO DA SÚMULA N. 297 DO TRIBUNAL SUPERIOR DO TRABALHO. EXTINÇÃO DO CONTRATO DE TRABALHO EM RAZÃO DA CONCESSAO DA APOSENTADORIA ESPONTÂNEA. ARTIGO 7º, INCISO I, DA CONSTITUIÇÃO FEDERAL.** O autor pretende nestes autos a percepção do aviso-prévio e da multa de 40% do FGTS, amparado no argumento de que deve ser reconhecido que a sua dispensa ocorreu sem justa causa, pois a aposentadoria espontânea não extingue o contrato de trabalho, consoante entendimento do Supremo Tribunal Federal. **A decisão da Turma não se coaduna com o disposto no item I da Súmula n. 297 desta Corte, nem com o disposto na Orientação Jurisprudencial n. 118 da SbDI-1, que tem como prequestionada a matéria, ainda que não haja referência expressa ao dispositivo legal na decisão recorrida.** <u>Com efeito, no caso destes autos, embora a decisão embargada assegure que a Corte regional não se manifestou sobre o artigo 7º, inciso I, da Constituição Federal, os fundamentos consignados pela Turma permitem se concluir que a matéria foi devidamente prequestionada. Entende-se, portanto, que a</u>

Turma, ao não conhecer do recurso de revista do reclamante, contrariou a Súmula n. 297, item I, e a Orientação Jurisprudencial n. 118 da SbDO-1 do Tribunal Superior do Trabalho. Embargosconhecidos e providos. (*omissis*) **ISTO POSTO ACORDAM os Ministros da Subseção I Especializada em Dissídios Individuais do Tribunal Superior do Trabalho, por unanimidade, conhecer dos embargos por contrariedade à Súmula n. 297, item I, e à Orientação Jurisprudencial n. 118 da SbD1I-1 do Tribunal Superior do Trabalho** e, no mérito, dar--lhe provimento para, **reconhecendo que está devidamente prequestionado o debate jurídico acerca da aposentadoria espontânea como causa de extinção do contrato de trabalho e da ofensa ao artigo 7º, inciso I, da Constituição Federal, determinar o retorno dos autos à Turma de origem, a fim de que examine o recurso de revista do reclamante à luz desse dispositivo constitucional,** considerando, para tanto, as alegações recursais atinentes à suposta existência de norma interna do banco impondo a cessação do vínculo de emprego em caso de aposentadoria espontânea do empregado, como entender de direito. Brasília, 06 de setembro de 2018. Firmado por assinatura digital (MP 2.200-2/2001) JOSÉ ROBERTO FREIRE PIMENTA Ministro Relator fls. PROCESSO N. TST-E-ED-RR-58600-45.2007.5.10.0008" URL: <http://aplicacao5.TST. jus.br/consultaunificada2/inteiroTeor.do?action=printInteiroTeor&format=html&highlight=- true&numeroFormatado=E-ED-RR%20-%2058600-45.2007.5.10.0008&base=acordao&rowid=A- AANGhABIAAARV1AAL&dataPublicacao=14/09/2018&localPublicacao=DEJT&query=OJ%20 and%20118%20and%20da%20and%20SBDI%20and%2001>. (grifos do autor)

5. Súmula n. 221 do TST e expressa indicação do dispositivo legal violado

A Súmula n. 221 do TST fixa:

A admissibilidade do recurso de revista por violação tem como pressuposto a indicação expressa do dispositivo de lei ou da Constituição tido como violado. (grifos do autor)

O fato da parte obter o prequestionamento ficto de determinada questão jurídica (item III, da Súmula n. 297, do TST e da OJ 118, da SBDI 01, do TST) não a exime de transcrever o trecho do acórdão regional em que repousa o prequestionamento da matéria de fato e da tese jurídica, conforme exige o § 1º-A, do art. 896, da CLT, tampouco de apontar o dispositivo legal violado e sua comprovação analítica (cfr. alíneas "a" e "b" do art. 896, c/c item II, do § 1ºA, do art. 896, da CLT c/c as Súmulas ns. 221 e 459 do TST).

6. Da OJ 62, da SBDI 01, do TST e prequestionamento em recurso de natureza extraordinária

Estabelece a **OJ 62 da SBDI 01 do TST**:

62. PREQUESTIONAMENTO. PRESSUPOSTO DE ADMISSIBILIDADE EM APELO DE NATUREZA EXTRAORDINÁRIA. NECESSIDADE, AINDA QUE SE TRATE DE INCOMPETÊNCIA ABSOLUTA (republicada em decorrência de erro material) – DEJT divulgado em 23, 24 e 25.11.2010 **É necessário o prequestionamento como pressuposto de admissibilidade em recurso de natureza extraordinária, ainda que se trate de incompetência absoluta.** (grifos do autor)

Diferentemente do que ocorre nas instâncias ordinárias em que é possível o conhecimento de ofício e sem que ocorra a preclusão *pro judicato* quando se tratar de matéria de ordem pública (*v.g.*, pressupostos processuais de constituição e desenvolvimento válido do processo, condições da ação, incompetência absoluta, decadência etc.), exige-se o prequestionamento em recurso de natureza extraordinária, como é o caso do recurso de revista, ainda que a matéria seja de ordem pública.

7. Da OJ 151, da SBDI 01, do TST

Determina a OJ 151, da SBDI 01, do TST:

151. PREQUESTIONAMENTO. DECISÃO REGIONAL QUE ADOTA A SENTENÇA. AUSÊNCIA DE PREQUESTIONAMENTO (inserida em 27.11.1998) **Decisão regional que simplesmente adota os fundamentos da decisão de primeiro grau não preenche a exigência do prequestionamento, tal como previsto na Súmula n. 297**. (grifos do autor)

O acórdão regional que se limita a adotar os fundamentos da decisão de primeiro grau não preenche a exigência do prequestionamento necessária a viabilizar o conhecimento da revista, nos termos da Súmula n. 297 do TST.

Nesse caso, a decisão regional incide em negativa de prestação jurisdicional, com violação do art. 832 da CLT, do art. 459, do CPC/2015, ou inciso IX, do art. 93, da CF.

8. Do inciso IV, do § 1º, do art. 896, da CLT

Dispõe o inciso IV, do § 1º, do art. 896, da CLT (com a redação dada pela Lei n. 13.467/2017):

Art. 896.

§ 1º-A.

IV. transcrever na peça recursal, no caso de suscitar preliminar de nulidade de julgado por negativa de prestação jurisdicional, o trecho dos embargos declaratórios em que foi pedido o pronunciamento do tribunal sobre questão veiculada no recurso ordinário e o trecho da decisão regional que rejeitou os embargos quanto ao pedido, para cotejo e verificação, de plano, da ocorrência da omissão. (grifos do autor)

Trata-se de salutar esclarecimento da lei do entendimento jurisprudencial do TST, a fim de se evitar que a parte fique prejudicada no seu amplo direito de defesa e contraditório.

Assim, na preliminar de negativa da prestação jurisdicional suscitada no recurso de revista a parte deverá transcrever o trecho dos embargos declaratórios no qual foi pedido o pronunciamento do tribunal sobre matéria do recurso ordinário e o trecho da decisão regional que veio a julgar os embargos de declaração.

O Novo Recurso de Revista – 95

Parte VIII

PREQUESTIONAMENTO NASCIDO DA PRÓPRIA DECISÃO RECORRIDA

1. Da OJ 119, da SBDI 01, do TST

Estabelece a OJ 119, da SBDI 01, do TST:

119. PREQUESTIONAMENTO INEXIGÍVEL. VIOLAÇÃO NASCIDA NA PRÓPRIA DE-CISÃO RECORRIDA. SÚMULA N. 297 DO TST INAPLICÁVEL (inserido dispositivo) – DEJT divulgado em 16, 17 e 18.11.2010 **É inexigível o prequestionamento quando a violação indicada houver nascido na própria decisão recorrida. Inaplicável a Súmula n. 297 do TST.** (grifos do autor)

Na hipótese da violação à lei ou a Súmula ou OJ apontada no recurso de revista ter origem na própria decisão regional recorrida não é exigível o prequestionamento fixado na Súmula n. 297 do TST.

1.1. Da OJ 119, da SBDI 01, do TST e o erro de procedimento

A aplicação da OJ 119, da SBDI 01, do TST, no mais das vezes, terá curso nas hipóteses em que esteja configurado erro de procedimento e não com relação ao prequestionamento de matérias controvertidas no acórdão regional.

Consoante entendimento inicial da SBDI 01, do TST, a OJ 119 teria incidência nas hipóteses de erro de procedimento e não de erro de julgamento:

ACÓRDÃO SBDI-1 VMF/sn/pcp/a EMBARGOS DE DECLARAÇÃO – RESPONSABILI-DADE SUBSIDIÁRIA – SÚMULA N. 331, ITEM IV, DO TST – PRETENSÃO DE EXAME DAS VIOLAÇÕES APONTADAS – OMISSÃO – INEXISTÊNCIA. Não se evidencia, no acórdão embargado, a omissão denunciada pela parte, **uma vez que a Orientação Jurisprudencial n. 119 da Subseção 1 da Seção Especializada em Dissídios Individuais do Tribunal Superior do Trabalho tem sua aplicação às hipóteses em que a violação decorre de erro de procedimento, tais como julgamento** *citra*, *extra* e *ultra petita*, **supressão de grau de jurisdição, entre outros, conforme evidenciam os precedentes que lhe deram origem. Logo, envolvendo discussão de mérito, ainda que a condenação tenha sido imposta quando do conhecimento e provimento do recurso de revista, não há falar em desnecessidade do prequestionamento, cuja exigência decorre da natureza extraordinária do recurso de embargos. Embargos de declaração desprovidos.** Vistos, relatados e discutidos estes autos de Embargos de Declaração em Embargos em Recurso de Revista n. **TST-ED-E-RR-2195/1998-047-01-00.3,** em que é Embargante **PETRÓLEO BRASILEIROS/A – PETROBRAS** e Embargadas **MARIA JOSÉ DE SOUZA** e **SINAL – COMÉRCIO, REPRESENTAÇÕES E SERVIÇOS DE HIGIENIZAÇÃO DE IMÓVEIS LTDA.** Este Colegiado não conheceu do recurso de embargos interposto pela reclamada, asseverando estar a decisão recorrida em consonância com a Súmula n. 331, IV, do TST. Consignou, ainda, que as violações apontadas no recurso de embargos não se configuravam em face da ausência do prequestionamento, com a incidência da Súmula n. 297 do TST. A reclamada opõe embargos de declaração. Pretende o pronunciamento da Corte quanto aos argumentos lançados no seu recurso de embargos, assim como quanto à aplicabilidade da Orientação Jurisprudencial n. 119 da Subseção 1 da Seção Especializada em Dissídios Individuais do Tribunal Superior do Trabalho, na espécie. Na forma regimental, em mesa parajulgamento. **VOTO 1 – CONHECIMENTO** Presentes os pressupostos processuais pertinentes – tempestividade e representação processual. **2 – MÉRITO** Esta Subseção, por meio do acórdão às fls. 669-673, não conheceu do recurso de embargos da reclamada, adotando o seguinte fundamento: Infere-se que o *decisum a quo* declarou a responsabilidade subsidiária, baseado na culpa *in eligendo* da contratante, bem como no fato de a empresa ter sido beneficiada com a força de trabalho da reclamante, o que se coaduna com o entendimento jurisprudencial consolidado na Súmula n. 331 do TST, com a nova redação dada ao seu inciso IV, pela Resolução n. 96/2000 desta Corte. Esclareça-se que a Súmula n. 331, IV, do TST responsabiliza subsidiariamente o tomador dos serviços, inclusive quanto aos órgãos da administração direta, das autarquias, das fundações públicas, das empresas públicas e das sociedades de economia mista, onde expressamente aprecia tanto o art. 71, § 1º, da Lei n. 8.666/93, quanto o restante da legislação referente à matéria, à luz dos princípios constitucionais vigentes. Assim, devidamente amparada a decisão da Turma na atual e iterativa jurisprudência consolidada na supracitada Súmula n. 331, IV, do TST, sendo aplicável à hipótese a Súmula n. 333. (*omissis*)A reclamada opõe embargos de declaração. Pretende o pronunciamento da Corte quanto aos argumentos lançados no seu recurso de embargos, assim como quanto à aplicabilidade da Orientação Jurisprudencial n. 119 da Subseção 1 da Seção Especializada em Dissídios Individuais do Tribunal Superior do Trabalho, na espécie. Não se evidencia, no acórdão embargado, a omissão denunciada pela parte, uma vez que os termos da Orientação Jurisprudencial n. 119 da Subseção 1 da Seção Especializada em Dissídios Individuais do Tribunal Superior do Trabalho tem sua aplicação às hipóteses em que a violação decorre de erro de procedimento, tais como julgamento *citra, extra* e *ultra petita*, supressão de grau de jurisdição, entre outros, conforme evidenciam os precedentes que lhe deram origem. Logo, envolvendo discussão de mérito, ainda que a condenação tenha sido imposta quando do conhecimento e provimento do recurso de revista da reclamante, não há falar em desnecessidade do prequestionamento, cuja exigência decorre da natureza extraordinária do recurso de embargos. Nesse sentido, destaco as seguintes decisões da Subseção 1 da Seção Especializada em Dissídios Individuais desta Corte: RECURSO DE EMBARGOS DO RECLAMADO. PREQUESTIONAMENTO. VÍCIO NASCIDO NA PRÓPRIA DECISÃO RECORRIDA. *ERROR IN JUDICANDO*. ORIENTAÇÃO JURISPRUDENCIAL N. 119 DA SBDI-I. NÃO-INCIDÊNCIA. O erro que justifica a ausência de prequestionamento, quando nascido na própria decisão recorrida, refere-se a atos judiciais de natureza procedimental, que não envolvem, portanto, juízo de valor acerca de aspectos atinentes à lide. Os precedentes que deram ensejo à edição da Orientação Jurisprudencial n. 119 da SBDI-I dão a exata medida de tal entendimento. No caso concreto, eventual equívoco quanto à decisão relativa à multa por descumprimento de cláusula de acordo coletivo multa convencional encontra-se circunscrito a *error in judicando*, para o qual se faz necessário o prequestionamento do tema à luz da abordagem pretendida. Hipótese em que se afigura correta a decisão da Turma, mediante a qual não se conheceu do Recurso de Revista, com base na Súmula n. 297 deste Tribunal Superior. Embargos não conhecidos. (Processo TST-E-RR-582852/1999.4, Rel. Min. Maria de Assis Calsing, DJ de 16.5.2008) RECURSO DE EMBARGOS REINTEGRAÇÃO ESTABILIDADE CLÁUSULA NORMATIVA PREVISÃO DE EXIGÊNCIA DE ATESTADO DE MÉDICO DO INSS PERÍCIA RECURSO DE REVISTA NÃO CONHECIDO AUSÊNCIA DE PREQUESTIONAMENTO DO ART. 1.090 DO CÓDIGO CIVIL E DA SÚMULA N. 173 DO TRIBUNAL SUPERIOR DO TRABALHO ALEGAÇÃO DE AFRONTA AO ART. 896 DA CLT. A Corte *a quo* não enfrentou a questão da estabilidade do autor em face da exigência normativa de que a doença profissional fosse atestada por médico do INSS, amparando seu entendimento nas conclusões do laudo pericial. Assim sendo, mostra-se acertada a decisão ora embargada quando afirma que o art. 1.090 do Código Civil carece de prequestionamento. Da mesma forma, a Súmula n. 173 do Tribunal Superior do Trabalho, que trata da limitação do pagamento dos salários à data em que cessadas as atividades da empresa, não mereceu nenhuma análise pelo Tribunal Regional, atraindo, mais uma vez, o óbice da Súmula n. 297 do Tribunal Superior do Trabalho. Ao contrário do que alega a reclamada, a Orientação Jurisprudencial n. 119 da Subseção I da Seção Especializada em Dissídios Individuais não se aplica ao presente caso. Os precedentes que originaram a referida Orientação Jurisprudencial não tratam da hipótese de *error in judicando*, mas de *error in procedendo*, tais como o julgamento *extra petita*, o vício na intimação, dentre outros. Tal entendimento não afasta a exigência de prequestionamento explícito da matéria quando o Tribunal Regional decide o mérito da demanda, ainda que a condenação tenha nascido na segunda instância, como no caso dos autos. Isso porque, neste caso a exigência do prequestionamento decorre da própria nature-za extraordinária desta Instância Recursal e de sua finalidade primordial, que é uniformizar a jurisprudência dos Tribunais Regionais do Trabalho e velar pela observância da legislação fede-ral e constitucional. Dessa forma, sem o exame explícito da matéria pela Corte Regional não há como se estabelecer o dissenso de teses em torno da interpretação de um determinado dispositi-vo legal ou constitucional ou mesmo verificar a infringência literal das normas jurídicas, pressu-postos processuais de admissibilidade do recurso de revista, conforme estabelece o art. 896 da CLT. Recurso de embargos não conhecido. (Processo TST-E-ED-RR-33313/2002-900-02-00.7, Rel. Min. Vieira de Mello Filho, DJ de 6.9.2007) Por fim, quanto à indicação de não correspondência da matéria relatada no julgamento dos embargos com os argumentos apresentados pela embar-gante nas suas razões, não se caracteriza como omissão do julgado, eis que aquele encontra-se devidamente fundamentado com a apreciação das violações dos dispositivos legais indicadas pela embargante. Assim, não há a omissão apontada, mas apenas o intuito da reclamada em provocar um novo pronunciamento sobre a matéria. **ISTO POSTO ACORDAM** os Ministros da Egrégia Subseção I Especializada em Dissídios Individuais do Tribunal Superior do Trabalho, por unanimidade, conhecer dos embargos de declaração e, no mérito, negar-lhes provimento. Brasília, 13 de novembro de 2008. **Ministro Vieira de Mello Filho Relator fls. PROC.N. TST-E-D-E-RR-2195/1998-047-01-00.3 PROC.N. TST-ED-E-RR-2195/1998-047-01-00.3" Fonte Site do TST DEJT 21.11.2008 URL: <http://aplicacao5.TST.jus.br/consultaunificada2/inteiroTeor. do?action=printInteiroTeor&format=html&highlight=true&numeroFormatado=ED-E--RR%20-%20219500-46.1998.5.01.0047&base=acordao&rowid=AAANGhAAFAAAod8AAY&-dataPublicacao=21/11/2008&localPublicacao=DEJT&query=Orienta%E7%E3o%20and%20Ju-risprudencial%20and%20n%BA%20and%20119%20and%20erro%20and%20de%20and%20 procedimento%20and%20tais%20and%20como%20and%20julgamento%20and%20citra%20 and%20de%20and%20jurisdi%E7%E3o>.** (grifos do autor)

Exemplo: Caso de ausência de intimação do advogado da parte para a ses-são de julgamento, cuja nulidade nasce e consuma-se por ocasião do próprio julgamento.

Outro exemplo, se a questão da irregularidade da representação processual só veio à lume no próprio julgamento regional a respeito da deserção, ou seja, trata-se de questão superveniente surgida a partir do julgamento do próprio acórdão regional, não se podendo, assim, falar em ausência de impugnação para fins de prequestionamento, nos termos da OJ 119, da SBDI 01, do C. TST c/c a Súmula n. 297, do C. TST c/c o art. 1.025, do CPC.

Outras hipóteses, de aplicação da OJ 119 da SBDI 01 do TST: ausência de jun-tada do voto vencido exigida pelo § 3º, do art. 941, do CPC/2015; decisão *citra*, *ultra* ou *extra petita*, supressão de grau.

1.2. Da OJ 119, da SBDI 01, do TST e o erro de julgamento

Mais recentemente, a hipótese de aplicação da OJ 119 da SBDI 01 em sede *de erro in judicando* já foi admitida pela SBDI 01 do TST:

ACÓRDÃO SDI-1 CMB/mda RECURSO DE EMBARGOS EM EMBARGOS DE DECLARA-ÇÃO EM RECURSO DE REVISTA REGIDO PELA LEI N. 13.015/2014. FÉRIAS. FRACIONA-MENTO SEM EXCEPCIONALIDADE. PAGAMENTO EM DOBRO. Recurso de embargos não conhecido. Vistos, relatados e discutidos estes autos de Embargos em Embargos de Decla-ração em Recurso de Revista com Agravo n. **TST-E-ED-ARR-557900-97.2009.5.12.0036**, em que é Embargante **OI S.A.** e Embargada **VERA REGINA DOS ANJOS DE MATTOS**. A Egrégia 5ª Turma deste Tribunal conheceu do recurso de revista interposto pela autora, entre outros, quanto ao tema: "Férias – Fracionamento sem Excepcionalidade – Pagamento em Dobro", por violação do artigo 134, § 1º, da CLT, e deu-lhe provimento para condenar a ré ao pagamento em dobro do período das férias fracionadas irregularmente, acrescidas de um terço (fls. 901/927). Aos embargos de declaração que se seguiram (fls. 929/931) negou-se provimento por meio do acórdão às fls. 975/977. Ainda inconformada, a ré interpõe os presentes embargos, em que aponta contrariedade à Súmula n. 297 desta Corte, sob o argumento de que egrégia Turma partiu de premissa não analisada pelo Tribunal Regional (fls. 979/983). O recurso foi admitido pelo Ministro Presidente da Turma julgadora, por entender plausível a contrariedade à Súmula n. 297 desta Corte (fls. 986/990). Impugnação apresentada às fls. 993/997. Dispensada a remessa dos autos ao Ministério Público do Trabalho, nos termos do artigo 83, § 2º, II, do Regimento Interno do Tribunal Superior do Trabalho. É o relatório. **VOTO Presentes os pressupostos extrínsecos de admissibilidade, passo à análise dos pressupostos intrínsecos do recurso de embargos, que se rege pela Lei n. 13.015/2014, tendo em vista que o acórdão embargado foi publicado em 29.4.2016. FÉRIAS – FRACIONAMENTO SEM EXCEPCIONALIDADE -PAGAMENTO EM DOBRO CONHECIMENTO** A Egrégia 5ª Turma conheceu do recurso de revista da autora, quanto ao tema em epígrafe, por violação do artigo 134, § 1º, da CLT, e deu-lhe provimento para condenar a ré ao pagamento em dobro do período das férias fracionadas irregularmente, acrescidas de um terço. Consignou, para tanto, os seguintes fundamentos: "No que diz respeito ao tema, o egrégio Colegiado Regional assim decidiu: 'Sustenta a autora, na inicial, ter sido obrigada pela reclamada a sistematicamente vender dez dias de férias e, ainda, a repartir o gozo do benefício em dois períodos. Pugna, assim, pelo pagamento em dobro das férias da contratualidade. **A sentença deferiu o pleito, ao fundamento de que a prova testemunhal comprovou a imposição da venda das férias e, ainda, que as normas coletivas não têm o condão de autorizar a repartição do período de férias.** Merece reformas o julgado, *data venia.* **A ré negou ter imposto à autora a venda das férias, bem como a repartição do período de gozo do benefício. Logo, era encargo da autora prová-las, ônus do qual não se desincumbiu. Todos os comunicados de férias e avisos, relativos ao período imprescrito, foram devidamente assinados pela autora. Neles também consta o gozo de vinte dias corridos, conforme documento da fl. 180, em que a autora descansou nos dias 02.12.2004 a 21.12.2004. Não demonstrado nenhum vício na época da assinatura dos avisos de férias, não há como presumir que foi imposição empresarial o gozo de períodos bipartidos, como quer fazer crer a autora.** A prova testemunhal da autora, embora tenha afirmado 'não era possível tirar os trinta dias por falta de pessoal', reconhece, por outro lado, que assim o fez 'no último período' (fl. 308v). **Ademais, no que tange à repartição das férias, as cláusulas convencionais que autorizam o gozo de férias em dois períodos, um com no mínimo dez dias (fl. 273, cláusula 13, por exemplo), devem ser reconhecidas como válidas, diante do disposto no art. 7º, XXVI, da Constituição Federal.** Nesse contexto, cabia à empregada demonstrar a alegada imposição empresarial. Não honrou o seu mister. **Assim, dou provimento no particular, para excluir da condenação o pagamento dobra do das férias'** (grifou-se). Nas razões do recurso de revista, a reclamante sustenta que teria direito ao pagamento em dobro de suas férias, porquanto não bastaria a previsão em norma coletiva para que a reclamada pudesse parcelar suas férias, sendo necessária, também, a comprovação de situação excepcional a justificar tal procedimento. Indica divergência jurisprudencial e violação dos artigos 134, § 1º, e 137 da CLT. O apelo alcança conhecimento. As férias constituem um período de repouso continuado a que todo empregado faz jus anualmente, sem prejuízo da remuneração habitual (CLT, artigo 129). Trata-se, pois, de direito indisponível do trabalhador que se insere nas normas de higiene e segurança, tendo o legislador estabelecido limites temporais à sua concessão, para evitar que os objetivos do instituto sejam desvirtuados. O artigo 134, § 1º, da CLT dispõe que somente em casos excepcionais as férias serão concedidas em dois períodos, um dos quais não poderá ser inferior a dez dias corridos. Observa-se, pois, que o direito do empregado às férias é assegurado por lei e imodificável pela vontade das partes, cabendo ao empregador apenas designar a época de sua fruição, nos limites impostos pela legislação. Na hipótese, o egrégio Tribunal Regional consigna que houve o fracionamento das férias da autora, sem que fosse demonstrada a ocorrência de situação excepcional, o que torna ineficaz sua concessão, ensejando o pagamento em dobro. Nesse sentido, mencionem-se os seguintes precedentes: '[...] 2. FÉRIAS. FRACIONAMENTO IRREGULAR. PAGAMENTO EM DOBRO. O artigo 134, § 1º, da CLT, dispõe que somente em casos excepcionais as férias serão concedidas em dois períodos, um dos quais não poderá ser inferior a dez dias corridos. Caracterizado o fracionamento das férias sem a comprovação de situação excepcional, é ineficaz a sua concessão, fazendo jus o trabalhador ao pagamento em dobro. Precedentes. Recurso de revista conhecido e provido"(Processo: RR – 84600-89.2007.5.04.0383, Relator: Ministro Guilherme Augusto Caputo Bastos, 2ª Turma, DEJT 15.02.2013). "[...] 3 – FÉRIAS. PAGAMENTO EM DOBRO. FRACIONAMENTO IRREGULAR. AUSÊNCIA DE CIRCUNSTÂNCIA EXCEPCIONAL. PREVISÃO EM NORMA COLETIVA. INVALIDADE. 3.1. O fracionamento das férias, no máximo em duas parcelas, somente é possível desde que se observe, simultaneamente, a existência de circunstância excepcional e que nenhum dos períodos seja inferior a dez dias. O parcelamento irregular das férias, sem a demonstração da excepcionalidade prevista no art. 134, § 1º, da CLT, enseja o seu pagamento em dobro, nas hipóteses em que o respectivo período concessivo já tiver se exaurido. 3.2. Por se tratar de período destinado à recomposição do empregado, encerrando conteúdo de proteção à segurança e à higidez física e mental do trabalhador, constitui norma de ordem pública, insuscetível de redução ou supressão, ainda que por meio de acordo ou convenção coletiva de trabalho. Recurso de revista não conhecido"(Processo: RR – 87500-54.2009.5.09.0668, Relatora: Ministra Delaíde Miranda Arantes, 2ª Turma, DEJT 12.06.2015). '[...] 10. FÉRIAS. SITUAÇÃO DE EXCEPCIONALIDADE NÃO COMPROVADA. FRACIONAMENTO IRREGULAR. PAGAMENTO EM DOBRO. 10.1. O art. 134 da CLT determina a concessão das férias em um só período, em face do caráter social da medida, que tem como objetivo a integridade física e mental do trabalhador. Contudo, o parágrafo 1º do dispositivo legal estabelece que, em circunstâncias excepcionais, as férias poderão ser concedidas em dois períodos, ressalvando a impossibilidade de fracionamento por tempo inferior a dez dias corridos. 10.2. Na hipótese, ausentes as razões extraordinárias que justificariam o fracionamento das férias, afigura-se irregular a sua concessão, fazendo jus a reclamante ao pagamento em dobro, acrescido do terço constitucional, nos termos do art. 137 da CLT. Recurso de revista não conhecido'(Processo: RR – 9078-72.2011.5.12.0034, Relator: Ministro Alberto Luiz Bresciani de Fontan Pereira, 3ª Turma, DEJT 12.06.2015). 'FÉRIAS. FRACIONAMENTO. SITUAÇÃO EXCEPCIONAL. ÔNUS DA PROVA. PAGAMENTO EM DOBRO. 1 – Nos termos do art. 134, § 1º, da CLT, as férias serão concedidas em um único período, e o seu parcelamento pode ser determinado em casos excepcionais, desde que limitado a dois períodos, um dos quais não poderá ser inferior a 10 dias corridos. 2 – Trata-se de norma cogente, cujo objetivo é garantir ao trabalhador período de descanso suficiente para repor suas energias físicas e mentais após longo período de labor. Nesse contexto, tem-se que a intenção do legislador foi enfatizar a inviabilidade do fracionamento rotineiro ao longo do contrato, privilegiando, portanto, a concessão das férias em um único período. 3 – Assim, a situação excepcional que enseja o seu fracionamento deve ser demonstrada pelo empregador. 4 – O parcelamento irregular das férias, por frustrar o objetivo da lei, implica o pagamento em dobro. 5 – No caso, as férias foram fracionadas em períodos superiores a dez dias sem que a reclamada tenha comprovado situação excepcional que justificasse o fracionamento , e é devido o pagamento em dobro. Recurso de revista a que se nega provimento'(Processo: RR – 721-54.2011.5.04.0381, Relatora: Ministra Kátia Magalhães Arruda, 6ª Turma, DEJT 08.05.2015). Desse modo, conheço do recurso de revista por violação do artigo 134, § 1º, da CLT. [...] Como consequência do conhecimento do recurso de revista por violação do artigo 134, § 1º, da CLT, dou-lhe provimento para condenar a reclamada ao pagamento em dobro do período das férias fracionadas irregularmente, acrescidas de um terço." (fls. 909/913 e 925) A ré sustenta que a Egrégia Turma invadiu matéria coberta pela preclusão, para favorecer a autora, o que atrai a incidência das raras hipóteses em que esta Subseção admite embargos por contrariedade a verbete sumular de natureza processual, no caso, a Súmula n. 297 deste Tribunal. Afirma que não se vê no Tribunal Regional a premissa ou discussão de que não foi demonstrada a excepcionalidade, pois a decisão regional está centrada no artigo 7º, XXVI, Constituição Federal e na autorização do acordo coletivo para o fracionamento, assim como na não comprovação, pela embargada, de ter sido obrigada. Invoca o artigo 10 do atual Código de Processo Civil, sob o argumento de que foi surpreendida por fundamento novo, não discutido no Tribunal Regional. A princípio, o entendi que teria havido contrariedade à Súmula n. 297 desta Corte. Porém, após a vista regimental requerida pelo Exm. Ministro José Roberto Freire Pimenta, convenci-me do contrário. Nesse contexto, peço vênia para transcrever o voto de S. Exa.: "Verifica-se que o Regional deu provimento ao recurso ordinário interposto pela reclamada para excluir da condenação o pagamento em dobro da remuneração das férias. Então, nesse caso, era inexigível o prequestionamento da matéria à luz do artigo 134, § 1º, da CLT, nos termos em que dispõe a Orientação Jurisprudencial n. 119 da SbDI-1 desta Corte, segundo a qual "é inexigível o prequestionamento quando a violação indicada houver nascido na própria decisão recorrida. Inaplicável a Súmula n. 297 do TST". Esta é exatamente a hipótese dos autos, em que a decisão regional deu provimento ao recurso ordinário da reclamada, ocasião em que nasceu o alegado vício concernente à violação do artigo 134, § 1º, da CLT, razão pela qual não era necessária a emissão de tese explícita da matéria sob esse viés. Por outro lado, a reclamante interpôs embargos de declaração para instar a Corte regional a se manifestar sobre a matéria à luz do que dispõe o artigo 134, § 1º, da CLT (seq. 1, págs. 805-807). Desse modo, constata-se que a questão foi prequestionada implicitamente, nos termos do item III da Súmula n. 297 deste Tribunal, o que afasta a alegação de ausência de prequestionamento da matéria sob o enfoque do referido dispositivo celetista." Não se verifica, por conseguinte, a alegada contrariedade à Súmula n. 297 desta Corte. Diante do exposto, não conheço recurso de embargos. ISTO POSTO ACORDAM os Ministros da Subseção I Especializada em Dissídios Individuais do Tribunal Superior do Trabalho, por unanimidade, não conhecer do recurso de embargos. Obs.: I – Juntará voto convergente o Exmo. Ministro José Roberto Freire Pimenta; II – O Exmo. Ministro Augusto César Leite de Carvalho registrou ressalva de fundamentação. Brasília, 7 de junho de 2018. Firmado por assinatura digital (MP 2.200-2/2001) CLÁUDIO BRANDÃO Ministro Relator fls. PROCESSO N. TST--E-ED-ARR-557900-97.2009.5.12.0036" Fonte Site do TST: DEJT URL: <http://aplicacao5.TST.jus.br/consultaunificada2/inteiroTeor.do?action=printInteiroTeor&format=html&highlight=-true&numeroFormatado=E-ED-RR%20-%20363400-47.2005.5.15.0146&base=acordao&rowid=A-AANGhAA+AAAWg1AAG&dataPublicacao=30/11/2018&localPublicacao=DEJT&query=prequestionamento%20and%20Orienta%E7%E3o%20and%20Jurisprudencial%20and%20119%20and%20excluir%20and%20condena%E7%E3o%20and%20pagamento%20and%20de%20and%20dobro%20and%20da%20and%20remunera%E7%E3o%20and%20das%20and%20f%E-9rias%20and%20artigo%20and%20134%20and%20CLT>. (grifos do autor)

No caso acima mencionado, o acórdão regional deu provimento ao recurso ordinário interposto pela reclamada para excluir da condenação o pagamento em dobro da remuneração das férias, o que foi revertido no julgamento pela Turma do TST.

Nesse caso, entendeu-se que era inexigível o prequestionamento da matéria à luz do art. 134, § 1º, da CLT, nos termos em que dispõe a Orientação Jurisprudencial n. 119, da SbDI-1, do TST, segundo a qual "é inexigível o prequestionamento quando a violação indicada houver nascido na própria decisão recorrida. Inaplicável a Súmula n. 297 do TST", pois, no julgamento regional foi a ocasião em que nasceu o alegado vício concernente à violação do art. 134, § 1º, da CLT, razão pela qual não era necessária a emissão de tese explícita da matéria sob esse enfoque.

1.3. Da OJ 119, da SBDI 01, do TST e má aplicação da Súmula n. 297 do TST

Também, em sede *de erro in judicando* já foi admitida pela SBDI 01 do TST à aplicação da OJ 119 pela SBDI 01 do TST pela má aplicação da Súmula n. 297 do TST (afastando seu óbice):

Salienta-se que o fato de a Eg. Turma ter dispensado custas no acórdão recorrido, na forma do art. 790-A, da CLT e Decreto-Lei n. 779/69, art. 1º, IV, não retira o interesse recursal da embargante, ante as demais pretensões. Nesse sentido, outro julgado desta C. SBDI-1: RECURSO DE EMBARGOS EM RECURSO DE REVISTA REGIDO PELA LEI N. 11.496/2007. ECT. GARANTIA DO JUÍZO. PRIVILÉGIOS DA FAZENDA PÚBLICA. DECRETO-LEI N. 509/69 RECEPCIONADO PELA CONSTITUIÇÃO FEDERAL DE 1988. Em face do disposto no artigo 12 do Decreto-Lei n. 509/69, recepcionado pela Constituição Federal de 1988, conforme decidido pelo Supremo Tribunal Federal – STF-RE-230051 ED/SP, Relator Ministro Maurício Corrêa, Tribunal Pleno, DJ 08.08.2003 e STF-RE-364202, Relator Ministro Carlos Velloso, 2ª Turma, DJ 28.10.2004 -, devem ser garantidos à Empresa Brasileira de Correios e Telégrafos os mesmos privilégios conferidos à Fazenda Pública, o que autoriza a dispensa do depósito recursal e das custas processuais, nos moldes do artigo 790-A, I, da CLT. Entendimento consubstanciado na Orientação Jurisprudencial n. 247, II, da SBDI-1 desta Corte Superior. Recurso de embargos de que se conhece e a que se dá provimento. (...) (E-RR – 4457-07.2012.5.12.0031, Relator Ministro: Cláudio Mascarenhas Brandão, Data de Julgamento: 17.09.2015, Subseção I Especializada em Dissídios Individuais, Data de Publicação: DEJT 25.09.2015) Ante o exposto, conheço do recurso de embargos, por contrariedade à OJ 119-SbDI-1-TST. **II – MÉRITO Corolário do conhecimento do recurso de embargos por contrariedade à Orientação Jurisprudencial n. 119 da Subseção Especializada I do TST é, ao seu provimento, o afastamento do óbice da Súmula n. 297 do TST erigido no acórdão turmário. E, nos termos do art. 146 do RITST ("Art. 146. A Subseção I Especializada em Dissídios Individuais julgará desde logo a matéria objeto da revista não conhecida pela Turma, caso conclua, no julgamento dos embargos interpostos, que aquele recurso estava corretamente fundamentado em contrariedade a Súmula da Jurisprudência da Corte, ou a Orientação Jurisprudencial."), tendo presente que o recurso de revista da reclamada encontra-se devidamente fundamentado em contrariedade à OJ-SbDI-1-247-II-TST (segunda parte) no tema "Da Equiparação da ECT à Fazenda Publica", efetivamente contrariada, dou-lhe provimento para reconhecer à ECT o mesmo tratamento destinado à Fazenda Pública em relação à imunidade tributária e à execução por precatório, além das prerrogativas de foro, prazos e custas processuais.** ISTO POSTO ACORDAM os Ministros da Subseção I Especializada em Dissídios Individuais do Tribunal Superior do Trabalho, **a) por unanimidade, conhecer e dar provimento ao agravo, para determinar o processamento do recurso de embargos; b) por unanimidade, conhecer do recurso de embargos, por contrariedade à Orientação Jurisprudencial n. 119 da SbDI-1 do TST e, no mérito, dar-lhe provimento para afastar do óbice da Súmula n. 297 do TST e, nos termos do art. 146, do RITST, tendo presente que o recurso de revista da reclamada encontra-se devidamente fundamentado em contrariedade à OJ-SbDI-1-247-II-TST (segunda parte) no tema "Da Equiparação da ECT à Fazenda Publica", efetivamente contrariada, dou- -lhe provimento para reconhecer à ECT o mesmo tratamento destinado à Fazenda Pública em relação à imunidade tributária e à execução por precatório, além das prerrogativas de foro, prazos e custas processuais.** Brasília, 22 de novembro de 2018. Firmado por assinatura digital (MP 2.200-2/2001) HUGO CARLOS SCHEUERMANN Ministro Relator (Processo TST-E-RR-95700-37.2009.5.01.0033) DEJT 30.11.2018 URL: <http://aplicacao5.TST.jus.br/consultaunificada2/inteiroTeor.do?action=printInteiroTeor&format=html&highlight=true&numeroFormatado=E-RR%20-%2095700-37.2009.5.01.0033&base=acordao&rowid=AAANGhA-A+AAAWj/AAF&dataPublicacao=30/11/2018&localPublicacao=DEJT&query=OJ%20and%20118%20and%20da%20and%20SBDI%20and%2001>. (grifos do autor)

Parte IX

DO PREQUESTIONAMENTO, DOS EMBARGOS DE DECLARAÇÃO E O PREQUESTIONAMENTO IMPLÍCITO

1. Dos embargos de declaração (arts. 1.025 do CPC/2015)

Dispõe o art. 1.025 do CPC/2015:

Art. 1.025. _Consideram-se incluídos no acórdão os elementos que o embargante suscitou, para fins de prequestionamento, ainda, que os embargos de declaração sejam inadmitidos ou rejeitados, caso o tribunal superior considere existentes erro, omissão, contradição e obscuridade._ (grifos do autor)

Importante inovação relativa ao prequestionamento, possibilitando o imediato julgamento da matéria de fundo do apelo, caso o processo esteja em condições de julgamento a partir da presunção gerada.

2. Da Súmula n. 297, do TST e art. 1.025, do CPC/2015

Fixa a Súmula n. 297 do TST:

PREQUESTIONAMENTO. OPORTUNIDADE. CONFIGURAÇÃO (nova redação) – Res. 121/2003, DJ 19, 20 e 21.11.2003

I. Diz-se prequestionada a matéria ou questão quando na decisão impugnada haja sido adotada, explicitamente, tese a respeito.

II. Incumbe à parte interessada, desde que a matéria haja sido invocada no recurso principal, opor embargos declaratórios objetivando o pronunciamento sobre o tema, sob pena de preclusão.

III. Considera-se prequestionada a questão jurídica invocada no recurso principal sobre a qual se omite o Tribunal de pronunciar tese, não obstante opostos embargos de declaração. (grifos do autor)

E dispõe o art. 1.025 do CPC/2015:

Consideram-se incluídos no acórdão os elementos que o embargante suscitou, para fins de pré-questionamento, ainda que os embargos de declaração sejam inadmitidos ou rejeitados, caso o tribunal superior considere existentes erro, omissão, contradição ou obscuridade.

Tem-se por prequestionada a matéria ou questão quando na decisão impugnada haja sido adotada, explicitamente, tese a respeito.

Caso não haja explicitação da tese a ser prequestionada, cabe à parte interessada suscitar, por meio de embargos de declaração, o pronunciamento pelo tribunal regional da matéria invocada no recurso, sob pena de preclusão.

E, será considerada prequestionada a questão jurídica invocada no recurso principal sobre a qual o tribunal regional deixou de ser pronunciar tese, a despeito da interposição dos embargos de declaração.

O inc. III da Súmula n. 297, do TST já previa a possibilidade fixada pelo art. 1.025, do CPC/2015, como medida de agilização, embora, na verdade, na maior parte das vezes, só é possível de ser adotada tal postura em se tratando de matéria de direito,

O Novo Recurso de Revista – 103

ou de fato incontroverso aferível pela leitura da inicial e da defesa, do contrário a presunção da ocorrência da circunstância de fato por conta da omissão, da obscuridade ou da contradição do acórdão estaria prejudicando a parte contrária, invertendo o prejudicado.

3. Do prequestionamento ficto ou implícito indicado no item III da Súmula n. 297 do TST

O entendimento consolidado no item III da Súmula n. 297 do TST estabelece a possibilidade da matéria tratada e o próprio recurso ser conhecido, estando o tema e a tese recursal sob o abrigo do instituto do prequestionamento ficto, na medida que acórdão regional, mesmo provocado por embargos de declaração, tenha deixado de se manifestar sobre o tema, a ensejar a aplicação de inteligência prevista no item III da Súmula n. 297 do TST.

Dessa forma, interpostos embargos de declaração para instar o tribunal regional a se manifestar sobre a matéria jurídica debatida, deve-se ter que a questão foi prequestionada implicitamente, nos termos do item III, da Súmula n. 297, do TST, afastado o óbice da alegação de ausência de prequestionamento da matéria sob o enfoque do dispositivo legal apontado como violado, podendo-se seguir no julgamento, conforme OJ 282, da SBDI 01, do TST.

Observe-se que o prequestionamento opera-se em relação à matéria de fato (imprescindível) e em relação à questão jurídica suscitada, sendo que essa última pode ser suprida pelo prequestionamento ficto a que alude a Súmula n. 297, III, do TST.

O fato da parte obter o prequestionamento ficto de determinada questão jurídica não a exime no recurso de revista de transcrever o trecho do acórdão regional em que repousa o prequestionamento da matéria de fato, conforme exige o § 1º-A, do art. 896, da CLT, tampouco de apontar o dispositivo legal violado e sua comprovação analítica (cfr. alíneas "a" e "b" do art. 896, c/c item II, do § 1º-A, do art. 896 da CLT c/c Súmula n. 221 do TST: *"A admissibilidade do recurso de revista por violação tem como pressuposto a indicação expressa do dispositivo de lei ou da Constituição tido como violado."*) c/c Súmula n. 459 do TST: *"O conhecimento do recurso de revista, quanto à preliminar de nulidade, por negativa de prestação jurisdicional, supõe indicação de violação do art. 832 da CLT, do art. 489 do CPC de 2015 (art. 458 do CPC de 1973) ou do art. 93, IX, da CF/1988".* (grifos do autor)

Ou seja, caso tendo havido o prequestionamento ficto da matéria jurídica por conta da oposição dos embargos de declaração, o mesmo deverá estar acompanhado do prequestionamento expresso da matéria de fato e da tese jurídica com a transcrição do trecho do acórdão regional pertinente ao tema, em consonância com a exigência do art. 896, § 1º-A, da CLT, inserido pela Lei n. 13.015/2014 c/c as Súmulas ns. 221 e 459, do TST e a OJ 62, da SBDI 01, do TST.

E o cumprimento dessa exigência se faz com a transcrição do trecho da decisão recorrida, identificando-se claramente a tese que se quer combater no recurso, pois o prequestionamento é requisito indispensável para o processamento do recurso de revista (Orientação Jurisprudencial n. 62 da SBDI 01 do TST: *"Prequestionamento. Pressuposto de Admissibilidade em Apelo de Natureza Extraordinária. Necessidade, ainda que se trate de incompetência absoluta (republicada em decorrência de erro material) – DEJT divulgado em 23, 24 e 25.11.2010. É necessário o prequestionamento como pressuposto de admissibilidade em recurso de natureza extraordinária, ainda que se trate de incompetência absoluta)"*, a despeito da dificuldade ou quase impossibilidade na medida que a tese foi omitida na decisão recorrida.

Parte X

DO PREQUESTIONAMENTO E DO VOTO VENCIDO (§ 3º, DO ART. 941, DO CPC/2015)

1. Disposições gerais – do voto do colegiado, do voto vencido e do pré-questionamento (*caput* e §§ e § 3º, do art. 941, do NCPC)

Dispõem o *caput* e os §§ 1º, 2º e 3º do art. 941 do CPC/2015:

Art. 941. Proferidos os votos, o presidente anunciará o resultado do julgamento, designando para redigir o acórdão o relator ou, se vencido este, o autor do primeiro voto vencedor.

§ 1º O voto poderá ser alterado até o momento da proclamação do resultado pelo presidente, salvo aquele já proferido por juiz afastado ou substituído.

§ 2º No julgamento de apelação ou de agravo de instrumento, a decisão será tomada, no órgão colegiado, pelo voto de 3 (três) juízes.

§ 3º <u>O voto vencido será necessariamente declarado e considerado parte integrante do acórdão para todos os fins legais, inclusive de pré-questionamento</u>. (grifos do autor)

O voto vencido deverá ser formalmente declarado e considerado como parte integrante do acórdão, para todos os fins legais, inclusive para fins de prequestionamento.

Importante inovação do CPC/2015, não só para prestigiar o voto vencido, porque o voto vencido pode ser o voto vencedor de amanhã, mas também para dar maior transparência, segurança, legitimidade e qualidade ao julgamento, assim como para propiciar melhores condições para que o quadro fático noticiado no acórdão fique noticiado por completo de maneira a facilitar o exercício do contraditório e da ampla defesa por meio do manejo do recurso extraordinário; do recurso especial; e, do recurso de revista e do recurso de embargos no processo do trabalho.

O *caput* e os §§ 1º, 2º e 3º, do art. 941, do CPC/2015 dispositivos são aplicáveis de forma supletiva e subsidiária ao processo do trabalho (art. 15 do CPC/2015) face a compatibilidade e necessária supressão da omissão e complementação da disciplina, embora a Instrução Normativa n. 39/2016 não tenha se posicionado a respeito, a SBD 01 do TST já o fez nesse diapasão.

Nesse sentido, a parte deverá pedir para que se tenha por prequestionados e existentes todos os elementos indicados nos embargos declaratórios, para fins de conhecimento e provimento do recurso de revista, sem prejuízo de cumprir todas as exigências relativas ao voto vencedor que lhe foi contrário.

No entanto, ainda, que o tribunal regional não o faça a situação se enquadraria na hipótese da OJ 119 da SBDI 01 do TST:

119. PREQUESTIONAMENTO INEXIGÍVEL. VIOLAÇÃO NASCIDA NA PRÓPRIA DE-CISÃO RECORRIDA. SÚMULA N. 297 DO TST. INAPLICÁVEL (inserido dispositivo) – DEJT divulgado em 16, 17 e 18.11.2010 **É inexigível o prequestionamento quando a violação indicada houver nascido na própria decisão recorrida. Inaplicável a Súmula n. 297 do TST.** (grifos do autor)

O registro do voto vencido valerá para revelar ou noticiar e complementar o contexto fático em consonância com o voto vencedor do colegiado, ou seja, desde que não conflite esse registro fático do voto vencido com o voto do colegiado que prevalecerá.

Portanto, será possível se levar em consideração os elementos fáticos noticiados no voto vencido que não estejam infirmados no voto prevalecente do colegiado, para fins de prequestionamento, sem que haja malferimento da Súmula n. 126 do TST.

2. Da exigência legal da juntada do voto do colegiado, e, especialmente, do voto vencido e do pré-questionamento (*caput* e §§ e § 3º, do art. 941, do CPC/2015)

Dispõe o § 3º, do art. 941, do CPC/2015:

§ 3º O voto vencido será necessariamente declarado e considerado parte integrante do acórdão para todos os fins legais, inclusive de pré-questionamento.

O voto vencido será formalmente declarado e considerado como parte integrante do acórdão, para todos os fins legais, inclusive para o fim de prequestionamento, sob pena de se configurar vício de procedimento e negativa de prestação jurisdicional passível de anulação do julgamento/acórdão.

3. Do entendimento da SBDI 01 do TST pela exigência da juntada do voto vencido

ACÓRDÃO (SDI-1) GMALB/dbm/AB/ma AGRAVO. RECURSO DE EMBARGOS REGIDO PELAS LEIS NS. 13.015/2014 E 13.105/2015. REFLEXOS DAS DIFERENÇAS DA GRATIFICAÇÃO PNBL SOBRE O PISP. ELEMENTOS FÁTICOS DELINEADOS NO VOTO VENCIDO ART. 941, § 1º, DO CPC/2015. AUSÊNCIA DE CONTRARIEDADE ÀS SÚMULAS NS. 126 E 297 DO TST. 1. A previsão do art. 941, § 3º, do CPC/2015, sem dispositivo correspondente no CPC/1973, é clara no sentido de que, com a sistemática inaugurada pela lei nova, exige-se a juntada do voto vencido como parte integrante do acórdão, inclusive para a finalidade de prequestionamento. Assim, se os fundamentos do voto vencido não forem juntados ao voto vencedor, haverá nulidade do julgado, tendo em vista a expressa determinação legal. (*omissis...*) Nesse contexto, a compreensão expressa pela SBDI-1 aponta para a integração de voto vencidoao voto prevalecente, especialmente à luz da disciplina atual do CPC, para fins de delimitação do quadro fático atinente à causa decidida pelo Tribunal Regional e de consequente prequestionamento de questão jurídica objeto do recurso de revista. (*omissis*). Registre-se que a reclamada, nas razões do recurso de revista, transcreveu os trechos da decisão recorrida que consubstanciam o prequestionamento da controvérsia, transcreveu, inclusive, o trecho com os fundamentos do voto vencido que apresentou a premissa necessária para que a c. Turma conhecesse do recurso de revista interposto pela parte. O fato de a c. Turma ter conhecido do recurso de revista com base em fundamento constante no voto vencido transcrito pela parte encontra respaldo no artigo 941 do CPC/15, § 3º, *in verbis*: § 3º O voto vencido será necessariamente declarado e considerado parte integrante do acórdão para todos os fins legais, inclusive de pré-questionamento. Tendo em vista que a c. Turma julgou o processo em 07.06.2017, portanto, na vigência do Novo Código do Processo Civil, cabível o disposto no § 3º do artigo 941 do CPC/15. Assim, acolho os embargos de declaração para prestar esclarecimentos, sem

O Novo Recurso de Revista – 107

conferir-lhes efeito modificativo". Analiso. Discute-se, nos autos, a possibilidade de se considerar os fundamentos do voto vencido, prolatado no âmbito do Tribunal Regional e juntado ao voto vencedor, no que tange ao quadro fático delineado em segunda instância e ao requisito do prequestionamento. Esta, a redação do art. 941, § 3º, do CPC/2015: "Art. 941. Proferidos os votos, o presidente anunciará o resultado do julgamento, designando para redigir o acórdão o relator ou, sevencidoeste, o autor do primeiro voto vencedor. [...] § 3º O voto vencido será necessariamente declarado e considerado parte integrante do acórdão para todos os fins legais, inclusive de pré-questionamento". A previsão do referido § 3º, sem dispositivo correspondente no CPC/73, é clara no sentido de que, com a sistemática inaugurada pelo CPC/2015, exige-se a juntada do voto vencido como parte integrante do acórdão, inclusive para a finalidade de pre-questionamento. Se os fundamentos do voto vencido não forem juntados ao voto vencedor, haverá nulidade do julgado, tendo em vista a expressa determinação legal. Por oportuno, reporto-me à lição de Fredie Didier Jr. e Leonardo Carneiro da Cunha (Curso de Direito Processual Civil – Meios de impugnação às Decisões Judiciais e Processo nos Tribunais – v. 3, 15. ed., Salvador: Ed. JusPodivm, 2018, p. 46/47): "[...] Mas o legislador brasileiro criou uma ficção legal: o voto vencido deve ser expressamente declarado e compõe o acórdão para todos os fins legais, incluindo o pré-questionamento (art. 941, § 3º, CPC). Pode haver mais de um voto vencido; havendo, todos devem ser juntados e passam a fazer parte do acórdão. Em razão dessa mudança legislativa, deve ser cancelado o Enunciado 320 da súmula do STJ: 'a questão federal somente ventilada no voto vencido não atende ao requisito do prequestionamento'. Assim, o acórdão, para o CPC/2015, compõe-se da totalidade dos votos, vencedores e vencidos. Se o voto vencido não for juntado, será caso de nulidade do acórdão, por vício da fundamentação. Pesquisando a função do voto vencido no novo sistema processual, os referidos autores continuam a lecionar (Curso de Direito Processual Civil – Meios de impugnação às Decisões Judiciais e Processo nos Tribunais – v. 3, 15. ed., Salvador: Ed. JusPodivm, 2018, p. 47/48): "O *voto vencido* cumpre importante função em um sistema de precedentes obrigatórios, como o doCPC-2015. a) Ao se incorporar ao acórdão, o voto vencido agrega a argumentação e as teses contrárias àquela que restou vencedora; isso ajuda no desenvolvimento judicial do Direito, ao estabelecer uma pauta a partir da qual se poderá identificar, no futuro, a viabilidade de superação do precedente (art. 489, § 1º, VI, e art. 927, §§ 2º, 3º e 4º, CPC); b) O voto vencido, por isso, funciona como uma importante diretriz na interpretação da *ratio decidendi* vencedora: ao se conhecer qual posição se considerou como *vencida* fica mais fácil compreender, pelo confronto e pelo contraste, qual tese acabou prevalecendo no tribunal. Por isso, *o voto vencido* ilumina a compreensão da *ratio decidendi*; c) Além disso, o voto vencido demonstra a possibilidade de a tese vencedora ser revista mais rapidamente, antes mesmo de a ela ser agregada qualquer eficácia vinculante, o que pode fragilizar a *base da confiança*, pressuposto fático indispensável à incidência do princípio da proteção da confiança (sobre o tema, ver o v. 1 deste *Curso*, capítulo sobre normas fundamentais). O voto vencido mantém a questão em debate, estimulando a comunidade jurídica a discuti-la; d) Note, ainda, que a inclusão do *voto vencido* no acórdão ratifica regra imprescindível ao microssistema de formação concentrada de precedentes obrigatórios: a necessidade de o acórdão do julgamento de casos repetitivos reproduzir a íntegra de todos os argumentos contrários e favoráveis à tese discutida (arts. 984, § 2º, e 1.038, § 3º, CPC). A fundamentação, com o acréscimo do voto vencido, cumpre, então, esse novo e importante papel. É possível identificar duas espécies de *voto vencido*. Uma primeira espécie de *voto vencido* é a do simples voto contrário, 'sem qualquer preocupação em evidenciar que a *ratio decidendi* ou os fundamento majoritário e concorrente estão equivocados ou não podem prevalecer'. Esse voto acaba não tendo muita relevância, pois é uma simples manifestação de que o julgador não está de acordo com o resultado da decisão. Uma segunda espécie de *voto vencido* é o que dialoga com o posicionamento majoritário, para demonstrar o equívoco da *ratio decidendi* vencedora. Esse tipo de voto vencido, que é o relevante em um sistema de precedentes, 'tem a importância de conferir à 'falta de unanimidade' o poder de alçar a questão para a discussão da comunidade, evitando que ela fique submersa ou quase invisível, como se a *ratio* houvesse sido amparada pela unanimidade dos votos'". Na mesma esteira, cumpre ressaltar o magistério de Osmar Mendes Paixão Côrtes sobre a regra do § 3º do art. 941 do CPC (Wambier, Teresa Arruda Alvim *et al* (Coord.). Breves Comentários ao Código de Processo Civil – 3. ed. São Paulo: Ed. Revista dos Tribunais, 2016, p. 2.338): "**Prequestionamento e voto vencido:** Grande inovação do Novo CPC está no § 3º. Não havia, no CPC de 1973, a obrigação de que o voto vencido necessariamente seja declarado e integre o acórdão. No Novo CPC há. E é muito importante que sejam consignados os fundamentos do voto vencido, notadamente considerando o preenchimento do requisito do prequestionamento. De se lembrar que o prequestionamento é a apreciação da tese pela decisão e se faz necessário em razão do cabimento dos recursos de natureza extraordinária – para se verificar se uma decisão, por exemplo, violou determinado dispositivo legal ou divergiu de outra, essencial que a matéria a ser objeto do recurso tenha sido apreciada. A integração necessária do acórdão também pelo voto vencido, para o fim de preenchimento do requisito do prequestionamento, facilita a recorribilidade extraordinária. E a não juntada de voto vencido, com os seus fundamentos explicitados, considerando a expressa determinação legal, será causa de nulidadedo julgado. (...)". Quanto ao tema "diferenças decorrentes de reflexos da parcela PNBL no PISP", conforme se depreende do acórdão pelo qual deu-se provimento ao recurso de revista e do acórdão complementar em sede de embargos de declaração, a Eg. 6ª Turma considerou as circunstâncias fáticas registradas na decisão do Tribunal Regional, abrangendo o voto vencedor e o voto vencido em anexo. Frise-se que o acórdão do TRT foi publicado em 15.4.2016 (fl. 817-PE), após a entrada em vigor do CPC de 2015, de forma que incide o § 3º do art. 941 ao caso. Sob tal contexto, a Turma do TST não incorreu em reexame de fatos e provas, tendo em vista que decidiu sobre as diferenças decorrentes de reflexos da parcela PNBL no PISP, efetuando reenquadramento jurídico à luz da moldura fática delineada pelo Regional. <u>Nesse sentido, cito os seguintes precedentes desta Corte:</u> "AGRAVO REGIMENTAL EM EMBARGOS EM RECURSO DE REVISTA. INTERPOSIÇÃO SOB A ÉGIDE DA LEI N. 13.015/14. ADICIONAL DE PERICULOSIDADE. APLICAÇÃO DA SÚMULA N. 364 DO TST. ALEGAÇÃO DE CONTRARIEDADE À SÚMULA N. 126 DO TST NÃO CONFIGURADA. DECISÃO DENEGATÓRIA DO PRESIDENTE DA EG. TURMA MANTIDA. 1. A Eg. Turma, no tema do adicional de periculosidade, considerou a íntegra das premissas fático-jurídicas do acórdão do Tribunal Regional, o qual abarcou o voto vencedor e o voto divergente. 2. O acórdão do TRT foi proferido em 16 de abril de 2016, após a vigência do CPC de 2015, o qual inovou estabelecendo, no capítulo da 'Ordem dos Processos nos Tribunais' a técnica da decisão qualificada pelo órgão Colegiado (art. 942), e exigiu que 'o voto vencido será necessariamente declarado e considerado parte integrante do acórdão para todos os fins legais, inclusive para pré-questionamento', a teor do § 3º do art. 941 do CPC/2015. 3. Presente tal contexto processual, é certo que a Eg. Turma não inovou, nem reviu fatos e provas, mas observando a íntegra do acórdão do TRT 'para todos os fins legais', procedeu a novo enquadramento jurídico dos fatos consignados no acórdão do Tribunal Regional, afastando-se a alegação de má aplicação da Súmula n. 126/TST. Agravo regimental conhecido e não provido" (TST-AgR-E-ED-RR–508-57.2012.5.04.0205, Ac. Subseção I Especializada em Dissídios Individuais, Relator Ministro Hugo Carlos Scheuermann, *in* DEJT 6.10.2017).

"EMBARGOS DE DECLARAÇÃO. EMBARGOS NÃO ADMITIDOS. FUNÇÃO COMISSIONADA TÉCNICA. INCORPORAÇÃO. NATUREZA SALARIAL. RECURSO DE REVISTA DO RECLAMANTE CONHECIDO E PROVIDO. ÓBICE PROCESSUAL NÃO IMPOSTO PELA C. TURMA ESCLARECIMENTOS. Devem ser acolhidos os embargos de declaração para o fim de trazer os esclarecimentos constantes da decisão, sem conferir efeito modificativo ao julgado, na medida em que a c. SDI ao não reconhecer que a c. Turma não contrariou a Súmula n. 126 do c. TST, o fez levando em consideração a transcrição do julgado regional que traz os fundamentos do voto vencido e do voto vencedor, que nortearam o conhecimento do recurso de revista do reclamante" (TST-ED-AgR-E-ED-RR-3354500-76.2009.5.09.0008, Ac. Subseção I Especializada em Dissídios Individuais, Relator Ministro Aloysio Corrêa da Veiga, *in* DEJT 24.3.2017).

"[...] II – RECURSO DE REVISTA DO RECLAMADO. LEI N. 13.015/2014. INSTRUÇÃO NORMATIVA N. 40 DO TST. ANTERIOR À LEI N. 13.467/2017. CERCEAMENTO DE DEFESA. OITIVA DAS PARTES. PRETENSÃO DE CONSIDERAÇÃO DO VOTO VENCIDO. ART. 941, § 3º, DO CPC/15. 1 – Na vigência da Instrução Normativa n. 40 do TST, examina-se o recurso de revista somente quanto ao tema admitido pelo juízo primeiro de admissibilidade. 2 – O recurso de revista foi interposto na vigência da Lei n. 13.015/2014 e atende aos requisitos do art. 896, § 1º-A, da CLT. 3 – No caso, o Tribunal Regional entendeu desnecessária a inclusão das razões do voto vencido no acórdão principal. Entendeu o TRT que a mera indicação do voto vencido no dispositivo do julgado, 'no sentido de dar provimento ao recurso para acolher anulidade do julgado por cerceamento do direito de defesa, suscitada pela reclamada', já seria suficiente para demonstrar o prequestionamento pretendido pela parte. 4 – Assim estabelece o art. 941, § 3º, do CPC/15: 'O voto vencido será necessariamente declarado e considerado parte integrante do acórdão para todos os fins legais, inclusive de pré-questionamento'. 5 – Conforme se extrai do mencionado dispositivo legal, o voto vencido passa necessariamente a ser considerado como parte integrante do acórdão principal, inclusive, para fins de prequestionamento da matéria. 6 – Tal determinação se coaduna perfeitamente com os preceitos estabelecidos pela sistemática processual estabelecida pela Lei n. 13.015/2014, a qual determina ser ônus da parte transcrever todos os trechos do acórdão recorrido que demonstrem a amplitude do prequestionamento da matéria, e, ainda, nesse particular, apresentar impugnação específica demonstrando analiticamente porque o recurso de revista deveria ser conhecido. 7 – Ao contrário do que ocorre com o recurso ordinário, cujo efeito devolutivo é amplo, o recurso de revista tem devolução restrita, motivo pelo qual a nova sistemática recursal (Novo CPC e Lei n. 13.015/2014) impõe à parte o ônus de demonstrar o prequestionamento desejado por meio de teses jurídicas e premissas fático-probatórias constantes, inclusive, novotovencido, a fim de permitir ao recorrente a oportunidade de buscar enquadramento jurídico diverso daquele emitido pelo voto vencedor na análise da matéria, já que houve divergência de entendimento pelo órgão colegiado de segunda instância. Há julgados. 8 – Recurso de revista de que se conhece e a que se dá provimento. III – AGRAVO DE INSTRUMENTO DA RECLAMADA. RECURSO DE REVISTA. CERCEAMENTO DE DEFESA. OITIVA DAS PARTES. Fica prejudicado o exame do agravo de instrumento, no qual se discute o cerceamento do direito de defesa, cuja análise depende da exposição do voto vencido, conforme decidido no tópico anterior" (TST-ARR-479-95.2016.5.06.0371, Ac. 6ª Turma, Relatora Ministra Kátia Magalhães Arruda, *in* DEJT 23.3.2018).

A decisão embargada está em harmonia com a atual jurisprudência deste Tribunal Superior do Trabalho, atraindo o óbice do art. 894, § 2º, da CLT. Feitas tais considerações, resulta inadmissível a alegação de contrariedade a súmulas ou a orientações jurisprudenciais de índole processual, cujo conteúdo irradie questões relativas ao cabimento ou ao conhecimento dos recursos de natureza extraordinária (no caso, as Súmulas 126 e 297 do TST), salvo a constatação, na decisão embargada, de desacerto na eleição de tais óbices, exceção não materializada na hipótese dos autos. Ressalte-se, ainda, que os arestos transcritos nas razões de embargos a fls. 955/956-PE e reiterados no agravo, oriundos das 1ª e 4ª Turmas deste Tribunal, são inespecíficos, porque aplicam o óbice da Súmula 126/TST e tratam de temas diversos (cargo de confiança de bancário, vínculo de emprego e unicidade contratual), que foram analisados com base em acervos fático-probatórios distintos dos presentes autos. Ademais, os paradigmas a fls. 957/959-PE, provenientes da 8ª Turma e da SBDI-1 do TST, são também inespecíficos, pois se referem a contexto temporal diverso, publicados ainda sob a égide do CPC/1973, portanto, em momento anterior à vigência do art. 941, § 3º, do CPC/2015, que incide no caso destes autos. A ausência ou acréscimo de qualquer circunstância alheia ao caso posto em julgamento faz inespecíficos os julgados, na recomendação da Súmula 296/TST. À vista do exposto, nego provimento ao agravo interno. **ISTO POSTO ACORDAM** os Ministros da Subseção I Especializada em Dissídios Individuais do Tribunal Superior do Trabalho, por unanimidade, conhecer do agravo interno e, no mérito, negar-lhe provimento. Brasília, 7 de junho de 2018. **Firmado por assinatura digital (MP 2.200-2/2001) Alberto Bresciani Ministro Relator** fls. **PROCESSO N. TST-AgR-E-ED-ARR-672-13.2014.5.10.0002.** Fonte Site do TST: **DEJT 07.06.2018 e URL:** <http://aplicacao5.TST.jus.br/consultaunificada2/inteiroTeor.do?action=printInteiroTeor&format=html&highlight=true&numeroFormatado=AgR-E-ED-ARR%20-%20672-13.2014.5.10.0002&base=acordao&rowid=AAANGhABIAAAO+cAAI&dataPublicacao=15/06/2018&localPublicacao=DEJT&query=nulidade%20and%20voto%20and%20vencido%20and%20art%20and%20941%20and%20CPC%20and%202015>. (grifos do autor)

Parte XI

IMPUGNAÇÃO ESPECÍFICA/DIALECTICIDADE NO RECURSO DE REVISTA

1. Do § 1º-A, do art. 896, da CLT

Dispõe o § 1º-A, do art. 896-A, da CLT:

§ 1º-A. **Sob pena de não conhecimento**, é ônus da parte:

I – indicar o trecho da decisão recorrida que consubstancia o prequestionamento da controvérsia objeto do recurso de revista;

II – indicar, de forma explícita e fundamentada, contrariedade ao dispositivo de lei, súmula ou orientação jurisprudencial do Tribunal Superior do Trabalho que conflite com a decisão regional;

III – expor as razões do pedido de reforma, impugnando todos os fundamentos jurídicos da decisão recorrida, inclusive mediante demonstração analítica de cada dispositivo de lei, da Constituição Federal, de súmula ou orientação jurisprudencial cuja contrariedade aponte. (grifos do autor)

O recurso de revista deverá indicar o trecho do acórdão regional que consubstancia o prequestionamento da controvérsia, bem como indicar, de forma explícita e fundamentada, contrariedade ao dispositivo de lei, súmula ou orientação jurisprudencial do Tribunal Superior do Trabalho, além de impugnar todos os fundamentos jurídicos da decisão recorrida, com demonstração analítica da violação, do malferimento ou da divergência/contrariedade a cada dispositivo de lei, da CF, de súmula ou orientação jurisprudencial.

2. A Súmula n. 422 do TST e o princípio da dialecticidade

Fixa a Súmula n. 422 do TST:

RECURSO. FUNDAMENTO AUSENTE OU DEFICIENTE. NÃO CONHECI-MENTO (redação alterada, com inserção dos itens I, II e III) - Res. 199/2015, DEJT divulgado em 24, 25 e 26.06.2015. Com errata publicado no DEJT divulgado em 01.07.2015

I – Não se conhece de recurso para o Tribunal Superior do Trabalho se as razões do recorrente não impugnam os fundamentos da decisão recorrida, <u>nos termos em que proferida</u>.

II – O entendimento referido no item anterior não se aplica em relação à motivação secundária e impertinente, consubstanciada em despacho deadmissibilidade de recurso ou em decisão monocrática.

III – Inaplicável a exigência do itemIrelativamente ao recurso ordinário da competência de Tribunal Regional do Trabalho, exceto em caso de recurso cuja motivação é inteiramente dissociada dos fundamentos da sentença. (grifos do autor)

Destaque-se que se requer que as razões da impugnação enfrentem os fundamentos da decisão recorrida nos termos em que essa foi proposta. Assim, por exemplo, caso o acórdão regional tenha determinado a reintegração por conta de discriminação por idade e, ainda, por doença e se a revista sustentar malferimento da regra legal ou divergência jurisprudencial de inexistência de estabilidade em cargo de confiança, não estará impugnando os fundamentos da decisão regional, nos termos em que foi proferida.

Nesse sentido e esclarecedor o acórdão da SBDI 01:

ACÓRDÃO **(SDI-1)** GMHCS/gam **AGRAVO. RECURSO DE EMBARGOS EM AGRAVO DE INSTRUMENTO EM RECURSO DE REVISTA. DECISÃO DENEGATÓRIA DO PRESIDENTE DE TURMA POR ÓBICE DA SÚMULA 353 DO TST. AUSÊNCIA DE IMPUGNAÇÃO AOS SEUS FUNDAMENTOS. INCIDÊNCIA DA SÚMULA 422, I, DESTA CORTE. NÃO CONHECIMENTO.** Nos termos da Súmula n. 422, I, do TST, "<u>Não se conhece de recurso para o TST se as razões do recorrente não impugnam os fundamentos da decisão recorrida, nos termos em que fora proposta.</u>" No caso dos autos, as razões do agravo regimental da reclamada não rebatem o fundamento do despacho que denegou seguimento a seus embargos à C. SBDI-1, qual seja, a aplicação da regra geral da SJ 353/TST, limitando-se a impugnar o mérito do acórdão turmário recorrido via embargos, renovando alegações de divergência jurisprudencial e contrariedade à Súmula 363 e à OJ n. 383 da SBDI-1, ambas do TST, nos temas "terceirização" e "isonomia salarial". Nesse cenário, inviável conhecer do agravo regimental, pois encontra óbice no teor da Súmula 422, I, do TST, mostrando-se, ademais, manifestamente protelatório nos termos art. 80, VII, do CPC, com imposição da multa do art. 81 do CPC. (TST-AG-E-ED-AIRR-1924-37.2014.5.03.0005). DEJT 09.01.2017 URL: <http://aplicacao5.TST.jus.br/consultaunificada2/inteiroTeor.do?action=printInteiroTeor&format=html&highlight=true&numeroFormatado=Ag-E-ED-AIRR%20-%201924-37.2014.5.03.0005&base=acordao&rowid=AAANGhAAFAAAQFZAAI&dataPublicacao=09/01/2017&localPublicacao=DEJT&query=s%FAmula%20and%20422>. (grifos do autor)

Registre que a exigência de se enfrentar os fundamentos da decisão recorrida nos termos em que essa foi proposta não se aplica em relação a motivação secundária ou impertinente.

Nesse diapasão a posição da SBDI 01 do TST.:

AGRAVO (SDI-1) GMMEA/mab **AGRAVO INTERNO EM EMBARGOS. CONTRARIEDADE À SÚMULA N. 422 DO TST.** Impõe a Súmula n. 422, I, do TST o ônus de impugnação dos fundamentos da decisão recorrida nos termos em que proferida, pena de não conhecimento do recurso para o Tribunal Superior do Trabalho. Verifica-se, assim, que detectar eventual contrariedade à Súmula 422 do TST dependeria de que a Turma, no acórdão embargado, houvesse emitido tese jurídica sobre quais fundamentos da decisão de admissibilidade do recurso de revista **não foram devidamente impugnados no agravo de instrumento para que se constatasse se as razões do recorrente impugnam os fundamentos da decisão recorrida, nos termos em que proferida, ou se se tratava de motivação secundária e impertinente, consubstanciada em despacho de admissibilidade de recurso ou em decisão monocrática.** Nos moldes em que proferida, contudo, a decisão embargada não propicia confronto com o verbete porquanto dele não se extrai tese jurídica em contrário a de que a tão-só reprodução no agravo de instrumento da petição do recurso de revista acarreta a ausência de fundamentação do agravo de instrumento. Contrariedade à Súmula 422 do TST, por má-aplicação, que não se detecta. Agravo interno a que se nega provimento. Vistos, relatados e discutidos estes autos de Agravo em Embargos em Embargos de Declaração em Agravo de Instrumento em Recurso de Revista n. **TST-Ag-E-ED-AIRR-735-33.2010.5.02.0315**, em que é Agravante **SINDICATO DOS AEROVIÁRIOS DE GUARULHOS** e Agravado **GOL LINHAS AÉREAS S.A.** (*omissis*) <u>Por outro lado, não diviso contrariedade à Súmula n. 422 do TST</u>, pois, de acordo com a jurisprudência pacífica desta Corte, a não impugnação específica dos argumentos da decisão agravada, bem assim a mera repetição das razões do recurso de revista, não se prestam como fundamentação do agravo de instrumento. Registro que, nos termos do artigo 897, 'b', da CLT, está claro na lei que a vocação única do Agravo de Instrumento é combater o despacho que trancou o Recurso interposto, devendo ser observadas, ainda, as orientações emanadas da lei processual civil, conforme consignadas no artigo 1.016, III, do CPC/2015, *in verbis*: "Art. 1.016. O agravo de instrumento será dirigido diretamente ao tribunal competente, por meio de petição com os seguintes requisitos: I – os nomes das partes; II – a exposição do fato e do direito; III – as razões do pedido de reforma ou de invalidação da decisão e o próprio pedido; IV – o nome e o endereço completo dos advogados constantes do processo." Por esses motivos, firme na previsão dos artigos 897, 'b', da CLT e 1.016, III, do CPC/2015, de aplicação subsidiária, entendo que o Agravo de Instrumento que não atacou os fundamentos do despacho agravado não deve ser provido. No entanto, a maioria da Turma entende que se trata de hipótese de não conhecimento do Apelo, tendo em vista o disposto na Súmula n. 422 do TST, cuja íntegra passo a transcrever: "SUM-422 RECURSO. FUNDAMENTO AUSENTE OU DEFICIENTE. NÃO CONHECIMENTO (redação alterada, com inserção dos itens I, II e III) – Res. 199/2015, DEJT divulgado em 24, 25 e 26.06.2015. Com errata publicada no DEJT divulgado em 01.07.2015. I – Não se conhece de recurso para o Tribunal Superior do Trabalho se as razões do Recorrente não impugnam os fundamentos da decisão recorrida, nos termos em que proferida. II – O entendimento referido no item anterior não se aplica em relação à motivação secundária e impertinente, consubstanciada em despacho de admissibilidade de recurso ou em decisão monocrática. III – Inaplicável a exigência do item I relativamente ao Recurso Ordinário da competência de Tribunal Regional do Trabalho, exceto em caso de recurso cuja motivação é inteiramente dissociada dos fundamentos da sentença." Diante do exposto, <u>visto que as razões do Apelo não atacaram os motivos da negativa do seguimento do Recurso de Revista, não conheço do Agravo de Instrumento, nos termos do disposto na Súmula n. 422 do TST</u>, com ressalva do meu entendimento. Não conheço do Agravo de Instrumento." (fls. 1452) Como visto, a tese firmada no acórdão embargado foi no sentido de que o agravo de instrumento revelava-se desfundamentado, nos termos da Súmula 422 do TST. Decidiu a Turma que *as razões de Agravo de Instrumento são cópia das razões do Recurso de Revista, exceto quanto à troca de expressões de 'recorrente' para 'agravante', portanto revelam uma verdadeira "maquiagem" na tentativa de camuflar o que, na verdade, se trata de reprodução literal do arrazoado anterior, assim, não são aptos para rebater os fundamentos da decisão ora agravada."* A Turma decidiu tanto que houve mera reprodução da petição do recurso de revista, quanto que "as razões do Apelo não atacaram os motivos da negativa do seguimento do Recurso de Revista". Não esmiuçou a Turma qual fundamento da decisão de admissibilidade reputou não impugnado nas razões de agravo de instrumento. Nesse contexto, torna-se inviável reconhecer contrariedade à Súmula 422 do TST. A Súmula 422 do TST, como sabido, passou por recente alteração para apresentar a seguinte redação: (*omissis*) Com maior precisão, portanto, impõe a aludida Súmula o ônus de impugnação dos fundamentos da decisão recorrida nos termos em que proferida, pena de não conhecimento do recurso para o Tribunal Superior do Trabalho. No caso, a contrariedade à Súmula 422 do TST adviria de incorreção na eleição do óbice pela Turma haja vista que a simples reprodução das razões de recurso de revista não resulta, por si só, em agravo de instrumento desfundamentado, bem como que no recurso de revista e também no agravo de instrumento, apontou-se literal violação dos arts. 371 e 479 do CPC. Verifica-se, assim, que detectar eventual contrariedade à Súmula 422 do TST dependeria de que a Turma, no acórdão embargado, houvesse emitido tese jurídica sobre qual fundamento da decisão de admissibilidade do recurso de revista não foi devidamente impugnado para que se constatasse as razões do recorrente impugnam os fundamentos da decisão recorrida, nos termos em que proferida, ou se se tratava de motivação secundária e impertinente, consubstanciada em despacho de admissibilidade de recurso ou em decisão monocrática. (*omissis*) Ante o exposto, nego provimento ao agravo interno. **ISTO POSTO ACORDAM** os Ministros da Subseção I Especializada em Dissídios Individuais do Tribunal Superior do Trabalho, por unanimidade, negar provimento ao agravo interno. Brasília, 06 de setembro de 2018. **Firmado por assinatura digital (MP 2.200-2/2001) Márcio Eurico Vitral Amaro Ministro Relator** fls. **PROCESSO N.TST-Ag-E-ED-AIRR-735-33.2010.5.02.0315 Fonte Site do TST: DEJT 06.09.2018** URL: **<http://aplicacao5.TST.jus.br/consultaunificada2/inteiroTeor.do?action=printInteiroTeor&format=html&highlight=true&numeroFormatado=Ag-E-ED-AIRR%20-%20**

735-33.2010.5.02.0315&base=acordao&rowid=AAANGhABIAAAQozAAM&dataPublica-
cao=14/09/2018&localPublicacao=DEJT&query=motiva%E7%E3o%20and%20secund%E-
1ria%20and%20S%FAmula%20and%20422%20and%20TST>. (grifos do autor)

3. A Súmula n. 435 do TST e o art. 932 do CPC/2015

Fixa a Súmula n. 435 do TST:

Aplica-se subsidiariamente ao processo do trabalho o art. 932 do CPC de 2015 (art. 557 do CPC de 1973).

Ou seja, cabe ao Relator – em particular no âmbito do TST, monocraticamente (inciso III, do art. 932, do CPC/2015), indeferir recurso que não observe o princípio da dialeticidade (Súmula n. 422 c/c Súmula n. 435 do TST).

Parte XII

DA INDICAÇÃO DO PRECEITO LEGAL VIOLADO E DO MALFERIMENTO DE SÚMULA OU CONTRARIEDADE A ORIENTAÇÃO JURISPRUDENCIAL

1. Do § 1º-A, do art. 896, da CLT

Dispõe o § 1º-A, do art. 896, da CLT:

§ 1º-A. **Sob pena de não conhecimento**, é ônus da parte:

I – indicar o trecho da decisão recorrida que consubstancia o prequestionamento da controvérsia objeto do recurso de revista;

II – indicar, de forma explícita e fundamentada, contrariedade a dispositivo de lei, súmula ou orientação jurisprudencial do Tribunal Superior do Trabalho que conflite com a decisão regional. (grifos do autor)

Na hipótese do recurso de revista se fundar em violação à lei, a parte deverá indicar o dispositivo legal que sustenta ter sido violado.

Da mesma forma, no caso de malferimento de Súmula ou de Orientação Jurisprudencial que contém tese contrária a tese adotada pelo acórdão regional recorrido, deverá ser indicada súmula ou a orientação jurisprudencial que se afirma malferida.

2. Da Súmula n. 221 do TST

Fixa a **Súmula n. 221 do TST:**

Súmula n. 221 do TST

RECURSO DE REVISTA. VIOLAÇÃO DE LEI. INDICAÇÃO DE PRECEITO. (cancelado o item II e conferida nova redação na sessão do Tribunal Pleno realizada em 14.09.2012)– Res. 185/2012, DEJT divulgado em 25, 26 e 27.09.2012 **A admissibilidade do recurso de revista por violação tem como pressuposto a indicação expressa do dispositivo de lei ou da Constituição tido como violado.** (grifos do autor)

Quando o recurso de revista se fundar em violação à lei, a parte deverá indicar o dispositivo legal que sustenta ter sido violado, conforme estabelece a Súmula n. 221 do TST.

Nesse sentido, também, a Súmula n. 459 do TST; quando cuida da negativa de prestação jurisdicional:

O conhecimento do recurso de revista, quanto à preliminar de nulidade, por negativa de prestação jurisdicional, supõe indicação de violação do art. 832 da CLT, do art. 489 do CPC de 2015 (art. 458 do CPC de 1973) ou do art. 93, IX, da CF/1988. (grifos do autor)

3. Da OJ 118, da SBDI 01, do TST, prequestionamento e tese explícita

Estabelece a **OJ 118, da SBDI 01, do TST:**

118. PREQUESTIONAMENTO. TESE EXPLÍCITA. INTELIGÊNCIA DA SÚMULA N. 297 (inserida em 20.11.1997) Havendo tese explícita sobre a matéria, na decisão recorrida, desnecessário contenha nela referência expressa do dispositivo legal para ter-se como prequestionado este. (grifos do autor)

A OJ 118, da SBDI 01, do TST estabelece que para a configuração da presença da tese explícita sobre a matéria, na decisão recorrida, desnecessário contenha nela a referência expressa do dispositivo legal para ter-se como prequestionado, bastando que haja apreciação e disciplina da tese em questão.

Nesse sentido, o entendimento da SBDI 01 do TST:

ACÓRDÃO (Ac. SDI-1) GMALB/pat/AB/mki AGRAVO INTERNO. RECURSO DE EMBARGOS REGIDO PELAS LEIS NS. 13.015/2014 E 13.105/2015. COMPLEMENTAÇÃO DE APOSENTADORIA. DIFERENÇAS. ESTATUTO APLICÁVEL. 1. A Eg. 7ª Turma deu provimento ao recurso de revista dos reclamados, para não aplicar as normas do regulamento vigente à época da admissão dos reclamantes, ainda que mais benéfico que o posterior. Conheceu do apelo por violação dos arts. 17 e 68, § 1º, da Lei Complementar n. 109/01, que os reclamantes dizem não prequestionados. 2. Diante da redação conferida ao art. 894, II, da CLT, pela Lei n. 11.496/2007, posteriormente alterada pela Lei n. 13.015/2014, e considerando a função exclusivamente uniformizadora desta Subseção Especializada, não se admite a alegação de contrariedade a súmulas ou a orientações jurisprudenciais de índole processual, cujo conteúdo irradie questões relativas ao cabimento ou ao conhecimento dos recursos de natureza extraordinária, salvo a constatação, na decisão embargada, de desacerto na eleição de tais óbices, exceção não materializada na hipótese dos autos. 3. Contra o acórdão proferido pela Eg. 7ª Turma em recurso de revista, os reclamantes interpuseram embargos de declaração, alegando omissões e contradições, no que se refere à incidência das diretrizes da Súmula 297 e das OJs 62 e 256 da SBDI-1 do TST como óbices ao conhecimento do recurso de revista dos reclamados, na medida em que não teria havido prequestionamento da Lei n. 6.435/77 e das LCs ns. 108 e 109/2001, principalmente em seu art. 17, nos acórdãos proferidos pelo TRT. Destacaram que, no julgamento dos embargos de declaração interpostos contra o acórdão regional, o TRT afirma que a matéria é inovatória. Sem razão. 4. No acórdão proferido pelo TRT, no exame do recurso ordinário dos reclamantes, aborda-se a matéria do regulamento de complementação aplicável aos autores, sob o enfoque das Súmulas ns. 51 e 288 do TST, inclusive sob a ótica do art. 468 da CLT. O art. 17 da LC n. 109/2001 dispõe: "As alterações processadas nos regulamentos dos planos aplicam-se a todos os participantes das entidades fechadas, a partir de sua aprovação pelo órgão regulador e fiscalizador, observado o direito acumulado de cada participante". Já o art. 68 da LC n. 109/2001 prevê: "As contribuições do empregador, os benefícios e as condições contratuais previstos nos estatutos, regulamentos e planos de benefícios das entidades de previdência complementar não integram o contrato de trabalho dos participantes, assim como, à exceção dos benefícios concedidos, não integram a remuneração dos participantes". **Conforme enuncia a OJ 118 da SBDI-1/TST, "havendo tese explícita sobre a matéria, na decisão recorrida, desnecessário contenha nela a referência expressa do dispositivo legal para ter-se como prequestionado este".** 5. Não bastasse, foi formulado pedido de manifestação quanto ao disposto no art. 17 da LC n. 108/2001, nos embargos de declaração opostos pelos reclamados, ainda no TRT da 9ª Região. Ressalte-se que não procede a fundamentação do TRT no sentido de que a alegação seria inovatória, pois não apresentada em contrarrazões, uma vez que, pelo efeito devolutivo em profundidade, devolve-se ao Tribunal toda a matéria apresentada na defesa. Da mesma forma, o referido dispositivo foi alegado em razões de recurso de revista. 6. Ressalte-se que foram dois os dispositivos de Lei que ensejaram o conhecimento do recurso de revista, ainda que não tivesse sido prequestionado um deles, subsiste o outro. Assim, não vislumbro ofensa aos verbetes indicados. 7. Tampouco foi demonstrada a alegada divergência jurisprudencial. Os arestos colacionados são inovatórios, pois não foram apresentados nas razões do recurso de embargos. Agravo conhecido e desprovido. Vistos, relatados e discutidos estes autos de Agravo em Embargos em Embargos de Declaração em Recurso de Revista n. **TST-Ag-E-ED-RR-821300-29.2005.5.09.0003**, em que são Agravantes **ELISABETE CARNIEL MORANDI E OUTROS** e Agravados **FUNBEP – FUNDO DE PENSÃO MULTIPATROCINADO E OUTRO.** (*omissis*) **Pois bem. A matéria contida**

nas razões recursais foi examinada de forma clara no acórdão impugnado. Ao contrário do que objetivam os embargantes, para fins de prequestionamento, não é necessário que a decisão faça referência aos dispositivos legais invocados. Nos termos da Súmula n. 297 do TST, o que deve estar debatida é a matéria tratada nas razões recursais. Desse modo, o fato de um dispositivo não ter sido mencionado no acórdão do Tribunal Regional não significa que não houve o prequestionamento exigido por esta Corte. A adoção de tese explícita acerca da matéria discutida é o suficiente para que se considere preenchida a mencionada condição, de acordo com a Orientação Jurisprudencial n. 118 da SBDI-1 do TST. *(omissis)* Conforme enuncia a OJ 118 da SBDI-1/TST, "havendo tese explícita sobre a matéria, na decisão recorrida, desnecessário contenha nela referência expressa do dispositivo legal para ter-se como prequestionado este". *(omissis)* Não bastasse, foi formulado pedido de manifestação quanto ao disposto no art. 17 da LC n. 108/2001, nos embargos de declaração interpostos pelos reclamados ainda no TRT da 9ª Região. Ressalte-se que não procede a fundamentação do TRT no sentido de que a alegação seria inovatória, pois não apresentada em contrarrazões, uma vez que o efeito devolutivo em profundidade devolve ao Tribunal toda a matéria apresentada na defesa. Da mesma forma, o referido dispositivo foi alegado em razões de recurso de revista. Observe-se que foram dois os dispositivos de Lei que ensejaram o conhecimento, ainda que não tivesse sido prequestionado um deles, subsiste o outro. Assim, não vislumbro ofensa aos verbetes indicados. Tampouco foi demonstrada a alegada divergência jurisprudencial. Os arestos colacionados são inovatórios, pois não foram apresentados nas razões do recurso de embargos. À vista do exposto, nego provimento ao agravo interno. **ISTO POSTO ACORDAM** os Ministros da Subseção I Especializada em Dissídios Individuais do Tribunal Superior do Trabalho, por unanimidade, conhecer do agravo interno e, no mérito, negar-lhe provimento. Brasília, 20 de setembro de 2018. **Firmado por assinatura digital (MP 2.200-2/2001) Alberto Bresciani Ministro Relator** fls. **PROCESSO N. TST-Ag-E-ED-RR-821300-29.2005.5.09.0003** Firmado por assinatura digital em 24.09.2018 pelo sistema AssineJus da Justiça do Trabalho, conforme MP 2.200-2/2001, que instituiu a Infra-Estrutura de Chaves Públicas Brasileira. Fonte Site do TST: DEJT 20.09.2018 URL: <http://aplicacao5.TST.jus.br/consultaunificada2/inteiroTeor.do?action=printInteiroTeor&format=html&highlight=true&numeroFormatado=Ag-E-ED-RR%20-%20821300-29.2005.5.09.0003&base=acordao&rowid=AAANGhABIAAASGyAAF&dataPublicacao=28/09/2018&localPublicacao=DEJT&query=OJ%20and%20118%20and%20da%20and%20SBDI%20and%2001%20and%20TESE%20and%20EXPL%CDCITA>. (grifos do autor)

Registre-se que, a despeito da OJ 118, da SBDI 01, do TST estabelecer que *"havendo tese explícita sobre a matéria, na decisão recorrida, desnecessário contenha nela referência expressa do dispositivo legal para ter-se como prequestionado este"*, essa condição – válida para a decisão recorrida – não vale para o recurso de revista, ou seja, cabe a parte indicar o dispositivo legal ou constitucional violado, ou, a súmula e orientação jurisprudencial contrariada, conforme estabelece a Súmula n. 221 do TST (*"A admissibilidade do recurso de revista por violação tem como pressuposto a indicação expressa do dispositivo de lei ou da Constituição tido como violado"*), bem como a Súmula n. 459 do TST (*"O conhecimento do recurso de revista, quanto à preliminar de nulidade, por negativa de prestação jurisdicional, supõe indicação de violação do art. 832 da CLT, do art. 489 do CPC de 2015 (art. 458 do CPC de 1973) ou do art. 93, IX, da CF/1988"*) e o item II, do § 1º-A, do art. 896, da CLT.

Parte XIII

IMPUGNAÇÃO DE TODOS OS FUNDAMENTOS JURÍDICOS DA DECISÃO, COM DEMONSTRAÇÃO ANALÍTICA DE CADA DISPOSITIVO VIOLADO OU SÚMULA CONTRARIADA PELA TESE DO ACÓRDÃO

1. Do § 1º-A, do art. 896-A, da CLT

Dispõe o § 1º-A, do art. 896, da CLT:

§ 1º-A. **Sob pena de não conhecimento**, é ônus da parte:

I – indicar o trecho da decisão recorrida que consubstancia o prequestionamento da controvérsia objeto do recurso de revista;

II – indicar, de forma explícita e fundamentada, contrariedade a dispositivo de lei, súmula ou orientação jurisprudencial do Tribunal Superior do Trabalho que conflite com a decisão regional;

III – expor as razões do pedido de reforma, impugnando todos os fundamentos jurídicos da decisão recorrida, inclusive mediante demonstração analítica de cada dispositivo de lei, da Constituição Federal, de súmula ou orientação jurisprudencial cuja contrariedade aponte. (grifos do autor)

Ressalte-se que não basta apenas apontar a violação, cumpre a parte, sob pena de não conhecimento, por ausência de pressuposto intrínseco, indicar de forma explícita e fundamentada contrariedade a cada dispositivo legal, da Súmula ou da Orientação Jurisprudencial, cabendo demonstrá-la de maneira explícita e inequívoca (fundamentação analítica) no recurso de revista.

Ademais, como consta no item III, do § 1º-A, do art. 896, da CLT, é ônus da parte impugnar todos os fundamentos jurídicos contidos na tese da decisão recorrida, com a demonstração analítica da violação de cada dispositivo legal ou constitucional violado, ou, de cada súmula e orientação jurisprudencial contrariadas.

Logo, além da indicação do artigo violado, cabe à parte apresentar os fundamentos específicos a revelar a violação alegada.

Assim, ainda que a tese seja única, se para a resolução dela, o acórdão adotar mais de um fundamento e mais de um dispositivo legal, súmula ou orientação jurisprudencial, devem ser considerados, em si, para fim de prequestionamento como temas autônomos e distintos (Súmulas ns. 23 e 422 do TST e item III, do § 1º-A, do art. 896, da CLT).

2. Da Súmula n. 23 do TST, divergência específica, completa e idêntica

Dispõe a **Súmula n. 23 do TST:**

Súmula n. 23 do TST

RECURSO (mantida) – Res. 121/2003, DJ 19, 20 e 21.11.2003 **Não se conhece de recurso de revista ou de embargos, <u>se a decisão recorrida resolver determinado item do pedido por diversos fundamentos e a jurisprudência transcrita não abranger a todos.</u>** (grifos do autor)

Logo, se o acórdão adotar mais de um fundamento e mais de um dispositivo legal, súmula ou orientação jurisprudencial, devem ser considerados, em si, como temas autônomos e distintos e para a configuração da divergência jurisprudencial, o acórdão paradigma deverá ter resolvido a matéria de forma específica e abrangendo todos os fundamentos.

Nesse diapasão, também, a Súmula n. 296 do TST:

RECURSO. DIVERGÊNCIA JURISPRUDENCIAL. ESPECFCIDADE (incorporada a Orientação Jurisprudencial n. 37 da SBDI-1) – Res. 129/2005, DJ 20, 22 e 25.04.2005

I – **A divergência jurisprudencial ensejadora da admissibilidade, do prosseguimento e do conhecimento do recurso há de ser específica, revelando a existência de teses diversas na interpretação de um mesmo dispositivo legal, embora idênticos os fatos que as ensejaram. (ex-Súmula n. 296 – Res. 6/1989, DJ 19.04.1989)**

II – **Não ofende o art. 896 da CLT decisão de Turma que, examinando premissas concretas de especificidade da divergência colacionada no apelo revisional, conclui pelo conhecimento ou desconhecimento do recurso. (ex-OJ n. 37 da SBDI-1 – inserida em 01.02.1995)** (grifos do autor)

Também, nesse sentido o item I da Súmula n. 422 do TST:

I – **Não se conhece de recurso para o Tribunal Superior do Trabalho se as razões do recorrente não impugnam os fundamentos da decisão recorrida, nos termos em que proferida.** (grifos do autor)

Dessa forma, se requer que as razões da impugnação enfrentem os fundamentos da decisão recorrida nos termos em que essa foi proposta (item I, da Súmula n. 422, do TST), em sendo apontada divergência jurisprudencial, se a decisão recorrida resolver determinado item do pedido por diversos fundamentos a jurisprudência paradigma deverá abranger todos (Súmula n. 23 do TST). E a divergência jurisprudencial deve ser específica revelando a existência de teses jurídicas diversas na interpretação e aplicação ou não de um mesmo dispositivo legal, embora idênticos os fatos (Súmula n. 296 do TST).

Logo, se o acórdão adotar mais de um fundamento e mais de um dispositivo legal, súmula ou orientação jurisprudencial, devem ser considerados, em si, temas autônomos e distintos e atacados cada um deles (Súmula n. 23 c/c Súmulas ns. 296 e 422 do TST), inclusive no tocante a alegação da divergência jurisprudencial.

Assim, por exemplo, caso o acórdão regional tenha determinado a reintegração por conta de discriminação da idade ou de doença e se a revista sustentar malferimento da regra legal ou divergência jurisprudencial de inexistência de estabilidade em cargo de confiança, não estará impugnando os fundamentos da decisão regional, nos termos em que foi proferida (item I, da Súmula n. 422, do TST), e, no caso de divergência jurisprudencial não abrangerá os diversos fundamentos da decisão recorrida (Súmula n. 23 do TST) e não haverá aplicação de tese divergentes sobre o idêntico fato (Súmula n. 296 do TST) e não atenderia aos requisitos do conhecimento da revista previstos nos itens II e III do art. 1º-A, do art. 896, da CLT.

3. Ainda da Súmula n. 422, do TST e do princípio da dialecticidade

Estabelece a Súmula n. 422 do TST:

RECURSO. FUNDAMENTO AUSENTE OU DEFICIENTE. NÃO CONHECIMENTO (redação alterada, com inserção dos itens I, II e III) – Res. 199/2015, DEJT divulgado em 24, 25 e 26.06.2015. Com errata publicado no DEJT divulgado em 01.07.2015

I – Não se conhece de recurso para o Tribunal Superior do Trabalho se as razões do recorrente não impugnam os fundamentos da decisão recorrida, nos termos em que proferida.

II – O entendimento referido no item anterior não se aplica em relação à motivação secundária e impertinente, consubstanciada em despacho deadmissibilidade de recurso ou em decisão monocrática.

III – Inaplicável a exigência do itemIrelativamente ao recurso ordinário da competência de Tribunal Regional do Trabalho, exceto em caso de recurso cuja motivação é inteiramente dissociada dos fundamentos da sentença. (grifos do autor)

Desse modo, o recurso de revista deverá enfrentar todos os fundamentos autônomos e específicos da tese jurídica do acórdão regional.

Assim, o recurso de revista não poderá ser conhecido, caso não apresente contrariedade ou impugnação específica e autônoma a respeito de cada fundamento autônomo e específico mencionado, expressa e explicitamente, na tese do acórdão regional, mediante demonstração analítica da contrariedade com essa fundamentação e fundamentos específicos contidos nessa fundamentação própria e autônoma adotada explicitamente pelo acórdão regional (item I, da Súmula n. 422, do TST).

Porém, o óbice fundado no princípio da dialecticidade e do recurso com vinculação e fundamentação específica não se aplica em relação à motivação secundária e impertinente, consubstanciada em despacho de admissibilidade de recurso ou em decisão monocrática (item II, da Súmula n. 422, do TST).

E, também, não se aplica ao recurso ordinário de competência do regional (item III, da Súmula n. 422, do TST), cujo efeito devolutivo reestabelece o conhecimento de toda a matéria, salvo se a motivação é inteiramente dissociada dos fundamentos da sentença.

I – Não se conhece de recurso para o Tribunal Superior do Trabalho se as razões do recorrente não impugnam os fundamentos da decisão recorrida, nos termos em que proferida.

II – O entendimento referido no item anterior não se aplica em relação à motivação secundária e impertinente, consubstanciada em despacho deadmissibilidade de recurso ou em decisão monocrática.

III – Inaplicável a exigência do itemIrelativamente ao recurso ordinário da competência de Tribunal Regional do Trabalho, exceto em caso de recurso cuja motivação é inteiramente dissociada dos fundamentos da sentença. (grifos do autor)

Até porque, nos termos da Súmula n. 393 do TST:

I – O efeito devolutivo em profundidade do recurso ordinário, que se extrai do § 1º do art. 1.013 do CPC de 2015 (art. 515, § 1º, do CPC de 1973), transfere ao Tribunal a apreciação dos fundamentos da inicial ou da defesa, não examinados pela sentença, ainda que não renovados em contrarrazões, desde que relativos ao capítulo impugnado.

II – Se o processo estiver em condições, o tribunal, ao julgar o recurso ordinário, deverá decidir desde logo o mérito da causa, nos termos do § 3º do art. 1.013 do CPC de 2015, inclusive quando constatar a omissão da sentença no exame de um dos pedidos. (grifos do autor)

Parte XIV
DIVERGÊNCIA JURISPRUDENCIAL

1. Do *caput* e do § 1º-A, do art. 896, da CLT

Dispõe o art. 896 da CLT:

Art. 896 – **Cabe Recurso de Revista** para Turma do Tribunal Superior do Trabalho **das decisões proferidas em grau de recurso ordinário, em dissídio individual,** pelos Tribunais Regionais do Trabalho, quando:

a) derem ao mesmo dispositivo de lei federal **interpretação diversa da que lhe houver <u>dado outro Tribunal Regional do Trabalho</u>**, no seu Pleno ou Turma, ou a Seção de Dissídios Individuais do Tribunal Superior do Trabalho, **ou contrariarem súmula de jurisprudência uniforme dessa Corte ou súmula vinculante do Supremo Tribunal Federal;**

b) derem ao mesmo dispositivo de lei estadual, Convenção Coletiva de Trabalho, Acordo Coletivo, sentença normativa ou regulamento empresarial **de observância obrigatória em área territorial que exceda a jurisdição do Tribunal Regiona**l prolator da decisão recorrida, **interpretação divergente**, na forma da alínea *a*;

§ 1º-A. **<u>Sob pena de não conhecimento</u>**, é ônus da parte:

I – indicar o trecho da decisão recorrida que consubstancia o prequestionamento da controvérsia objeto do recurso de revista;

II – indicar, de forma explícita e fundamentada, contrariedade a dispositivo de lei, súmula ou orientação jurisprudencial do Tribunal Superior do Trabalho que conflite com a decisão regional;

III – expor as razões do pedido de reforma, impugnando todos os fundamentos jurídicos da decisão recorrida, inclusive mediante demonstração analítica de cada dispositivo de lei, da Constituição Federal, de súmula ou orientação jurisprudencial cuja contrariedade aponte.

§ <u>7º A divergência apta a ensejar o recurso de revista deve ser atual,</u> não se considerando como tal a ultrapassada por súmula do Tribunal Superior do Trabalho ou do Supremo Tribunal Federal, ou superada por iterativa e notória jurisprudência do Tribunal Superior do Trabalho.

§ 8º Quando o recurso fundar-se em dissenso de julgados, <u>incumbe ao recorrente o ônus de produzir prova da divergência jurisprudencial,</u> mediante certidão, cópia ou citação do repositório de jurisprudência, oficial ou credenciado, inclusive em mídia eletrônica, em que houver sido publicada a decisão divergente, ou ainda pela reprodução de julgado disponível na internet, com indicação da respectiva fonte, mencionando, em qualquer caso, as circunstâncias que identifiquem ou assemelhem os casos confrontados. (grifos do autor)

É cabível o recurso de revista de decisões proferidas em grau de recurso ordinário, em dissídio individual, pelos tribunais regionais do trabalho, quando derem ao mesmo dispositivo de lei federal interpretação diversa da que lhe houver dado outro Tribunal Regional do Trabalho, no seu Pleno ou Turma, ou a Seção de Dissídios Individuais do Tribunal Superior do Trabalho, ou contrariarem súmula de jurisprudência uniforme do TST ou súmula vinculante do Supremo Tribunal Federal; derem ao mesmo dispositivo de lei estadual, Convenção Coletiva de Trabalho, Acordo Coletivo, sentença normativa ou regulamento empresarial de observância

O Novo Recurso de Revista – 121

obrigatória em área territorial que exceda a jurisdição do tribunal regional prolator da decisão recorrida, interpretação divergente.

Para cumprir o princípio da dialecticidade a parte deverá indicar o trecho da decisão recorrida que consubstancia o prequestionamento da controvérsia objeto do recurso de revista; de forma explícita e fundamentada, demonstrar a contrariedade a dispositivo de lei, súmula ou orientação jurisprudencial do Tribunal Superior do Trabalho que conflite com a decisão regional; impugnar todos os fundamentos jurídicos da decisão recorrida, inclusive mediante demonstração analítica de cada dispositivo de lei, da Constituição Federal, de súmula ou orientação jurisprudencial cuja contrariedade aponte.

A divergência apta a ensejar o recurso de revista deve ser específica e atual.

2. Divergência jurisprudencial = especificidade = Súmula n. 296 do TST

Dispõe a Súmula n. 296 do TST:

RECURSO. DIVERGÊNCIA JURISPRUDENCIAL. ESPECIFICIDADE (incorporada a Orientação Jurisprudencial n. 37 da SBDI-1) – Res. 129/2005, DJ 20, 22 e 25.04.2005

I – A divergência jurisprudencial ensejadora da admissibilidade, do prosseguimento e do conhecimento do recurso <u>há de ser específica, revelando a existência de teses diversas na interpretação de um mesmo dispositivo legal</u>, embora <u>idênticos os fatos que as ensejaram.</u> (ex-Súmula n. 296 – Res. 6/1989, DJ 19.04.1989)

II – Não ofende o art. 896 da CLT decisão de Turma que, examinando premissas concretas de especificidade da divergência colacionada no apelo revisional, conclui pelo conhecimento ou desconhecimento do recurso. (ex-OJ n. 37 da SBDI-1 – inserida em 01.02.1995) (grifos do autor)

Nesse diapasão, também, a Súmula n. 23 do TST:

Súmula n. 23 do TST

RECURSO (mantida) – Res. 121/2003, DJ 19, 20 e 21.11.2003 **Não se conhece de recurso de revista ou de embargos, <u>se a decisão recorrida resolver determinado item do pedido por diversos fundamentos e a jurisprudência transcrita não abranger a todos.</u>** (grifos do autor)

Também, nesse sentido o item I da Súmula n. 422 do TST:

<u>I – Não se conhece de recurso para o Tribunal Superior do Trabalho se as razões do recorrente não impugnam os fundamentos da decisão recorrida, nos termos em que proferida.</u> (grifos do autor)

Por conseguinte, se requer que as razões da impugnação enfrentem os fundamentos da decisão recorrida nos termos em que essa foi proposta (item I, da Súmula n. 422, do TST), em sendo apontada divergência jurisprudencial, se a decisão recorrida resolver determinado item do pedido por diversos fundamentos a divergência jurisprudência paradigma deverá abranger todos (Súmula n. 23 do TST). E a divergência jurisprudencial deve ser específica revelando a existência de teses jurídicas diversas na interpretação e aplicação, ou, não, de um mesmo dispositivo legal, embora idênticos os fatos (Súmula n. 296 do TST).

Portanto, se o acórdão adotar mais de um fundamento e mais de um dispositivo legal, súmula ou orientação jurisprudencial, devem ser considerados, em si, como temas autônomos e distintos e enfrentados cada um deles de per si (Súmula n. 23 c/c Súmulas ns. 296 e 422 do TST), inclusive no tocante a alegação da divergência jurisprudencial.

Além disso, deverão ser transcritos os trechos que integram a fundamentação do acórdão divergente não bastando a mera transcrição do dispositivo e ementa genérica, conforme estabelece o item III, da Súmula n. 337, do TST: *III – A mera indicação da data de publicação, em fonte oficial, de aresto paradigma é inválida para comprovação de divergência jurisprudencial, nos termos do item I, "a", desta súmula, quando a parte pretende demonstrar o conflito de teses mediante a transcrição de trechos que integram a fundamentação do acórdão divergente, uma vez que só se publicam o dispositivo e a ementa dos acórdãos.*

De forma esclarecedora a SBDI 01 do TST estabelece:

ACORDÃO (SDI-1) GMMAC/r2/cfa/edr RECURSO INTERPOSTO NA VIGÊNCIA DA LEI N. 11.496/2007. AGRAVO DE INSTRUMENTO. DESFUNDAMENTADO. DIVERGÊNCIA JURISPRUDENCIAL. ESPECFCIDADE. "A divergência jurisprudencial ensejadora da admissibilidade, do prosseguimento e do conhecimento do recurso há de ser específica, revelando a existência de teses diversas na interpretação de um mesmo dispositivo legal, embora idênticos os fatos que as ensejaram". Hipótese em que o único aresto trazido a cotejo não revela tese divergente à decisão proferida pela Turma, segundo a qual o Agravo de Instrumento encontra-se desfundamentado, nos termos da Súmula n. 422 do Tribunal Superior do Trabalho. Incidência da Súmula n. 296 desta Corte uniformizafora à hipótese. **Embargos não conhecidos.** Vistos, relatados e discutidos estes autos de Embargos em Embargos de Declaração em Agravo de Instrumento em Recurso de Revista n. **TST-E-ED-AIRR-313/2006-099-03-40.2**, em que é Embargante **FUNDAÇÃO PERCIVAL FARQUHAR** e Embargada **MYRIAM CRISTINA LIMA PAOLIELLO.** (*omissis*) De resto, o único aresto reproduzido nas razões do Recurso de Embargos é inespecífico. Nele, contempla-se a tese segundo a qual, para efeitos de recurso, basta que a parte expresse seu inconformismo com a decisão. Tal entendimento é o que busca seja reconhecido pela Reclamada, porém não tem serventia para estabelecer o conflito deteses, nos termos da Súmula n. 296 deste Tribunal Superior, que dispõe: "**RECURSO. DIVERGÊNCIA JURISPRUDENCIAL. ESPECFCIDADE. A divergência jurisprudencial ensejadora da admissibilidade, do prosseguimento e do conhecimento do recurso há de ser específica, revelando a existência de teses diversas na interpretação de um mesmo dispositivo legal, embora idênticos os fatos que as ensejaram." Dada a generalidade do teor do aresto paradigma, impõe-se, pois, a aplicação do referido verbete jurisprudencial.** Ante o exposto, não conheço do Recurso. **ISTO POSTO ACORDAM** os Ministros da Subseção I Especializada em Dissídios Individuais do Tribunal Superior do Trabalho, por unanimidade, não conhecer dos Embargos. Brasília, 1º de outubro de 2009. **Maria de Assis Calsing Ministra Relatora fls. PROC. N. TST-E-ED-AIRR-313/2006-099-03-40.2" Fonte Site do TST: DEJT 09.10.2009 URL: <http:// aplicacao5.TST.jus.br/consultaunificada2/inteiroTeor.do?action=printInteiroTeor&format=html&highlight=true&numeroFormatado=AIRR%20-%2031340-40.2006.5.03.0099&base=acordao&rowid=AAANGhAAFAAAu4yAAN&dataPublicacao=09/10/2009&localPublicacao=DEJT&query=s%FAmula%20and%20296%20and%20diverg%EAncia%20and%20 jurisprudencial%20and%20espec%EDfica%20and%20teses%20and%20proposta%20~%20 pelo%20and%20aC.F.rd%E3o>.** (grifos do autor)

3. Comprovação da divergência jurisprudencial = Súmula n. 337 do TST

Dispõe a Súmula n. 337 do TST:

COMPROVAÇÃO DE DIVERGÊNCIA JURISPRUDENCIAL. RECURSOS DE REVISTA E DE EMBARGOS (incluído o item V) – Res. 220/2017, DEJT divulgado em 21, 22 e 25.09.2017

I – Para comprovação da divergência justificadora do recurso, é necessário que o recorrente:

a) Junte certidão ou cópia autenticada do acórdão paradigma ou cite a fonte oficial ou o repositório autorizado em que foi publicado; e

b) Transcreva, nas razões recursais, as ementas e/ou trechos dos acórdãos trazidos à configuração do dissídio, demonstrando o conflito de teses que justifique o conhecimento do recurso, ainda que os acórdãos já se encontrem nos autos ou venham a ser juntados com o recurso.

II – A concessão de registro de publicação como repositório autorizado de jurisprudência do TST torna válidas todas as suas edições anteriores.

III – A mera indicação da data de publicação, em fonte oficial, de aresto paradigma é inválida para comprovação de divergência jurisprudencial, nos termos do item I, "a", desta súmula, quando a parte pretende demonstrar o conflito de teses mediante a transcrição de trechos que integram a fundamentação do acórdão divergente, uma vez que só se publicam o dispositivo e a ementa dos acórdãos;

IV – É válida para a comprovação da divergência jurisprudencial justificadora do recurso a indicação de aresto extraído de repositório oficial na internet, desde que o recorrente:

a) transcreva o trecho divergente;

b) aponte o sítio de onde foi extraído; e

c) decline o número do processo, o órgão prolator do acórdão e a data da respectiva publicação no Diário Eletrônico da Justiça do Trabalho.

V – A existência do código de autenticidade na cópia, em formato *pdf*, do inteiro teor do aresto paradigma, juntada aos autos, torna-a equivalente ao documento original e também supre a ausência de indicação da fonte oficial de publicação. (grifos do autor)

Para a comprovação da divergência jurisprudencial justificadora do recurso de revista é necessária a indicação de aresto extraído de repositório oficial na internet, devendo o recorrente transcrever o trecho divergente; apontar o site de onde foi extraído e declinar o número do processo, o órgão prolator do acórdão e a data da respectiva publicação no DEJT, sendo que a existência do código de autenticidade na cópia, em formato *pdf*, do inteiro teor do aresto paradigma, supre a ausência de indicação da fonte oficial de publicação.

4. Do falso paradigma à comprovação da divergência jurisprudencial quando não são idênticos os fatos (mesma moldura fática e mesma tese jurídica) e quando a transcrição é só da ementa

Dispõe o item I da Súmula n. 296 do TST:

RECURSO. DIVERGÊNCIA JURISPRUDENCIAL. ESPECFCIDADE (incorporada a Orientação Jurisprudencial n. 37 da SBDI-1) – Res. 129/2005, DJ 20, 22 e 25.04.2005

I – A divergência jurisprudencial ensejadora da admissibilidade, do prosseguimento e do conhecimento do recurso <u>há de ser específica, revelando a existência de teses diversas na interpretação de um mesmo dispositivo legal</u>, embora <u>idênticos os fatos que as ensejaram.</u> (ex-Súmula n. 296 – Res. 6/1989, DJ 19.04.1989) (grifos do autor)

Exige-se sob pena ser apenas um falso paradigma, para a divergência jurisprudencial que essa seja específica revelando a existência de teses jurídicas diversas na interpretação do mesmo dispositivo legal e de idênticos fatos.

Nessa direção, igualmente, as Súmulas ns. 23, 337 e 422 do TST.

Ademais, é exigida a transcrição do trecho completo que integra a fundamentação do acórdão trazido à configuração do dissídio que possibilite a análise da identidade fática específica de cada caso levado ao confronto, não se admitindo a mera a transcrição da ementa do acórdão que é insuficiente para o confronto da identidade fática, **conforme alínea "b" do item I** (*"I – Para comprovação da divergência justificadora do recurso, é necessário que o recorrente: a) Junte certidão ou cópia autenticada do acórdão paradigma ou cite a fonte oficial ou o repositório autorizado em que foi publicado; e b) Transcreva, nas razões recursais, as ementas e/ou trechos dos acórdãos trazidos à configuração do dissídio, demonstrando o conflito de teses que justifique o conhecimento do recurso, ainda que os acórdãos já se encontrem nos autos ou venham a ser juntados com o recurso."*) **e item III da Súmula 337 do TST.** (*"III – A mera indicação da data de publicação, em fonte oficial, de aresto paradigma é inválida para comprovação de divergência jurisprudencial, nos termos do item I, "a", desta súmula, quando a parte pretende demonstrar o conflito de teses mediante a transcrição de trechos que integram a fundamentação do acórdão divergente, uma vez que só se publicam o dispositivo e a ementa dos acórdãos"*).

Nesse sentido, o entendimento da SBDI 01 do TST:

ACÓRDÃO SDI-1 CMB/mda RECURSO DE EMBARGOS EM EMBARGOS DE DECLARAÇÃO EM RECURSO DE REVISTA REGIDO PELA LEI N. 11.496/2007. ARGUIÇÃO DE NULIDADE DO ACÓRDÃO PROLATADO PELA TURMA. INCIDÊNCIA DO ÓBICE CONTIDO NA SÚMULA N. 296, I, DESTE TRIBUNAL. <u>Os paradigmas apresentados para o confronto de teses carecem da necessária especificidade de que trata a Súmula n. 296, item I, desta Corte. Com efeito, referida Súmula estabelece que a divergência jurisprudencial ensejadora da admissibilidade, do prosseguimento e do conhecimento do recurso há de ser específica, revelando a existência de teses diversas na interpretação de um mesmo dispositivo legal, embora idênticos os fatos que as ensejaram – o que não ocorreu na hipótese dos autos. Nenhum dos arestos transcritos trata do caso destes autos em que a egrégia Turma aplicou o entendimento</u> da Súmula n. 184 desta Corte e negou provimento aos segundos embargos de declaração, em que a ré indicava erro material relativo ao reexame de matéria já decidida, sob o fundamento de que a arguição estava preclusa, porque não mencionada nos primeiros embargos de declaração. <u>Ausente, portanto, a necessária identidade fática exigida pela referida Súmula.</u> Recurso de embargos de que não se conhece. *(omissis)* Vistos, relatados e discutidos estes autos de Embargos em Embargos de Declaração em Recurso de Revista n. **TST-E-ED-RR-796039-67.2001.5.09.0653**, em que são Embargantes **COMPANHIA PARANAENSE DE ENERGIA – COPEL E OUTRA** e é Embargado **NILSON ROBERTO ANTONIASSI.** *(omissis)* **ISTO POSTO ACORDAM** os Ministros da Subseção I Especializada em Dissídios Individuais do Tribunal Superior do Trabalho, por unanimidade, conhecer do recurso de embargos, apenas quanto ao tema "Adicional de Transferência", por contrariedade à Orientação Jurisprudencial n. 113 da SBDI-1 deste Tribunal e por divergência jurisprudencial, e, no mérito, dar-lhe provimento para excluir da condenação o pagamento do referido adicional. Fica mantido o valor da condenação, para fins processuais. Brasília, 29 de junho de 2017. **Firmado por assinatura digital (MP 2.200-2/2001) CLÁUDIO BRANDÃO Ministro Relator** fls. **PROCESSO N. TST-E-ED-RR-796039-67.2001.5.09.0653"** **Fonte Site do TST: DEJT 04.08.2017 URL: <http://aplicacao5.TST.jus.br/consultaunificada2/ inteiroTeor.do?action=printInteiroTeor&format=html&highlight=true&numeroFormatado=E-ED-RR%20-%20796039-67.2001.5.09.0653&base=acordao&rowid=AAANGhAA+A-**

AAUruAAB&dataPublicacao=04/08/2017&localPublicacao=DEJT&query=s%FAmula%20
and%20184%20and%20preclus%E3o>. (grifos do autor)

5. Do falso paradigma e ementa não apta à comprovação da divergência jurisprudencial

A mera ementa transcrita da indicada divergência jurisprudencial não possibilita estabelecer o confronto de teses, posto que não reproduz a fundamentação e o contexto dos fatos para se verificar se haveria, ou não, identidade fática com a premissa do acórdão regional recorrido.

A existência de situações fáticas e teses não existentes no falso paradigma desservem ao conhecimento do recurso de revista.

Não haverá identidade fática quando se observar a presença de nuances fáticas e jurídicas específicas e distintas que não se apresentam no falso paradigma de divergência jurisprudencial indicado pela revista.

Nesse sentido, o entendimento da SBDI 01 do TST:

ACÓRDÃO SbDI-1 GMJRP/ir/rb/jrp/ac EMBARGOS REGIDOS PELA LEI N. 13.015/2014, PELO CPC/2015 E PELA INSTRUÇÃO NORMATIVA N. 39/2016 DO TRIBUNAL SUPERIOR DO TRABALHO. REQUISITO ESTABELECIDO NO ARTIGO 896, § 1º-A, INCISO I, DA CLT. **INDICAÇÃO DA EMENTA DA DECISÃO REGIONAL QUE NÃO CONTÉM A FUNDAMENTAÇÃO ADOTADA PELA CORTE *A QUO* PARA A SOLUÇÃO DA CONTROVÉRSIA TRAZIDA AO DEBATE. INVALIDADE. 1. *In casu,* a discussão cinge-se em saber se a ementa transcrita pela reclamada na petição de recurso de revista atende o requisito do prequestionamento da controvérsia, conforme exige o artigo 896, § 1º-A, da CLT. 2. Nos termos da jurisprudência firmada nesta Subseção, acerca dos pressupostos intrínsecos do recurso de revista, insertos no artigo 896, § 1º-A, da CLT, é indispensável a transcrição do trecho exato da decisão recorrida que consubstancie o prequestionamento da matéria trazida ao debate, cabendo à parte a demonstração, clara e objetiva, dos fundamentos de fato e de direito constantes da decisão regional no tema debatido, não se admitindo, para tanto, a mera indicação das páginas correspondentes, paráfrase, sinopse, transcrição integral do acórdão recorrido, do relatório, da parte dispositiva, ou apenas da ementa, quando esta for meramente genérica, pois, para fins de cumprimento da exigência legal, é imprescindível a transcrição textual do trecho da decisão recorrida. Assim, a mera transcrição da ementa do acórdão regional não atende ao referido dispositivo legal, se não contém fundamentação suficiente para a aferição imediata do prequestionamento da matéria.** 3. Na hipótese destes autos, do teor da ementada decisão proferida pelo Tribunal Regional, observa-se que a única assertiva ali contida é a de descumprimento "dos requisitos dispostos nas Resoluções ns. 23/82 e 27/86 para a concessão das promoções por antiguidade e mérito", não havendo, contudo, nenhuma informação sobre quais requisitos não teriam sido observados pela reclamada. Trata-se, na realidade, de síntese genérica e extremamente sucinta, que não contém elementos fáticos e jurídicos que demonstrem, de plano, quais requisitos da norma em comento teriam sido descumpridos pela reclamada e que justificariam a sua condenação à concessão das promoções por antiguidade e por merecimento. E isso se confirma com base no exame do teor do acórdão regional do qual consta a tese de que a realização da avaliação de desempenho é obrigatória, recaindo a discricionariedade apenas sobre o conteúdo e a forma de elaboração da avaliação. Segundo o Tribunal *a quo,* nos termos da Resolução n. 23/82, tanto as promoções por antiguidade quanto as promoções por merecimento estão condicionadas ao atendimento de critérios objetivos, cabendo à diretoria da empresa estabelecer o percentual de empregados a serem promovidos a cada ano, observada a alternância entre os critérios de antiguidade e de merecimento. Essa tese, como referido, no entanto, não constou da ementa do acórdão regional recorrido. **4. Assim, constata-se que, na hipótese, a ementa do acórdão regional, transcrita na petição do recurso de revista patronal, em razão do seu conteúdo meramente genérico, não consubstancia o prequestionamento da controvérsia, motivo pelo qual se conclui que, neste caso, a reclamada não atendeu ao artigo 896, § 1º-A, da CLT, de maneira que o seu recurso de revista não se mostrava apto ao conhecimento. Embargos conhecidos e providos** (*omissis*) **Inconformado, o reclamante interpõe embargos para a SbDI-1 do Tribunal Superior do Trabalho, com fulcro no artigo 894, inciso II, da CLT, em que sustenta que transcrição da ementa do acórdão regional não atende à exigência do** artigo 896, § 1º-A, da CLT. Fundamenta suas alegações em divergência jurisprudencial (*omissis*) A Turma, sanando a omissão alegada, asseverou que "a parte recorrente satisfaz esse requisito se transcrever a ementa, o inteiro teor ou o trecho pertinente do acórdão regional ou se indicar, com precisão, as folhas do respectivo trecho. Desse modo, tendo a reclamada, à fl. 1.077 de suas razões de revista, transcrito a ementa do acórdão, a qual se refere ao tema tratado no recurso que consubstancia prequestionamento da controvérsia objeto da revista, não há falar em inobservância do citado requisito" (pág. 1.200, grifou-se). O recurso de embargos alcança conhecimento na divergência jurisprudencial demonstrada por meio do aresto citado às págs. 1.217 e 1.218, oriundo da Sétima Turma, AIRR-Ag-RR – 7-03.2014.5.07.0027, publicado no DEJT em 9.10.2015, o qual consigna tese oposta à adotada na decisão embargada, no sentido de que "a mera transcrição da ementa da decisão impugnada não se presta ao cumprimento do requisito inserto no dispositivo referido, pois traduz apenas a síntese do julgamento, sem evidenciar os fundamentos fáticos e jurídicos esposados pelo Tribunal Regional sobre as matérias debatidas" (págs. 1.217 e 1.218). Conheço, pois, do recurso de embargos por divergência jurisprudencial. II – MÉRITO Discute-se, na hipótese, a incidência do artigo 896, § 1º-A, inciso I, da CLT, no que se refere à exigência de indicação do trecho da decisão recorrida que consubstancia o prequestionamento da controvérsia trazida ao debate. A Lei n. 13.015, de 2014, que alterou a redação do artigo 896 da CLT, acrescentou a esse dispositivo, entre outros, o § 1º-A, que, em seus incisos I a III, determina novas exigências de cunho formal para a interposição do recurso de revista, estatuindo: "§ 1º-A. Sob pena de não conhecimento, é ônus da parte: I – indicar o trecho da decisão recorrida que consubstancia o prequestionamento da controvérsia objeto do recurso de revista; II – indicar, de forma explícita e fundamentada, contrariedade a dispositivo de lei, súmula ou orientação jurisprudencial do Tribunal Superior do Trabalho que conflite com a decisão regional; III – expor as razões do pedido de reforma, impugnando todos os fundamentos jurídicos da decisão recorrida, inclusive mediante demonstração analítica de cada dispositivo de lei, da Constituição Federal, de súmula ou orientação jurisprudencial cuja contrariedade aponte."(grifou-se) Cabe destacar, de início, que, quanto ao incremento nas exigências processuais efetivados por meio da edição da Lei n. 13.015/2014, notadamente no que diz respeito à indicação do trecho da decisão atacada que consubstancia o prequestionamento da questão controvertida apresentada no recurso de revista, esta Corte tem entendido que tais condições possuem caráter cogente, de forma que o seu não atendimento implica o não conhecimento do respectivo recurso. Citam-se, nesse sentido, os seguintes precedentes desta Corte: (*omissis*) Com efeito, no que toca à indicação do trecho de prequestionamento da questão objeto de insurgência recursal, o entendimento prevalente nesta Corte superior é o de que cabe à parte recorrente, de fato, transcrever o trecho em questão, com vistas a revelar, de forma clara e inequívoca, a parcela da decisão recorrida que contenha o pronunciamento explícito da Corte regional. Isto porque a exigência processual em questão é direcionada às partes litigantes, de forma que o ônus acerca do cumprimento desse requisito recai sobre o recorrente, não cabendo ao julgador proceder ao exercício de averiguação subjetiva ou interpretativa acerca da satisfação desse pressuposto recursal. Registra-se, também, que, ressalvando-se a hipótese em que a decisão atacada seja lacônica, a transcrição da íntegra do acórdão recorrido, com a manutenção da prática de impugnação genérica e dissociada, que era usual na vigência do regramento anterior, sem que a parte tenha o cuidado de delimitar o respectivo trecho em que tenha sido apreciada a questão

O Novo Recurso de Revista – 127

objeto do seu inconformismo, não atende à exigência acrescentada pela Lei n. 13.015/2014. E, nesse aspecto, o trecho indicado deve, efetivamente, permitir a esta Corte, de plano, o confronto da tese adotada pela Corte *a quo* com os dispositivos legais e constitucionais pertinentes, bem como com súmulas e orientações jurisprudenciais desta Corte e, ainda, com os julgados eventualmente citados para fins de demonstração de dissenso pretoriano. Não fosse assim, bastaria à parte indicar literalmente qualquer ponto da decisão regional que o pressuposto estaria atendido, o que, no entanto, não se coaduna com a finalidade da Lei n. 13.015/2014. **Conclui-se, portanto, que a parte, ao indicar o trecho da decisão regional que consubstancia o prequestionamento da controvérsia a ser examinada nesta Corte, deve atentar para a necessidade de demonstrar, desde logo e com a maior clareza possível, onde se encontra, na decisão recorrida, a tese ali adotada e contra a qual se recorre. Isso não significa que a parte deva transcrever trecho isolado e desconexo. Ao contrário. Se necessário, é admissível que cite mais de um trecho, inclusive, desde que demonstre, clara e objetivamente, os fundamentos de fato e de direito constantes da decisão regional no tema debatido, não se admitindo, para tanto, a mera indicação das páginas correspondentes, paráfrase, sinopse, transcrição integral do acórdão recorrido, do relatório, da parte dispositiva ou apenas da ementa, quando esta for meramente genérica, pois, como referido, para fins de cumprimento da exigência legal, é imprescindível a transcrição textual do trecho da decisão recorrida. Nesse sentido, firma-se a jurisprudência desta Subseção, conforme se observa nos seguintes precedentes: (*omissis*) Trata-se, na realidade, de uma síntese genérica e extremamente sucinta, que não contém elementos fáticos e jurídicos que demonstrem, de plano**, quais requisitos da norma em comento não teriam sido cumpridos pela reclamada e que justificariam a sua condenação à concessão das promoções por antiguidade e por merecimento. Importante observar, ainda, que a Turma, neste caso, examinou a matéria sob o prisma da necessidade de deliberação da diretoria para a implantação e a concessão da promoção por merecimento, a qual seria competente para decidir com base em critérios subjetivos e comparativos sobre quais empregados seriam merecedores da promoção. **Ocorre, que, como referido anteriormente, essa questão não constou da ementa transcrita na petição recursal, mas do teor do acórdão regional. Com efeito, consta do trecho do acórdão regional transcrito na decisão embargada que as promoções por merecimento, nos termos da Resolução n. 23/82, estão condicionadas ao atendimento de critérios objetivos, cabendo à diretoria da empresa estabelecer o percentual de empregados a serem promovidos a cada ano, observada a alternância entre antiguidade e merecimento. A tese regional foi a de que a realização da avaliação de desempenho é obrigatória, recaindo a discricionariedade apenas sobre o conteúdo e a forma de elaboração da avaliação. Essa tese, no entanto, não constou da ementa do acórdão regional recorrido, motivo pelo qual se entende que, neste caso, a reclamada não atendeu ao artigo 896, § 1º-A, da CLT, de maneira que o seu recurso de revista não se mostrava apto ao conhecimento. Com esses fundamentos, dou provimentoao recurso de embargos para não conhecer do recurso de revista da reclamada no tema "Promoção por Merecimento. Resolução n. 23/82" e, por conseguinte, restabelecer o acórdão regional pelo qual se reconheceu o direito do reclamante às promoções por merecimento e se condenou a reclamada ao pagamento das diferenças salariais respectivas com os devidos reflexos. ISTO POSTO ACORDAM os Ministros da Subseção I** Especializada em Dissídios Individuais do Tribunal Superior do Trabalho, por unanimidade, conhecer dos embargos por divergência jurisprudencial e, no mérito, dar-lhe provimento paranão conhecer do recurso de revista da reclamada no tema "Promoção por Merecimento. Resolução n. 23/82" e, por conseguinte, restabelecer o acórdão regional pelo qual se reconheceu o direito do reclamante às promoções por merecimento e se condenou a reclamada ao pagamento das diferenças salariais respectivas com os devidos reflexos. Brasília, 23 de agosto de 2018. JOSÉ ROBERTO FREIRE PIMENTA Ministro Relator fls. PROCESSO N. TST-E-ED-ED-RR-1079-37.2013.5.04.0611" DEJT 23.08.2018 Fonte Site TST URL: <http://aplicacao5.TST.jus.br/consultaunificada2/inteiroTeor.do?action=printInteiroTeor&format=html&highlight=true&numeroFormatado=E-ED-ED-RR%20-%201079-37.2013.5.04.0611&base=acordao&rowid=AAANGhAAFAABDFtAAO&dataPublicacao=31/08/2018&localPublicacao=DEJT&query=transcri%E7%E3o%20and%20da%20and%20ementa%20and%20prequestionamento>. (grifos do autor)

6. Do falso paradigma à comprovação da divergência jurisprudencial quando não se transcreve a fundamentação do acórdão divergente para possibilitar o cotejo das teses – item III, da Súmula n. 337, do TST

Impende, ainda, reiterar a importância da transcrição da fundamentação dos acórdãos apontados como paradigmas, não podendo o recurso de revista se limitar a indicar o dispositivo/ementa do acórdão paradigma, que pretendeu apontar como divergente ao acórdão regional recorrido.

A mera indicação da data da publicação em fonte oficial de aresto paradigma é inválida para comprovação da divergência jurisprudencial, e, mesmo a mera transcrição do dispositivo e da emenda do acórdão, tendo em vista que necessária a transcrição da fundamentação do acórdão divergente para possibilitar o cotejo do alegado conflito de teses, nos termos do que determina o item III, da Súmula n. 337, do C. TST:

> III – A mera indicação da data de publicação, em fonte oficial, de aresto paradigma é inválida para comprovação de divergência jurisprudencial, nos termos do item I, "a", desta súmula, **quando a parte pretende demonstrar o conflito de teses <u>mediante a transcrição de trechos que integram a fundamentação do acórdão divergente</u>**, <u>uma vez que só se publicam o dispositivo e a ementa dos acórdãos;</u> (grifos do autor)

7. A Súmula n. 337 do TST e o parágrafo único do art. 250 do regimento interno do TST

Dispõe a Súmula n. 337 do TST:

COMPROVAÇÃO DE DIVERGÊNCIA JURISPRUDENCIAL. RECURSOS DE REVISTA E DE EMBARGOS (redação do item IV alterada na sessão do Tribunal Pleno realizada em 14.09.2012) – Res. 185/2012, DEJT divulgado em 25, 26 e 27.09.2012

I – Para comprovação da divergência justificadora do recurso, <u>é necessário que o recorrente</u>:

a) Junte certidão ou cópia autenticada do acórdão paradigma ou cite a fonte oficial ou o repositório autorizado em que foi publicado; e

b) Transcreva, nas razões recursais, as ementas e/ou trechos dos acórdãos <u>trazidos à configuração do dissídio, demonstrando o conflito de teses</u> que justifique o conhecimento do recurso, <u>ainda que os acórdãos já se encontrem nos autos ou venham a ser juntados com o recurso.</u>

II – A concessão de registro de publicação como repositório autorizado de jurisprudência do TST torna válidas todas as suas edições anteriores.

<u>III – A mera indicação da data de publicação, em fonte oficial, de aresto paradigma é inválida</u> para comprovação de divergência jurisprudencial, nos termos do item I, "a", desta súmula, **quando a parte pretende demonstrar o conflito de teses <u>mediante a transcrição de trechos que integram a fundamentação do acórdão divergente</u>, <u>uma vez que só se publicam o dispositivo e a ementa dos acórdãos;</u>**

IV – É válida para a comprovação da divergência jurisprudencial justificadora do recurso a indicação de aresto extraído de repositório oficial na internet, desde que o recorrente:

<u>a) transcreva o trecho divergente;</u>

b) aponte o sítio de onde foi extraído; e

c) decline o número do processo, o órgão prolator do acórdão e a data da respectiva publicação no Diário Eletrônico da Justiça do Trabalho. (grifos do autor)

E, ainda, dispõe o parágrafo único do art. 250 do Regimento Interno do TST:

Parágrafo único. São fontes oficiais de publicação dos julgados o Diário Eletrônico da Justiça do Trabalho, a Revista do Tribunal Superior do Trabalho, as revistas publicadas pelos Tribunais Regionais do Trabalho, os sítios do Tribunal Superior do Trabalho e dos Tribunais Regionais do Trabalho na rede mundial de computadores e os repositórios autorizados a publicar a jurisprudência trabalhista.

8. Da fonte = *SITE, DEJT, URL* e entendimento da SBDI 01 do TST

Conforme visto acima, dispõe o item IV da Súmula n. 337 do C. TST, em conformidade com o parágrafo único do art. 250 do Regimento Interno do TST:

IV – É válida para a comprovação da divergência jurisprudencial justificadora do recurso a indicação de aresto extraído de repositório oficial na internet, desde que o recorrente:

a) transcreva o trecho divergente;

b) aponte o sítio de onde foi extraído; e

c) decline o número do processo, o órgão prolator do acórdão e a data da respectiva publicação no Diário Eletrônico da Justiça do Trabalho. (grifos do autor)

Contudo, a despeito da redação formal da alínea "c", do item IV, da Súmula n. 337, do TST e mesmo do parágrafo único do art. 250 do Regimento Interno do TST, embora não indicado o DEJT como fonte de publicação, havendo a indicação do site do TST, com a citação da URL, do qual foi extraída a decisão paradigma com URL: completa que direciona exatamente à decisão sobre a qual se pretende demonstrar conflito jurisprudencial, deve ser afastado o óbice para admissibilidade dos Embargos, eis que, embora não indicado o DEJT como fonte de publicação há citação da URL: que direciona à decisão referente ao paradigma transcrito pela parte.

E esse é o entendimento da SBDI 01 do C. TST:

ACÓRDÃO SDI-1 ACV/sp AGRAVO REGIMENTAL. EMBARGOS NÃO ADMITIDOS. GRATIFICAÇÃO ESPECIAL POR TEMPO DE SERVIÇO. RECURSO DE REVISTA NÃO CONHECIDO. DESPROVIMENTO. Embora afastado o óbice indicado pela c. Turma para negar seguimento aos Embargos, pois háindicação da URL: que encaminha ao aresto paradigma trazido pela embargante, remanesce o descumprimento do requisito do art. 894, II, da CLT, pela ausência de conflito jurisprudencial sobre a matéria, eis que a c. Turma tão-somente afasta as violações invocadas, diante da tese do eg. TRT que entendeu que incumbiria à reclamada trazer aos autos a regulamentação interna prevendo a forma de cálculo da gratificação, e diante da distribuição da prova, questões não enfrentadas nos arestos colacionados. Agravo regimental desprovido. Vistos, relatados e discutidos estes autos de Agravo Regimental em Embargos em Recurso de Revista n. **TST-AgR-E-RR-2093-49.2013.5.09.0245**, em que é Agravante **PEPSICO DO BRASIL LTDA.** e Agravado **FERNANDO ARRUDA FIGUEIREDO MONTEIRO**. O r. despacho da Presidência da c. Turma, não admitiu os Embargos da reclamada, que interpõe Agravo Regimental sob o argumento de que foram indicadas as fontes de publicação dos arestos colacionados. Impugnação pelo agravado, fls. 1001/1012. É o relatório. **VOTO CONHECIMENTO** Conheço do Agravo Regimental, porque regular e tempestivo. **MÉRITO** O r. despacho não admitiu os Embargos por entender que os arestos apresentados são impróprios por ausente a indicação da fonte de publicação, ao fundamento: "A Eg. 3ª Turma **(...)** Com efeito, os julgados colacionados a fls. 951/952 apresentam-se impróprios ao confronto de teses, uma vezque a embargante não cuidou de indicar fonte de publicação quando informou números dos processos, órgãos julgadores, relatores e datas de publicação. Não preenchem, assim, requisito da Súmula 337, IV, desta Corte. **Registre-se que a apresentação da íntegra do teor do acórdão, retirado do site desta c. Corte, não afasta a obrigatoriedade de indicação da fonte oficial que publicou o respectivo julgado.** Ante o exposto, por não configurada a hipótese do art. 894, II, da CLT e com base no art. 81, IX, do RI/TST, de nego seguimento ao recurso de embargos." Pelas razões de agravo regimental <u>a reclamada sustenta que os Embargos devem ser julgados pelo órgão Colegiado. Alega equivocada a decisão</u>, uma vezque foram indicadas as fontes oficiais depublicação dos julgados por meio das URL´s transcritas. (....) <u>Quanto ao óbice apontado pelo despacho agravado</u> para análise dos arestos colacionados, é de se transcrever os itens I e IVda Súmula 337 desta Corte: (...) <u>Em seguida há indicação do site do TST, do qual extraída a decisão paradigma com URL: completa que direciona exatamente à decisão sobre a qual se pretende demonstrar conflito jurisprudencial, razão pela qual deve ser afastado o óbice para não admissibilidade dos Embargos, eis que embora não indicado o DJE como fonte depublicação há citação da URL</u>: que direciona à decisão referente ao paradigma transcrito pela embargante. (...) Deve, portanto, por fundamento diverso, ser mantida a decisão agravada, diante da inespecificidade dos arestos paradigmas transcritos no recurso de Embargos. Diante do exposto, nego provimento ao agravo regimental. ISTO POSTO ACORDAM os Ministros da Subseção I Especializada em Dissídios Individuais da Subseção I Especializada em Dissídios Individuais do Tribunal Superior do Trabalho, por unanimidade, negar provimento ao agravo regimental. <u>Brasília, 1 de Dezembro de 2016.</u> **Firmado por assinatura digital (MP 2.200-2/2001) Aloysio Corrêa da Veiga Ministro Relator** fls. **PROCESSO N. TST-AgR-E-RR-2093-49.2013.5.09.0245 DEJT 09.12.2016 Fonte Site do TST: URL:** <http://aplicacao5.TST.jus.br/consultaunificada2/ inteiroTeor.do?action=printInteiroTeor&format=html&highlight=true&numeroFormatado=AgR-E-RR%20-%202093-49.2013.5.09.0245&base=acordao&rowid=AAANGhAA+AAAXUmAAN&dataPublicacao=09/12/2016&localPublicacao=DEJT&query=item%20and%20IV%20 and%20da%20and%20S%FAmula%20and%20337%20and%20publica%E7%E3o%20and%20 di%E1rio%20and%20eletr%F4nico%20and%20indica%E7%E3o%20and%20da%20and%20 URL%20and%20que%20and%20direciona%20and%20%E0%20and%20decis%E3o%20 and%20referente%20and%20ao%20and%20aC.F.rd%E3o%20and%20paradigma>. (grifos do autor)

O Novo Recurso de Revista – 131

Parte XV
REVISTA E EXECUÇÃO

1. Do § 2º, do art. 896, da CLT e Constituição Federal

Dispõe o § 2º, do art. 896, da CLT:

§ 2º Das decisões proferidas pelos Tribunais Regionais do Trabalho ou por suas Turmas, **em execução de sentença**, inclusive em processo incidente de embargos de terceiro, não caberá Recurso de Revista, **salvo na hipótese de ofensa direta e literal de norma da Constituição Federal.** (grifos do autor)

O recurso de revista na fase de execução ou de cumprimento de sentença, mesmo em se tratando de decisões proferidas nos embargos de terceiro, a princípio, somente, terá cabimento na hipótese de ofensa direta e literal a dispositivo da CF.

2. Da Súmula n. 266 do TST e recurso de revista em execução

A Súmula n. 266 do TST fixa:

Súmula n. 266 do TST

RECURSO DE REVISTA. ADMISSIBILIDADE. EXECUÇÃO DE SENTENÇA (mantida) – Res. 121/2003, DJ 19, 20 e 21.11.2003

A admissibilidade do recurso de revista interposto de acórdão proferido em agravo de petição, na liquidação de sentença ou em processo incidente na execução, inclusive os embargos de terceiro, depende de demonstração inequívoca de violência direta à Constituição Federal. (grifos do autor)

A admissibilidade do recurso de revista interposto de acórdão proferido em agravo de petição, depende de demonstração inequívoca de violência direta à Constituição Federal.

3. Da Súmula n. 433 do TST e embargos a SBDI em execução

A Súmula n. 433 do TST ao tratar dos embargos para SBDI 01 do TST, fixa:

A admissibilidade do recurso de embargos *contra acórdão de Turma em Recurso de Revista em fase de execução, publicado na vigência da Lei n. 11.496, de 26.06.2007,* **condiciona-se à demonstração de divergência jurisprudencial entre Turmas ou destas e a Seção Especializada em Dissídios Individuais do Tribunal Superior do Trabalho em relação à interpretação de dispositivo constitucional.** (grifos do autor)

A admissibilidade do recurso de embargos para SBDI 01 do TST, em fase de execução, depende da demonstração de divergência jurisprudencial entre Turmas ou da SBDI do TST, ou de malferimento de súmula do TST ou de orientação jurisprudencial da SBDI do TST em relação à interpretação de dispositivo constitucional.

Parte XVI
REVISTA E EXECUÇÃO FISCAL – CONSTITUIÇÃO E DIVERGÊNCIA JURISPRUDENCIAL

1. Do § 10, do art. 896, da CLT

Dispõe o § 10, do art. 896, da CLT:

§ 10. Cabe recurso de revista **por violação à lei federal, por divergência jurisprudencial e por ofensa** à Constituição Federal **nas execuções fiscais** e nas controvérsias **da fase de execução** que envolvam a Certidão Negativa de Débitos Trabalhistas (CNDT), criada pela Lei n. 12.440, de 7 de julho de 2011. (grifos do autor)

De acordo com o que dispõe o § 2º, do artigo 896, da Consolidação das Leis do Trabalho e a Súmula n. 266 do Tribunal Superior do Trabalho, o recurso de revista interposto na fase de execução, somente, tem cabimento na hipótese de ofensa direta e literal de norma da Constituição Federal.

Por sua vez, o § 10, do art. 896, da CLT, acrescido pela Lei n. 13.015/2014, prevê exceção à regra antes referida, estabelecendo o cabimento do recurso de revista "por violação a lei federal, por divergência jurisprudencial e por ofensa à Constituição Federal nas execuções fiscais e nas controvérsias da fase de execução que envolvam a Certidão Negativa de Débitos Trabalhistas (CNDT), criada pela Lei n. 12.440, de 7 de julho de 2011". (grifos do autor)

Registre-se a maior abertura para o conhecimento do recurso de revista nas execuções fiscais e na fase da execução quando a questão envolva a CNDT, pois, admite divergência jurisprudencial e ofensa à lei, e, não apenas a violação à Constituição Federal (§ 2º, do art. 896, da CLT).

Parte XVII
REVISTA E PROCEDIMENTO SUMARÍSSIMO

1. Do § 9º, do art. 896, da CLT

Dispõe o § 9º, do art. 896, da CLT:

§ 9º Nas causas sujeitas ao procedimento sumaríssimo, somente será admitido recurso de revista por contrariedade a súmula de jurisprudência uniforme do Tribunal Superior do Trabalho ou a súmula vinculante do Supremo Tribunal Federal e por violação direta da Constituição Federal. (grifos do autor)

Assim, no processo sumaríssimo o recurso de revista só terá cabimento por contrariedade a súmula do TST ou súmula vinculante do STF e por violação direta da Constituição Federal.

2. Da Súmula n. 442 do TST

A Súmula n. 442 do TST fixa:

PROCEDIMENTO SUMARÍSSIMO. RECURSO DE REVISTA FUNDAMENTADO EM CONTRARIEDADE A ORIENTAÇÃO JURISPRUDENCIAL. INADMISSIBILIDADE. ART. 896, § 6º, DA CLT, ACRESCENTADO PELA LEI N. 9.957, DE 12.01.2000 (conversão da Orientação Jurisprudencial n. 352 da SBDI-1) – Res. 185/2012, DEJT divulgado em 25, 26 e27.09.2012 Nas causas sujeitas ao procedimento sumaríssimo, a admissibilidade de recurso de revista está limitada à demonstração de violação direta a dispositivo da Constituição Federal ou contrariedade a Súmula do Tribunal Superior do Trabalho, não se admitindo o recurso por contrariedade a Orientação Jurisprudencial deste Tribunal (Livro II, Título II, Capítulo III, do RITST), ante a ausência de previsão no art. 896, § 6º, da CLT. (grifos do autor)

Entretanto, a restrição referida contida na parte final da Súmula n. 442 do TST restou superada pela revogação do § 6º, do art. 896, da Consolidação e pela redação dada pelo § 9º, do art. 896, da CLT, que ampliou o cabimento do recurso de revsita, nas causa de procedimento sumaríssimo na hipótese de contrariedade à súmula vinculante do Supremo Tribunal Federal:

§ 9º Nas causas sujeitas ao procedimento sumaríssimo, somente será admitido recurso de revista por contrariedade a súmula de jurisprudência uniforme do Tribunal Superior do Trabalho ou a súmula vinculante do Supremo Tribunal Federal e por violação direta da Constituição Federal. (grifos do autor)

No entanto, ainda, resta a questão da restrição na parte final da Súmula n. 442 do TST, na medida que o § 9º, do art. 896, da CLT não menciona a Orientação Jurisprudencial, o que difere do texto do item II, do § 1º-A, do art. 896, da CLT que trata do recurso de revista e menciona a Súmula e a orientações jurisprudencial:

§ 1º-A. Sob pena de não conhecimento, é ônus da parte: (Incluído pela Lei n. 13.015, de 2014)

(*omissis*)

II – indicar, de forma explícita e fundamentada, contrariedade a dispositivo de lei, súmula ou orientação jurisprudencial do Tribunal Superior do Trabalho que conflite com a decisão regional; (Incluído pela Lei n. 13.015, de 2014) (grifos do autor)

Até porque, na alínea "a" do art. 896, da CLT, também, não há menção a contrariedade à Orientação Jurisprudencial – que é referida expressamente no item II, do § 1º-A, do art. 896, da CLT – embora a contrariedade a OJ se subentenda tal qual as súmulas na jurisprudência uniforme do TST:

> a) derem ao mesmo dispositivo de lei federal interpretação diversa da que lhe houver dado outro Tribunal Regional do Trabalho, no seu Pleno ou Turma, ou a Seção de Dissídios Individuais do Tribunal Superior do Trabalho, ou contrariarem súmula de jurisprudência uniforme dessa Corte ou súmula vinculante do Supremo Tribunal Federal; (Redação dada pela Lei n. 13.015, de 2014)

Considerando tais incongruências legislativas, e no sentido de garantir o amplo acesso à Justiça e o princípio isonômico da uniformização da jurisprudência pelo TST dever-se-ia, igualmente, permitir o conhecimento da revista no processo sumaríssimo por contrariedade às Orientações Jurisprudenciais.

3. Da Súmula n. 458 da SBDI 01 do TST

A Súmula n. 458 do TST estabelece:

> **EMBARGOS. PROCEDIMENTO SUMARÍSSIMO. CONHECIMENTO. RECURSO INTERPOSTO APÓS VIGÊNCIA DA LEI N. 11.496, DE 22.06.2007, QUE CONFERIU NOVA REDAÇÃO AO ART. 894, DA CLT.** (conversão da Orientação Jurisprudencial n. 405 da SBDI-1 com nova redação) – Res. 194/2014, DEJT divulgado em 21, 22 e 23.05.2014
>
> **Em causas sujeitas ao procedimento sumaríssimo, <u>em que pese a limitação imposta no art. 896, § 6º, da CLT à interposição de recurso de revista,</u> admitem-se os embargos <u>interpostos na vigência da Lei n. 11.496, de 22.06.2007, que conferiu nova redação ao art. 894 da CLT, quando demonstrada a divergência jurisprudencial entre Turmas do TST, fundada em interpretações diversas acerca da aplicação de mesmo dispositivo constitucional ou de matéria sumulada.</u>** (grifos do autor)

No tocante aos embargos à SBDI 01, resta preservado o entendimento que nas causas sujeitas ao procedimento sumaríssimo são admissíveis quando demonstrada a divergência jurisprudencial entre as Turmas do TST, fundada em interpretações distintas em torno da aplicação do mesmo dispositivo constitucional ou matéria súmula, em que pese a limitação aparentemente imposta pelo § 9º, do art. 896, da CLT: **"<u>admitem-se os embargos interpostos na vigência da Lei n. 11.496, de 22.06.2007, que conferiu nova redação ao art. 894 da CLT, <u>quando demonstrada a divergência jurisprudencial entre Turmas do TST, fundada em interpretações diversas acerca da aplicação de mesmo dispositivo constitucional ou de matéria sumulada</u>"</u>.**

Essa a diretriz emanada da SBDI 01 do TST:

> ACÓRDÃO **(SDI-1)** GMMEA/mab **AGRAVO REGIMENTAL EM EMBARGOS. PROCEDIMENTO SUMARÍSSIMO. CONHECIMENTO. RECURSO INTERPOSTO APÓS VIGÊNCIA DA LEI N. 11.496, DE 22.06.2007, QUE CONFERIU NOVA REDAÇÃO AO ART. 894, DA CLT. Nos termos da Súmula 458 do TST, em causas sujeitas ao procedimento sumaríssimo,** em que pese a limitação imposta no art. 896, § 6º, da CLT à interposição de recurso de revista, admitem-se os embargos interpostos na vigência da Lei n. 11.496, de 22.06.2007, que conferiu nova redação ao art. 894 da CLT, quando demonstrada a divergência jurisprudencial entre

Turmas do TST, fundada em interpretações diversas acerca da aplicação de mesmo dispositivo constitucional ou de matéria sumulada. Agravo regimental a que se nega provimento. Vistos, relatados e discutidos estes autos de Agravo Regimental em Embargos em Embargos de Declaração em Recurso de Revista n. **TST-AgR-E-ED-RR-67100-70.2012.5.21.0024**, em que é Agravante **PETRÓLEO BRASILEIRO S.A. – PETROBRAS** e Agravado **GILMAR GOMES DOS SANTOS e TENACE ENGENHARIA E CONSULTORIA LTDA.** A reclamada interpõe agravo regimental (fls. 377/390) contra a decisão da lavra do Ministro Presidente da Sétima Turma, que denegou seguimento aos embargos (fls. 374/375). Não foram apresentadas contrarrazões (fls. 401). É o relatório. **VOTO 1 – CONHECIMENTO** Conheço do agravo regimental porque atendidos os pressupostos legais de admissibilidade. **2 – MÉRITO TERCEIRIZAÇÃO ILÍCITA. RESPONSABILIDADE SUBSIDIÁRIA. DIVERGÊNCIA JURISPRUDENCIAL** Mediante decisão monocrática, a Presidência da Sétima Turma do TST denegou seguimento aos embargos. Eis o teor da aludida decisão: "Inicialmente, registro que a indicação de violação de preceito legal, ou mesmo de estatura constitucional, bem como a transcrição de acórdão do STF, não viabiliza o conhecimento do recurso de embargos, nos termos do art. 894, II, da CLT, o qual condiciona o seu êxito apenas à demonstração de divergência jurisprudencial entre Turmas do TST ou entre estas e a SBDI e contrariedade a súmula ou orientação jurisprudencial do TST ou súmula vinculante do STF. Por sua vez, se mostra inespecífica à hipótese dos autos a invocada Orientação Jurisprudencial n. 191 da SBDI-1 do TST, uma vez que esta não se refere aos casos de contratação por meio de licitação, havendo, para esses casos, entendimento específico consagrado na Súmula n. 331, V, do TST. Já o aresto colacionado a fls. 355 se mostra inespecífico ao caso dos autos, <u>porquanto não analisada a demanda à luz das regras de distribuição do ônus da prova, não tendo o órgão turmário, ao contrário do alegado, consignado que incumbia ao Poder Público fazer prova acerca da fiscalização efetiva da atuação do prestador de serviços.</u> Com efeito, registrou a 7ª Turma do TST, expressamente, que, "foi demonstrada a culpa *in vigilando* da Petrobras, segunda Reclamada, porquanto evidenciada a ausência de fiscalização do contrato de prestação de serviços" (fls. 320). Incidentes, pois, como óbice ao processamento do apelo, os termos da Súmula n. 296 do TST." (fls. 375) (*omissis*) A Sétima Turma conheceu do recurso de revista, por contrariedade à Súmula 331, V, do TST, e, no mérito, deu-lhe provimento para restabelecer a sentença que reconheceu a responsabilidade subsidiária da PETRÓLEO BRASILEIRO S.A. – PETROBRAS, mediante o seguinte acórdão: "Insta salientar que, em se tratando de processo submetido ao procedimento sumaríssimo, somente se admite o recurso de revista por violação direta de dispositivo da Constituição Federal e/ou contrariedade à Súmula da jurisprudência do Tribunal Superior do Trabalho, essência do art. 896, § 6º, da CLT. Assim, afastada a alegação de divergência jurisprudencial. (*omissis*). Não cabem embargos por violação de dispositivo da Constituição Federal ou de lei, nos termos do art. 894, II, da CLT. **Nos termos da Súmula 458 do TST, em causas sujeitas ao procedimento sumaríssimo, em que pese a limitação imposta no art. 896, § 6º, da CLT à interposição de recurso de revista, admitem-se os embargos interpostos na vigência da Lei n. 11.496, de 22.06.2007, que conferiu nova redação ao art. 894 da CLT, quando demonstrada a divergência jurisprudencial entre Turmas do TST, fundada em interpretações diversas acerca da aplicação de mesmo dispositivo constitucional ou de matéria sumulada.** No caso, a discussão específica relativa ao ônus da prova, matéria trazida no aresto paradigma, não atende ao verbete porquanto não consubstancia interpretação diversa acerca da aplicação de mesmo dispositivo constitucional tam pouco de matéria sumulada, razão pela qual os embargos, no tocante à alegação de divergência jurisprudencial, encontram óbice na Súmula 458 do TST. Inviável divisar contrariedade à Súmula 331, V, do TST, pois o acórdão turmário, nos termos em que proferido encontra pleno amparo nesse verbete. Ante o exposto, nego provimento ao agravo regimental. **ISTO POSTO <u>ACORDAM os Ministros da Subseção I Especializada em Dissídios Individuais do Tribunal Superior do Trabalho, por unanimidade, negar provimento ao agravo regimental. Brasília, 22 de fevereiro de 2018. Firmado por assinatura digital (MP 2.200-2/2001) Márcio Eurico Vitral Amaro Ministro Relator</u>** fls. PROCESSO N. TST-AgR-E-ED-RR-67100-70.2012.5.21.0024" **Fonte Site do TST: DEJT 02.03.2018 URL:** <http://aplicacao5.TST.jus.br/consultaunificada2/inteiroTeor.do?action=printInteiroTeor&format=html&highlight=true&numeroFormatado=A-

gR-E-ED-RR%20-%2067100-70.2012.5.21.0024&base=acordao&rowid=AAANGhAAFAABAf-jAAL&dataPublicacao=02/03/2018&localPublicacao=DEJT&query=S%FAmula%20and%20458%20and%20TST%20and%20Procedimento%20and%20Sumar%EDssimo%20and%20diver-g%EAncia>. (grifos do autor)

4. Do art. 927 do CPC/2015

Dispõe o art. 927 do CPC/2015:

Art. 927. Os juízes e os tribunais observarão:

I – as decisões do Supremo Tribunal Federal em controle concentrado de constitucionalidade;

II – os enunciados de súmula vinculante;

III – os acórdãos em incidente de assunção de competência ou de resolução de demandas repetitivas e em julgamento de recursos extraordinário e especial repetitivos;

IV – os enunciados das súmulas do Supremo Tribunal Federal em matéria constitucional e do Superior Tribunal de Justiça em matéria infraconstitucional;

V – a orientação do plenário ou do órgão especial aos quais estiverem vinculados. (grifos do autor)

O sistema de precedentes de vinculação impositiva derivado do julgamento sob o regime de recursos repetitivos já era previsto pelo CPC/73, na esfera do STF, a partir da Lei n. 11.418/2006, que introduziu o art. 543-B do CPC/73 (Rext), e, no âmbito do STJ, com a Lei n. 11.672/2008: art. 543-C do CPC/73 (Resp), bem como, no processo do trabalho, com a publicação da Lei n. 13.015/2014, que introduziu o art. 896-C na CLT e pelo Ato 491/2014 da Presidência do TST (referendado pela Resolução Adm. 1772/2015 e pela Instrução Normativa n. 38 do TST), que fixava parâmetros procedimentais para dar efetividade à Lei n. 13.015/2014 no que concerne ao rito do julgamento de recursos de revista repetitivos.

O CPC/2015 trouxe maior organicidade ao regime de precedentes dos tribunais superiores, a despeito de em linhas gerais ser totalmente compatível (como já o era no CPC/73) com o regime de precedentes derivado do incidente de recursos repetitivos previsto na CLT.

A grande distinção entre o regime de precedentes do CPC/2015 e o existente na CLT se dá na esfera de iniciativa de sua instauração e da iniciativa para suspensão dos demais processos.

Isso porque, no CPC/2015, os Presidentes e Vice-Presidentes dos Tribunais de Justiça e Federais Regionais tem competência concorrente com os Tribunais Superiores (STF e STJ).

O que não ocorre no sistema de regime de precedentes derivado do julgamento de recursos repetitivos fixado pela CLT, que, apenas, admite a iniciativa originária do próprio TST, exceção ao recurso extraordinário em sede trabalhista que tem processamento na forma do CPC, ou seja, cuja iniciativa originária de afetação poderá, também (de forma concorrente) se dar pelo Presidente ou Vice--Presidente do TST.

O sistema do regime de precedentes tem 03 objetivos centrais:

i) celeridade (todos os processos em andamento passarão a observar a decisão proferida e a tese jurídica fixada no rito do julgamento de casos repetitivos, ficando prejudicados os recursos contrários à tese fixada, além de facilitar a aplicação da tutela antecipada, nos termos do inciso II do art. 311 do NCPC);

ii) maior efetividade, estabilidade e segurança jurídica;

iii) isonomia na aplicação da lei (todos os jurisdicionados terão na resolução de seus conflitos tratamento isonômico pelo Poder Judiciário).

Ressalte-se que a previsibilidade própria do regime de precedente poderá afetar e alterar o comportamento dos atores sociais no plano da vida real, de modo a reduzir a litigiosidade e pletora de processos.

E o principal pilar para o funcionamento do regime de precedentes é a observância do disposto no art. 927 do CPC.

O recurso de revista deveria, também, caber em todas as hipóteses de desrespeito de decisões de natureza impositiva fixadas no art. 927 do CPC (já cabe nas hipóteses dos incisos II, III e IV a que corresponde aquelas prevista na alínea "a" do art. 896 da CLT), ou seja, inclusive, nas hipóteses dos incisos I e V, do art. 927, do CPC/2015.

Parte XVIII
NEGATIVA DE PRESTAÇÃO JURISDICIONAL E REVISTA

1. Negativa de prestação jurisdicional

A negativa da prestação jurisdicional se dá quando o acórdão regional, a despeito da oposição de embargos de declaração, se recusa a apreciar aspectos essenciais da controvérsia jurídica, mormente os pontos essenciais à exata definição *quaestio facti* e para o esclarecimento da *quaestio iuris* relativa a qualificação jurídica dos fatos, da própria *litiscontestatio* (causa de pedir, pedido, contestação), e da definição das situações jurídicas e de outros pontos e elementos essenciais da lide (confissão etc.), omitindo-se de examinar os aspectos essenciais da controvérsia jurídica dos autos, apontados na tese recursal de forma específica e reiterados nos embargos declaratórios.

Não se admite que o acórdão se recuse a enfrentar todos os argumentos relevantes deduzidos pela parte capazes de infirmar a conclusão adotada pelo julgado (inciso IV, do § 1º, do art. 489, do CPC), tampouco que ao responder aos embargos declaratórios, se restrinja, a empregar resposta sem explicar o nexo com o caso concreto e que serviriam para qualquer julgamento (incisos II, III, do § 1º, do art. 489, do CPC).

É ilegal que, a despeito da oposição dos embargos declaratórios, o acórdão se recuse a sanar as deficiências da prestação jurisdicional, o que é essencial para a delimitação do quadro noticiado da *quaestio facti* e *quaestio iuris* da lide, da específica tese e argumento e fundamento deduzido pela parte recorrente de forma a possibilitar sua análise e reenquadramento jurídico pelo TST.

O ilegal procedimento do acórdão regional de se recusar a examinar pontos essenciais da lide, a fim de que a *quaestio facti* fique devidamente delineada, inclusive, é impeditivo à plena defesa da parte.

Assim, o silêncio do acórdão regional obstrui o direito de defesa da parte, caracterizando a nulidade do julgado por negativa de prestação jurisdicional.

Não se trata de impor ao tribunal regional a obrigação de rechaçar argumento por argumento deduzido pelas partes, mas da necessidade de que a matéria fática seja perfeitamente emoldurada na instância da prova, a fim de permitir que o TST possa promover o correto enquadramento dos fatos à legislação pertinente e a uniformização da jurisprudência.

2. Negativa de prestação jurisdicional contida na fundamentação aparente ou fictícia

A negativa de prestação jurisdicional, também, se dá quando o acórdão adota o procedimento chamado de motivação aparente ou fictícia, em que, de fato, o juiz não resolve as questões fundamentais suscitadas no processo, ou melhor, resolve, apenas as que interessam ou viabilizariam a vitória a uma das partes, vitória esta

O Novo Recurso de Revista – 139

com a qual não a poderia contemplar se enfrentasse todas as questões suscitadas pela parte contrária, ou mesmo, mencionando situações não correspondentes à realidade constante no campo do direito e dos fatos.

A gravidade dessa modalidade de infração ao dever de motivar a decisão judicial é igual, se não maior, e deve receber, quando menos, o mesmo tratamento. Deve ser tratada como caso de nulidade por negativa de prestação jurisdicional.

Como observa José Ignácio Botelho de Mesquita:

> **Todos sabemos que a obrigação de motivar as sentenças serve, entre outros fins, a uma necessidade de controle sobre a decisão judicial, impedindo ou restringindo ao juiz a possibilidade de julgar contra a lei ou contra a prova dos autos. Esse dever, contudo, tem-se mostrado facilmente contornável através da chamada motivação aparente ou fictícia, em que, de fato, o juiz não resolve as questões fundamentais suscitadas no processo, ou resolve, apenas as que interessam ao fim de dar vitória a uma das partes, vitória esta com a qual não a poderia contemplar se enfrentasse todas as questões suscitadas pela parte contrária.** Idêntico fenômeno ocorre quando, na motivação, a sentença contenha afirmações falsas, seja no campo do direito, seja no dos fatos. **A gravidade dessa modalidade de infração ao dever de motivar as sentença é igual, se não maior, porque eventualmente mais maliciosa que a própria falta de motivação e deve receber, quando menos, o mesmo tratamento legislativo. Deve ser tratada como caso de nulidade e, pois, rescindibilidade da sentença.** (*In* O Princípio da Liberdade na Prestação Jurisdicional, pg. 112) (grifos do autor)

Nesse sentido, cabe destacar o texto do Ministro Aloysio Correa da Veiga, sobre a negativa de prestação jurisdicional, à luz do CPC/2015, publicado na Revista LTr/maio/2016 (pg. 80-05/519/526):

> *Ao juiz é reservada a fundamentação estruturada das decisões. É na ampliação do debate do debate, é na investigação do fato controvertido, é na adequação do fato controvertido à lei e à jurisprudência, que reside a justeza da decisão.* **COM ISSO, O JULGADOR TERÁ QUE ENFRENTAR TODOS OS FUNDAMENTOS E TODA A PROVA QUE A PARTE SE BASEIA PARA DEMONSTRAR O FATO CONTROVERTIDO. NÃO CABE A ELE ELEGER O QUE MELHOR LHE CONVENCE, IGNORANDO AS DEMAIS QUESTÕES...** *A resposta aos fundamentos desenvolvidos nas razões de êxito da pretensão, aliada ao enfrentamento dos argumentos de resistência à pretensão, com a análise dos meios de prova produzidos, se tornam bastante para entregar, com eficiência, a prestação jurisdicional.* (grifos do autor)

3. Negativa de prestação jurisdicional, princípio da dialecticidade e o inciso IV, do § 1º-A, do art. 896, da CLT

3.1. Das Súmulas ns. 184 e 297 (item II) do TST

Dispõe a Súmula n. 184 do TST:

Súmula n. 184 do TST

EMBARGOS DECLARATÓRIOS. OMISSÃO EM RECURSO DE REVISTA. PRECLU-SÃO (mantida) – Res. 121/2003, DJ 19, 20 e 21.11.2003 **Ocorre preclusão se não forem**

opostos embargos declaratórios para suprir omissão apontada em recurso de revista ou de embargos. (grifos do autor)

A nulidade do julgamento por negativa de prestação jurisdicional precluirá se não apresentados embargos declaratórios para possibilitar ao órgão prolator sanar a omissão, obscuridade ou contradição.

No mesmo diapasão o **item II da Súmula n. 297 do TST:**

II. Incumbe à parte interessada, desde que a matéria haja sido invocada no recurso principal, opor embargos declaratórios objetivando o pronunciamento sobre o tema, sob pena de preclusão. (grifo do autor)

Nesse diapasão o entendimento da SBDI 01 do TST:

ACORDÃO **(SDI-1)** GMHCS/me/ **RECURSO DE EMBARGOS. INTERPOSIÇÃO SOB A ÉGIDE DA LEI N. 11.496/2007. NULIDADE DO ACÓRDÃO REGIONAL POR NEGATIVA DE PRESTAÇÃO JURISDICIONAL. AUSÊNCIA DE OPOSIÇÃO DE EMBARGOS DE DECLARAÇÃO. PRECLUSÃO. SÚMULA 184/TST. 1. A e. Turma não conheceu do recurso de revista da reclamante por entender preclusa a discussão ante a ausência de oposição de embargos de declaração. 2. Nesse contexto, estando a decisão embargada em conformidade com as Súmulas 184 e 297/II/TST inviável o recurso de embargos, por óbice da parte final do art. 894, II, da CLT.** 3. Arestos proferidos por Tribunais Regionais do Trabalho e oriundos da mesma e. Turma prolatora do acórdão embargado são inservíveis ao aparelhamento do recurso de embargos por falta de previsão no art. 894, II, da CLT. (*omissis*) **Recurso de embargos não conhecido, no tema. Vistos, relatados e discutidos estes autos de Embargos em Embargos de Declaração em Recurso de Revista n. TST-E-ED-RR-56700-30.2009.5.15.0101,** em que é Embargante **HITOMI IBARA** e Embargado **BANCO SANTANDER (BRASIL) S.A.** (*omissis*) **ISTO POSTO ACORDAM** os Ministros da Subseção I Especializada em Dissídios Individuais do Tribunal Superior do Trabalho, por unanimidade, não conhecer do recurso de embargos. Brasília, 30 de março de 2017. **Firmado por assinatura digital (MP 2.200-2/2001) HUGO CARLOS SCHEUERMANN Ministro Relator** fls. **PROCESSO N. TST-E-E-D-RR-56700-30.2009.5.15.0101" Fonte Site do TST: DEJT 30.03.2017 URL: <http://aplicacao5. TST.jus.br/consultaunificada2/inteiroTeor.do?action=printInteiroTeor&format=html&highlight=true&numeroFormatado=E-ED-RR%20-%2056700-30.2009.5.15.0101&base=acordao&rowid=AAANGhABIAAAM2aAAE&dataPublicacao=11/04/2017&localPublicacao=-DEJT&query=s%FAmula%20and%20184%20and%20preclus%E3o>.** (grifos do autor)

4. Da Súmula n. 459 do TST e negativa de prestação jurisdicional

Dispõe a Súmula n. 459 do TST:

Súmula n. 459 do TST

RECURSO DE REVISTA. NULIDADE POR NEGATIVA DE PRESTAÇÃO JURISDICIONAL (atualizada em decorrência do CPC de 2015) – Res. 219/2017, DEJT divulgado em 28, 29 e 30.06.2017 – republicada – DEJT divulgado em 12, 13 e 14.07.2017 **O conhecimento do recurso de revista, quanto à preliminar de nulidade, por negativa de prestação jurisdicional, supõe indicação de violação do art. 832 da CLT, do art. 489 do CPC de 2015 (art. 458 do CPC de 1973) ou do art. 93, IX, da CF/1988.** (grifos do autor)

Exige-se que o recurso de revista quanto à preliminar de nulidade, por negativa de prestação jurisdicional, faça a indicação da violação ao artigo 832 da CLT, ou do artigo 489 do CPC/2015 ou do inciso IX, do art. 93, da CF, sob pena de não conhecimento, nesse sentido, também, a **Súmula n. 221 do TST** ("A admissibilidade do recurso de revista por violação tem como pressuposto a indicação expressa do dispositivo de lei ou da Constituição tido como violado") **e o inciso II do § 1º-A, do art. 896, da CLT**. ("I – indicar, de forma explícita e fundamentada, contrariedade a dispositivo de lei, súmula ou orientação jurisprudencial do Tribunal Superior do Trabalho que conflite com a decisão regional;")

Esse o entendimento da SBDI 01 do TST:

ACÓRDÃO SBDI-1 GMMAC/r2/msr/edr RECURSO DE EMBARGOS INTERPOSTO ANTERIORMENTE À VIGÊNCIA DA LEI N. 11.496/2007. PRELIMINAR DE NULIDADE DA DECISÃO TURMÁRIA POR NEGATIVADE PRESTAÇÃO JURISDICIONAL. ORIENTAÇÃO JURISPRUDENCIAL N. 115 DA SBDI-1."O conhecimento do Recurso de Revista ou de embargos, quanto à preliminar de nulidade por negativa de prestação jurisdicional, supõe indicação de violação do art. 832 da CLT, do art. 458 do CPC ou do art. 93, IX, da CF/1988." Incidência da Orientação Jurisprudencial n. 115 da SBDI-I ao caso concreto. **GRATIFICAÇÃO SEMESTRAL. IMPOSSIBILIDADE DE REEXAME DE FATOS E PROVAS. SÚMULA N. 126 DO TST.** Tendo o Regional firmado a premissa fática de que, de acordo com as normas regulamentares do Reclamado, a gratificação semestral era paga apenas quando comprovada a existência de lucro, para infirmar as suas razões de decidir e concluir que a verba era paga aleatoriamente e independentemente de lucro, seria necessário o reexame do conjunto fático-probatório, o que é vedado pela Súmula n. 126 do TST. **HORAS EXTRAS. INTEGRAÇÃO NA COMPLEMENTAÇÃO DE APOSENTADORIA.** A decisão regional, ao indeferir a pretensão obreira relativa à integração das horas extras na complementação de aposentadoria, procedeu, tão-somente, à interpretação do Regulamento de Pessoal do Reclamado, que, no seu entender, expressamente afastavam a integração da parcela em comento na suplementação de aposentadoria. Dessa feita, não prospera a alegação de afronta aos dispositivos legais e constitucionais invocados, primeiro porque não foram apreciados pela Corte de origem, segundo porque, lastreando-se a decisão regional em mera interpretação de normas regulamentares, o Recurso de Revista somente poderia ser veiculado por divergência jurisprudencial, nos moldes do art. 896, "b", da CLT, tal como assentado pela decisão embargada. **AUXÍLIO-ALIMENTAÇÃO. INTEGRAÇÃO NA COMPLEMENTAÇÃO DE APOSENTADORIA.** Tendo a Corte de origem firmado a premissa fática de que as normas coletivas previam a natureza de ajuda de custo à verba denominada de auxílio-alimentação, para infirmar as suas razões de decidir e concluir que a referida verba tinha natureza salarial, nos moldes da Súmula n. 241 do TST, seria necessário o revolvimento dos fatos e provas, o que é vedado pela Súmulan. 126 do TST. **Recurso de Embargos não conhecido.** Vistos, relatados e discutidos estes autos de Recurso de Embargos em Embargos de Declaração em Recurso de Revista n. **TST-E-ED-RR-758.686/2001.9**, em que é Embargante **OSWALDO DE SOUZA** e Embargado **BANCO DO ESTADO DE SÃO PAULO S.A. – BANESPA**. *(omissis)* Pelo exposto, **não conheço** do Recurso de Embargos. ISTO POSTO ACORDAM os Ministros da Subseção I Especializada em Dissídios Individuais do Tribunal Superior do Trabalho, por unanimidade, não conhecer do Recurso de Embargos. Brasília, 11 de dezembro de 2008. **MARIA DE ASSIS CALSING Ministra Relatora fls. PROC. N.TST-E-E-D-RR-758.686/2001.9" Fonte Site do TST: DEJT 19.12.2008 URL: <http://aplicacao5.TST. jus.br/consultaunificada2/inteiroTeor.do?action=printInteiroTeor&format=html&highlight=true&numeroFormatado=RR%20-%20758686-50.2001.5.02.5555&base=acordao&rowid=AAANGhAAFAAAowjAAU&dataPublicacao=19/12/2008&localPublicacao=DEJT&query=negativa%20and%20de%20and%20presta%E7%E3o%20and%20jurisdicional%20and%20s%FAmula%20and%20459%20and%20TST%20and%20indica%E7%E3o%20and%20viola%E7%E3o%20and%20art%20and%20832%20and%20CLT%20and%20489%20and%20CPC%20and%20art%20and%2093%20and%20IX%20and%20da%20and%20CF/%20and%201988>.** (grifos do autor)

5. Negativa de prestação jurisdicional, princípio da dialecticidade e o inciso IV, do § 1º-A, do art. 896, da CLT

5.1. Do inciso IV, do § 1º, do art. 896, da CLT

Dispõe o inciso IV, do § 1º-A, do art. 896 da CLT (com a redação dada pela Lei n. 13.467/2017):

Art. 896.

§ 1º-A.

IV. transcrever na peça recursal, no caso de suscitar preliminar de nulidade de julgado por negativa de prestação jurisdicional, o trecho dos embargos declaratórios em que foi pedido o pronunciamento do tribunal sobre questão veiculada no recurso ordinário e o trecho da decisão regional que rejeitou os embargos quanto ao pedido, para cotejo e verificação, de plano, da ocorrência da omissão.

....

§ 14. O relator do recurso de revista poderá denegar-lhe seguimento, em decisão mono- crática, nas hipóteses de intempestividade, deserção, irregularidade de representação ou de ausência de qualquer outro pressuposto extrínseco ou intrínseco de admissibilidade. (grifos do autor)

O inciso IV, do § 1º-A, do art. 896, da CLT é salutar porquanto estabelece na lei exigência e requisito de pressuposto de admissibilidade que está assen- tado na jurisprudência do Tribunal Superior do Trabalho, exigindo para cum- primento do princípio da dialeticidade em recurso de vinculação específica, a transcrição do trecho, do acórdão omisso, para verificar de plano a ocorrência da omissão.

Parte XIX
NULIDADES

I – NULIDADES, SUPERAÇÃO, PRINCÍPIO DA INSTRUMENTALIDADE, CELERIDADE, EFETIVIDADE E AFASTAMENTO DA JURISPRUDÊNCIA DEFENSIVA

O moderno sistema processual busca uma maior organicidade e coesão, bem como a obtenção do resultado máximo do exercício da atividade jurisdicional, afastando questões relacionadas a denominada jurisprudência defensiva e priorizando o julgamento de mérito sobre eventuais aspectos formais não relevantes.

No caso de nulidade sanável com o objetivo de propiciar a celeridade e a economia processual, além da própria eficiência e efetividade, ao tribunal é admitido determinar que seja a mesma sanada a fim de permitir o imediato julgamento do recurso.

Além disso, o tribunal não se pronunciará sobre a nulidade e nem suprir--lhe-á falta, quando puder decidir o mérito a favor da parte a quem aproveitaria tal declaração.

E, ainda, o tribunal poderá desconsiderar o vício quando se tratar de defeito formal de recurso, tempestivo, que não se considere grave.

1. Do § 2º, do art. 282, do CPC/2015

Dispõe o § 2º, do art. 282, do CPC/2015:

Art. 282. Ao pronunciar a nulidade, o juiz declarará que atos são atingidos e ordenará as providências necessárias a fim de que sejam repetidos ou retificados.

§ 1º O ato não será repetido nem sua falta será suprida quando não prejudicar a parte.

§ 2º Quando puder decidir o mérito a favor da parte a quem aproveite a decretação da nulidade, o juiz não a pronunciará nem mandará repetir o ato ou suprir-lhe a falta. (grifos do autor)

Ao pronunciar a nulidade, o juiz declarará que atos são atingidos, que deverão ser repetidos ou retificados, salvo quando não houver prejuízo à parte.

E em atenção ao princípio da prevalência da jurisdição de mérito e afastando a jurisprudência defensiva, o § 2º, do art 282, do CPC/2015 estabelece que quando puder decidir o mérito a favor da parte a quem aproveite a decretação da nulidade, o órgão julgador não a pronunciará nem mandará repetir o ato ou suprir-lhe a falta.

2. Do § 1º, do art. 938, do CPC/2015

Fixa o § 1º, do art. 938, do CPC/2015:

§ 1º Constatada a ocorrência de vício sanável, inclusive aquele que possa ser conhecido de ofício, **o relator determinará a realização ou a renovação do ato processual, no próprio tribunal ou em primeiro grau de jurisdição, intimadas as partes.** (grifos do autor)

Desse modo, constata a ocorrência de um vício sanável, afastando-se a jurisprudência defensiva e em atenção ao princípio da prevalência do julgamento de mérito, o relator determinará a realização ou a renovação do ato processual, no próprio tribunal ou em primeiro grau de jurisdição, com observância do contraditório.

3. Do § 3º, do art. 1.029, do CPC/2015

Estabelece o § 3º, do art. 1.029, do CPC/2015:

> § 3º O Supremo Tribunal Federal ou o Superior Tribunal de Justiça poderá desconsiderar vício formal de recurso tempestivo ou determinar sua correção, desde que não o repute grave.

Não sendo o caso de vício formal grave, o Supremo Tribunal Federal ou o Superior Tribunal de Justiça poderá desconsiderá-lo ou determinar sua correção e adentrar no julgamento de mérito do recurso tempestivo.

4. Do § 11, do art. 896, da CLT

O § 11, do art. 896, da CLT no caminho de afastar a jurisprudência defensiva e em atenção ao princípio do atingimento da jurisdição de mérito, estabelece:

> § 11. Quando o recurso tempestivo contiver defeito formal que não se repute grave, o Tribunal Superior do Trabalho poderá desconsiderar o vício ou mandar saná-lo, julgando o mérito.

O Tribunal Superior do Trabalho em atenção ao princípio da prevalência do julgamento de mérito, poderá desconsiderar defeito formal que não se repute grave ou mandar saná-lo, julgando o mérito do recurso.

5. A SBDI 01, do TST, § 3º, do art. 1.029, do CPC/2015 e § 11, do art. 896, da CLT

A SBDI 01 do TST tem aplicado o § 11, do art. 896-A, da CLT c/c o § 3º, do art. 1.029, do CPC/2015, para valorizar o julgamento do mérito:

> Em impugnação aos embargos, os reclamados sustentam que o recurso não pode ser conhecido, por entenderem inadequada a via eleita, já que os autores interpuseram "embargos de declaração por divergência jurisprudencial". De fato, os reclamantes nominaram o apelo de "embargos de declaração por divergência jurisprudencial". Contudo, todo o apelo foi fundamentado no artigo 894 da CLT, que trata do recurso de embargos. Além disso, as partes colacionaram arestos de Turmas desta Corte e desta Subseção para demonstrar divergência jurisprudencial. Importante ressaltar que, em nenhum momento, as partes alegam haver omissão, contradição ou obscuridade na decisão embargada, ao contrário, toda a fundamentação do seu recuso está baseada em divergência jurisprudencial. **Também foi observado o prazo de oito dias para a interposição do apelo. Verifica-se, portanto, que houve mero erro material ao nominar o recurso, não se tratando de erro grosseiro, o que permite o seu juízo de admissibilidade e o exame dos requisitos intrínsecos, em estrita observância ao princípio da instrumentalidade das formas. Essa diretriz é a que vem sendo preconizada pelos atuais sistemas processuais capitaneados pela Lei n. 13.015/2014 e pelo novo CPC, os quais consagram o postulado de prevalência do exame do mérito da causa em detrimento de meros defeitos formais. Nesse contexto,**

faz-se mister destacar os artigos 896, § 11, da CLT e 1.029, § 3º, do novo CPC, que tratam da matéria em âmbito recursal. Eis o teor dos referidos dispositivos: "Art. 896 (...) § 11. Quando o recurso tempestivo contiver defeito formal que não se repute grave, o Tribunal Superior do Trabalho poderá desconsiderar o vício ou mandar saná-lo, julgando o mérito." "Art. 1.029 (...) § 3º O Supremo Tribunal Federal ou o Superior Tribunal de Justiça poderá desconsiderar vício formal derecursotempestivo ou determinar sua correção, desde que não o repute grave (*omissis*) **ACORDAM** os Ministros da Subseção I Especializada em Dissídios Individuais do Tribunal Superior do Trabalho, por unanimidade, rejeitar a preliminar de não conhecimento do recurso arguida na impugnação aos embargos. Ainda, por unanimidade, conhecer do recurso de embargos por divergência jurisprudencial e, no mérito, dar-lhe provimento para afastar a prescrição pronunciada e determinar o retorno dos autos ao Tribunal Regional, para que prossiga no exame dos recursos ordinários das partes, como entender de direito. Brasília, 06 de dezembro de 2018. Firmado por assinatura digital (MP 2.200-2/2001) JOSÉ ROBERTO FREIRE PIMENTA Ministro Relator (Processo TST E-ED-RR-363400-47.2005.5.15.0146, DEJT 19.12.2018) URL: <http://aplicacao5.TST.jus.br/consultaunificada2/inteiroTeor.do?action=printInteiroTeor&format=html&highlight=true&numeroFormatado=E-ED-RR%20-%20363400-47.2005.5.15.0146&base=acordao&rowid=AAANGhAA+AAAYc5AAO&dataPublicacao=19/12/2018&localPublicacao=DEJT&query=%A7%20and%2011%20and%20do%20and%20artigo%20and%20896%20and%20da%20and%20CLT%20and%20defeito%20and%20conhecimento%20~%20do%20and%20recurso>. (grifos do autor)

Parte XX
FATO INCONTROVERSO

I – A QUESTÃO DO PREQUESTIONAMENTO E DO FATO INCONTROVERSO (AUSÊNCIA DE CONTROVÉRSIA E DESNECESSIDADE DE PREQUESTIONAMENTO)

Ao Tribunal Superior do Trabalho cabe proceder ao reenquadramento jurídico e estabelecer a exata qualificação jurídica dos fatos e a aplicação da lei e a uniformização da jurisprudência (Súmula, OJ, SBDI).

Assim, é possível por meio do conhecimento do recurso de revista estabelecer a correta qualificação jurídica do fato e a exata aplicação da lei negada pelo acórdão regional e proceder a uniformização da jurisprudência, sem que ocorra o reexame de fatos e provas ou o malferimento da Súmula n. 126 do TST. (*"Incabível o recurso de revista ou de embargos (arts. 896 e 894, "b", da CLT) para reexame de fatos e provas."*)

1. Do fato incontroverso

A petição inicial e a peça de defesa fazem afirmações que compõem, respectivamente, a *causa de petenti* e o pedido e a *causa excepiendi*, ou seja, o episódio da vida fixado na *litiscontestatio*, indicando fato incontroverso afirmado pelo reclamante por meio de sua petição inicial e pela reclamada deduzido na contestação.

A pretensão processual é definida pela causa de pedir e pelo pedido e a contestação pela *causa excepiendi* e esse acontecimento da vida, constante e exposto na causa de pedir e na *causa excepiendi,* compõe a lide e não poderá ser ignorado quando do julgamento da pretensão processual, em especial porque a pretensão processual, somente, pode ser acolhida observados os limites definidos na petição inicial e na defesa.

Dessa forma, a análise do fato incontroverso ou do acontecimento incontroverso que integra a causa de pedir do pedido exordial ou da defesa é obrigatória tendo em vista que a pretensão processual e a contestação deve ser examinada nos termos em que foi proposta.

2. Acórdão não é algo solto no processo e sem contato com a realidade e com o fato incontroverso descrito pela própria pretensão processual ou defensiva

O ponto de partida da operação exegética consistente no julgamento da pretensão processual formulada na inicial é definir o conteúdo da pretensão a partir

O Novo Recurso de Revista – 147

do episódio da vida revelado pela própria peça exordial, e, pela defesa, só após isso, passa-se à resposta que a decisão poderá dar.

Consequentemente, essa resposta deve ser rigorosamente dimensionada pelos termos da *res in judicium deducta,* ou seja, à vista do episódio da vida atrelado ao pedido ajuizado pelo autor e pelo réu, não decidindo contrariamente ao episódio da vida narrado, em abstrato, pela própria exordial ou pela própria contestação.

O acórdão não pode ser visto como algo solto do processo desligado das realidades deste, ou seja, do contexto do pedido, da causa de pedir e do episódio da vida narrado na própria petição inicial e na contestação em cima dos quais as partes apoiam a pretensão processual, aferidos em abstrato, ou seja, *in status assertionis,* pela pura leitura do que consta na *res in iudicium deducta.*

A pretensão processual que foi definida pela causa de pedir que narrou o acontecimento da vida, constante e exposto na causa de pedir, é fato incontroverso que compõe a pretensão processual e não poderá ser ignorado quando do julgamento, em especial quando a pretensão processual, somente, pode ser acolhida observados os limites definidos na petição inicial e na defesa.

Dessa forma, a análise do fato incontroverso ou do acontecimento incontroverso que integra a causa de pedir do pedido exordial, é obrigatória tendo em vista que a pretensão processual deve ser examinada nos termos em que foi proposta.

É impossível se julgar a pretensão processual sem examinar os fatos narrados e integrantes do episódio da vida, contidos na causa de pedir, por força da obrigatória apreciação do pedido nos limites e nos termos da causa de pedir e da *causa excepiendi,* sob pena de violar o princípio da substanciação do pedido (que exige o exame da pretensão por meio da causa de pedir e do pedido), o princípio da congruência (que exige a fidelidade do julgamento a contextualização e a interpretação sistemática do pedido), os limites da lide (vedada decisão *ultra* ou *extra petita*) e a possível ocorrência da declaração da inocorrência de fato declarado como existente pela própria exordial ou pela contestação.

3. Do fato incontroverso no processo e a SBDI 01 do TST

O Tribunal Superior do Trabalho tem conhecido o fato incontroverso quando confessado pela parte, na inicial ou na contestação, superando o óbice da Súmula n. 126 do TST: "Incabível o recurso de revista ou de embargos (arts. 896 e 894, "b", da CLT) para reexame de fatos e provas".

Nesse sentido, a SBDI 01 do TST tem decidido que verificar a petição inicial e ou a contestação não importa em reexame de fatos e provas.

Ou seja, não configura reexame de fatos e provas a adoção de elementos que não estejam no acórdão regional, mas que sejam incontroversos nos autos, conforme decidido pela SBDI-I:

ACÓRDÃO SBDI1 JOD/jvf/fv RECURSO DE REVISTA. MÉRITO. DADOS FÁTICOS NÃO CONSIGNADOS NO ACÓRDÃO REGIONAL. FATOS INCONTROVERSOS. SÚMULA N. 126 DO TST. CONTRARIEDADE. INEXISTÊNCIA. 1. Não contraria a diretriz da Súmula n. 126 do TST acórdão de Turma que, para declarar a prescrição total do direito de ação, socorre-se de datas não consignadas na decisão regional, mas que, TIDAS NO PROCESSO COMO INCONTROVERSAS, independem de prova a seu respeito, a teor do artigo 334, inciso III, do CPC. 2. Embargos não conhecidos, no particular. Vistos, relatados e discutidos estes autos de Embargos em Embargos de Declaração em Recurso de Revista n. **TST-E-ED-RR-977/1997-001-17-00.2**, em que é Embargante **REGINA MARIA NASCIMENTO DE AMORIM** e Embargada **TELEMAR NORTE LESTE S.A... (*omissis*)... Nesse sentido, inclusive, mencionem-se os seguintes julgados, oriundos desta Eg. Corte Superior Trabalhista, todos unânimes em afastar a necessidade de prequestionamento quando se tratar de fatos incontroversos nos autos: E-RR-6092/02-900-01-00.0; E-RR-416.889/98; E-RR-519.997/98; E-RR-425.476/98; E-RR-460.609/98; E-RR-269.998/96; e AGERR-227.888/95. (*omissis*)...** Logo, afigura-se-me inespecífico o aresto de fl. 392. Referido julgado, **ISTO POSTO** ACORDAM os Ministros da Subseção I Especializada em Dissídios Individuais do Tribunal Superior do Trabalho, por unanimidade: (I) não conhecer dos Embargos quanto aos tópicos "Preliminar. Nulidade do Acórdão Turmário. Negativa de Prestação Jurisdicional" e "Mérito do Recurso de Revista da parte contrária. Dados fáticos não consignados no Acórdão Regional. Contrariedade à Súmula n. 126 do TST"; (II) conhecer dos Embargos quanto ao tema "Multa. Embargos Declaratórios protelatórios", por violação do artigo 538 do CPC, **e dar-lhes provimento para excluir a multa imposta à Reclamante. Brasília, 07 de novembro de 2005. JOÃO ORESTE DALAZEN Ministro Relator (E-ED-RR – 97700-82.1997.5.17.0001, Relator Ministro: João Oreste Dalazen, Subseção I** Especializada em Dissídios Individuais, DJ: 03.02.2006) URL: <http://aplicacao5.TST.jus.br/consultaunificada2/inteiroTeor.do?action=printInteiroTeor&format=html&highlight=true&numeroFormatado=E-ED-RR%20-%2097700-82.1997.5.17.0001&base=acordao&rowid=AAANGhAAFAAAlR8AAO&dataPublicacao=03/02/2006&localPublicacao=DJ&query=contraria%20and%20diretriz%20and%20s%FAmula%20and%20126%20and%20prescri%E7%E3o%20and%20datas%20and%20tidas%20and%20no%20and%20processo%20and%20como%20and%20incontroversas>. (grifos do autor)

4. Do fato incontroverso noticiado na petição inicial e a SBDI 01 do TST

Não configura reexame de fatos e provas a adoção de elementos que não estejam no acórdão regional, mas que sejam incontroversos nos autos, por conta do que foi afirmado na petição inicial, conforme decidido pela SBDI-I:

ACÓRDÃO (Ac.SDI-1) GMMAC/cfa/wri/r RECURSOS DE EMBARGOS INTERPOSTOS ANTERIORMENTE À VIGÊNCIA DA LEI N. 11.496/2007. I) INSURGÊNCIA OBREIRA 1) PRELIMINAR DE NULIDADE POR NEGATIVA DE PRESTAÇÃO JURISDICIONAL. Não se configura a hipótese de carência de fundamentação quando presentes os motivos de fato e de direito que justificam o enquadramento jurídico dado à matéria. 2) REAJUSTES SALARIAIS. CATEGORIA DIFERENCIADA. DECISÃO *EXTRA PETITA.* Busca demonstrar o Reclamante que a Turma não poderia ter conhecido da tese aventada nas razões do Recurso de Revista – segundo a qual o Reclamante, por integrar categoria profissional diferenciada, não tem direito de haver de seu empregador vantagens previstas em negociação coletiva da qual ele não participou – ainda que tal tese tenha sido abordada pelo Tribunal Regional. Não houve, todavia, inovação nas razões do Recurso de Revista. O Reclamado, desde a contestação, alega a existência de categoria diferenciada como fato impeditivo ao pagamento das diferenças salariais postuladas.Julgamentoproferido nos limites da litiscontestatio. Embargos integralmente não conhecidos. **II – RECURSO DE EMBARGOS DO RECLAMADO JULGAMENTO**

CITRA PETITA. EXAME DA PETIÇÃO INICIAL. CONTRARIEDADE À SÚMULA N. 126 DESTE TRIBUNAL SUPERIOR DO TRABALHO NÃO CONFIGURADA. A LEITURA DA PETIÇÃO INICIAL COM O ESCOPO DE EXTRAIR O OBJETO DA LIDE NÃO IMPLICA O RE-VOLVIMENTO DE FATOS E PROVAS. TAL INVESTIGAÇÃO SITUADA NO CAMPO DO DI-REITO, REVELA-SE FUNDAMENTAL À DEFINIÇÃO DA *LITIS CONTESTATIO*, CUJA BALI-ZA SE ENCONTRAM NA PETIÇÃO INICIAL e na contestação.NÃO SE TRATA, PORTANTO, DE PERQUIRIR FATOS E PROVAS EM ORDEM DE VERIFICAR O ACERTO DA PROCEDÊN-CIA OU NÃO DO PEDIDO, MAS A DEFINIÇÃO DA PRÓPRIA PRETENSÃO PROCESSUAL DEDUZIDA EM JUÍZO. LEGÍTIMO, PORTANTO, O EXAME DO PEDIDO INICIAL, AINDA QUE EM INSTÂNCIA EXTRAORDINÁRIA. Some-se a isso a circunstância de que o Recurso de Revista teve por objeto a ocorrência de julgamento *citrapetita*, o que, POR RAZÕES DE OR-DEM LÓGICA-JURÍDICA, IMPÕE AO JULGADOR O COTEJO DO PEDIDO INICIAL COM O ALCANCE DA DECISÃO RECORRIDA (*omissis*...). O Recurso de Embargos vem calcado em violação do artigo 896 da Consolidação das Leis do Trabalho, por suposto equívoco quanto à não aplicação da Súmula n. 126 desta Corte uniformizadora à espécie. Infundado, data vênia, o argumento patronal. A LEITURA DA PETIÇÃO INICIAL COM O ESCOPO DE EXTRAIR O OBJETO DA LIDE não implica revolvimento de fatos e provas. TAL INVESTIGAÇÃO, situada no campo do direito, REVELA-SE FUNDAMENTAL À DEFINIÇÃO DA *LITISCONTESTATIO*, CUJAS BALIZAS SE ENCONTRAM NA PETIÇÃO INICIAL e na contestação. NÃO SE TRATA, PORTANTO, DE PERQUIR FATOS E PROVAS em ordem a verificar o acerto da procedência ou não do pedido, MAS A DEFINIÇÃO DA PRÓPRIA PRETENSÃO DEDUZIDA EM JUÍZO. LEGÍTIMO, PORTANTO, O EXAME DO PEDIDO INICIAL, AINDA, QUE INSTÂNCIA EX-TRAORDINÁRIA. Some-se a isso a circunstância de que o Recurso de Revista teve por objeto a ocorrência de julgamento *citra petita*, o que, POR RAZÕES DE ORDEM LÓGICA-JURÍDICA, IM-PÕE AO JULGADOR O COTEJO DO PEDIDO INICIAL COM O ALCANCE DA DECISÃO re-corrida. Inaplicável, à espécie, a Súmula n. 126 deste Tribunal Superior. Não conheço do Recurso. **ISTO POSTO** ACORDAM os Ministros da Subseção I Especializada em Dissídios Individuais do Tribunal Superior do Trabalho, por unanimidade, não conhecer de ambos os Recursos de Em-bargos. Brasília, 25 de agosto de 2008. **Maria de Assis Calsing Ministra Relatora fls. PROC. N. TST-E-ED-RR-635669/2000.1 ,PROC. N. TST-E-ED-RR-635669/2000.1** C:\TEMP\APWYSTAJ\ TempMinu.doc C:\TEMP\APWYSTAJ\TempMinu.doC.F.NTE SITE TST: <http://aplicacao5. TST.jus.br/consultaunificada2/inteiroTeor.do?action=printInteiroTeor&format=html&hi-ghlight=true&numeroFormatado=E-ED-RR%20-%20635669-11.2000.5.02.5555&base=acor-dao&rowid=AAANGhAAFAAAoHcAAJ&dataPublicacao=05/09/2008&localPublicacao=D-J&query=litiscontestatio%20and%20contesta%E7%E3o%20and%20julgamento%20and%20 extra%20and%20petita>. (grifos do autor)

5. Do fato incontroverso noticiado na contestação e a SBDI 01 do TST

A SBDI 1 do Tribunal Superior tem reconhecido o fato incontroverso quando confessado pela parte, na contestação:

TRIBUNAL: TST DECISÃO: 15 12 2003 PROC: ERR NUM: 425476 ANO: 1998 REGIÃO: 15 EMBARGOS EM RECURSO DE REVISTA TURMA: **D1** ÓRGÃO JULGADOR – SUBSEÇÃO I ESPECIALIZADA EM DISSÍDIOS INDIVIDUAIS *Inteiro Teor Andamento do Processo* **FONTE** DJ DATA: 27.02.2004 *PARTES* EMBARGANTE: BANCO DO ESTADO DE SÃO PAULO S/A – BA-NESPA. EMBARGADA: CLEONICE DE FÁTIMA MARTINS LOPES MARABESI. *RELATOR* MINISTRO JOÃO ORESTE DALAZEN *EMENTA* PREQUESTIONAMENTO. INEXIGIBILI-DADE. FATO INCONTROVERSO. DATA DE ADMISSÃO. RECONHECIMENTO DE VÍN-CULO EMPREGATÍCIO. ENTE PÚBLICO. INTERMEDIAÇÃO FRAUDULENTA DE MÃO DE OBRA. ARTIGO 896 DA CLT. 1. **A exigência de prequestionamento concerne aos fatos** controvertidos, a cujo respeito faz-se imperioso um pronunciamento explícito das instâncias ordinárias e a emissão de tese jurídica para propiciar-se o conhecimento de qualquer recurso de natureza extraordinária, inclusive o recurso de revista. 2. Todavia, o TST não pode e não deve incensar o tecnicismo a um extremo tal que o leve a ignorar um fato relevante e inequivocamente incontroverso para o deslinde das questões afloradas no processo. 3. INCONTROVERSA a admissão da Autora anteriormente à promulgação da Constituição Federal de 1988, <u>ATÉ PORQUE EXPRESSAMENTE RECONHECIDO TAL FATO PELO Banco-RECLAMADO EM CONTESTAÇÃO</u>, NÃO VIOLA O ARTIGO 896 DA CLT ACÓRDÃO DA TURMA QUE, TOMANDO-O EM CONSIDERAÇÃO, (*omissis*) Tenho, pois, por inexigível, prequestionamento do fato incontroverso em foco. Saliente-se, inclusive, que a Eg. SBDI1 já emitiu pronunciamento nesse mesmo sentido: "<u>MATÉRIA INCONTROVERSA. DESNECESSIDADE DE PREQUESTIONAMENTO.</u> BANCÁRIO. GRATIFICAÇÃO DE FUNÇÃO. Se na decisão regional só se discute o conteúdo da função do bancário para descaracterizá-la como de confiança e se reconhece o direito a horas extras é porque era incontroverso o regular pagamento da gratificação de 1/3 do salário, tanto que nada se referiu a isto e também ausentes embargos declaratórios do reclamante. <u>MATÉRIA EVIDENTEMENTE INCONTROVERSA NÃO CARECE DE PREQUESTIONAMENTO</u>. Inexistente, portanto, inobservância do Enunciado n. 126/TST, na decisão que, entendendo juridicamente equivocados os fundamentos pelos quais o Eg. TRT não considerou a função como de confiança, conhece do recurso de revista por contrariedade ao Enunciado n. 204 do C. TST. Recurso não conhecido." (TST-AG-E-RR 227.888/95, Redator Designado Min. Vantuil Abdala, SBDI-1, publicado no DJ em 31.03.2000, pag. 19) A meu ver, portanto, não merece reparos a v. decisão turmária que, partindo da premissa de que a contratação da Autora teve início anteriormente à promulgação da Constituição Federal de 1988, não conheceu do recurso de revista do Banco-reclamado, afastando a argüição de afronta ao artigo 37, inciso II, da Constituição Federal, bem como a indicação de contrariedade à Súmula n. 331, item II, do TST. Ante o exposto, não vislumbrando a alegada violação aos artigos 128 e 473 do CPC, 37, inciso II, da Constituição Federal e 896 da CLT, tampouco contrariedade às Súmulas ns. 126 e 331, item II, do TST, não conheço dos embargos. ISTO POSTO ACORDAM os Ministros da Subseção I Especializada em Dissídios Individuais do Tribunal Superior do Trabalho, por maioria, não conhecer dos embargos, vencidos os Exmos. Ministros Milton de Moura França, José Luciano de Castilho Pereira e Rider Nogueira de Brito. Brasília, 15 de dezembro de 2003. JOÃO ORESTE DALAZEN Ministro Relator . Fonte Site do TST DEJT 27.02.2004 URL: <http://aplicacao5.TST.jus.br/consultaunificada2/inteiroTeor.do?action=printInteiroTeor&format=html&highlight=true&numeroFormatado=E-ED-RR%20-%20635669-11.2000.5.02.5555&base=acordao&rowid=AAANGhAAFAAAoHcAAJ&dataPublicacao=05/09/2008&localPublicacao=DJ&query=litiscontestatio%20and%20contesta%E7%E3o%20and%20julgamento%20and%20extra%20and%20petita>. (grifos do autor)

6. Do fato incontroverso indicado nas razões ou contrarrazões do apelo e a SBDI 01 do TST

Não configura reexame de fatos e provas a adoção de elementos que não estejam no acórdão regional, mas que sejam incontroversos nos autos, conforme decidido pela SBDI-I, mesmo que aferidos em contrarrazões:

AGRAVO. RECURSO DE EMBARGOS EM EMBARGOS DE DECLARAÇÃO EM RECURSO DE REVISTA COM AGRAVO INTERPOSTO SOB A ÉGIDE DA LEI N. 13.015/2014. AÇÃO DE INDENIZAÇÃO POR DANO MORAL PROPOSTA PERANTE A JUSTIÇA COMUM ANTERIORMENTE À VIGÊNCIA DO CÓDIGO CIVIL DE 2002. IMPUTAÇÃO DE CRIME E DISPENSA POR JUSTA CAUSA. PRESCRIÇÃO APLICÁVEL. AUSÊNCIA DE CONTRARIEDADE ÀS SÚMULAS 126 E 297 DO TST. DIVERGÊNCIA JURISPRUDENCIAL NÃO

O Novo Recurso de Revista – 151

COMPROVADA – ARESTO INESPECFCO. 1. Diante da redação conferida ao art. 894, II, da CLT, pela Lei n. 11.496/2007, posteriormente alterada pela Lei n. 13.015/2014, e considerando a função exclusivamente uniformizadora desta Subseção Especializada, não se admite a alegação de contrariedade a súmulas ou a orientações jurisprudenciais de índole processual, cujo conteúdo irradie questões relativas ao cabimento ou ao conhecimento dos recursos de natureza extraordinária (no caso, as Súmulas 126 e 297 do TST), salvo a constatação, na decisão embargada, de desacerto na eleição de tais óbices, exceção não materializada na hipótese dos autos. 2. No caso, como destacado pela Eg. Turma, os elementos fáticos essenciais à análise da prescrição são incontroversos, porquanto admitidos como verdadeiros pelo reclamado em contrarrazões ao recurso de revista do reclamante. Diante de tal quadro, não se vislumbra contrariedade às Súmulas 126 e 297 desta Corte. 3. Por outra face, o recurso de embargos também não merece trânsito por divergência jurisprudencial, uma vez que o único paradigma transcrito não se revela específico para configurar o dissenso de teses (Súmula 296/TST). Agravo regimental conhecido e desprovido. **Processo:** Ag-E-ED-ARR – 213600-30.2007.5.02.0018 **Data de Julgamento:** 28.06.2018, **Relator Ministro:** Alberto Luiz Bresciani de Fontan Pereira, Subseção I Especializada em Dissídios Individuais, **Data de Publicação: DEJT** 03.08.2018. Fonte Site TST: URL: <http://aplicacao5.TST.jus.br/consultaunificada2/inteiroTeor.do?action=printInteiroTeor&format=html&highlight=true&numeroFormatado=Ag-E-ED-ARR%20-%20213600-30.2007.5.02.0018&base=acordao&rowid=AAANGhAAFAABCmwAAF&dataPublicacao=03/08/2018&localPublicacao=DEJT&query=justa%20and%20causa%20and%20absolvi%E7%E3o%20and%20criminal>. (grifos do autor)

7. Do reenquadramento jurídico pelo TST sem revolvimento dos fatos e provas

7.1. Da Súmula n. 126 do TST

Dispõe a Súmula n. 126 do TST:

RECURSO. CABIMENTO (mantida) - Res. 121/2003, DJ 19, 20 e 21.11.2003 **Incabível o·recurso de revista ou de embargos (arts. 896 e 894, "b", da CLT) para reexame de fatos e provas.** (grifos do autor)

A Súmula n. 126 do TST proíbe o reexame de fatos e provas pelo Tribunal Superior do Trabalho, porém, não obsta o reenquadramento jurídico feito a partir do quadro fático noticiado no próprio acórdão regional.

7.2. A SBDI 01 do TST e o reenquadramento jurídico sem malferimento da Súmula n. 126 do TST

A SBDI 01 do TST tem entendimento no sentido de que não configura reexame de fatos e provas e óbice da Súmula n. 126 do TST a revalorização do conjunto probatório transcrito no acórdão regional, ou seja, o reenquadramento jurídico feito a partir do quadro fático noticiado no próprio acórdão regional:

ACORDÃO (SDI-1) GMALB/pat/AB/vl AGRAVO INTERNO. RECURSO DE EMBARGOS REGIDO PELAS LEIS NS. 13.015/2014 E 13.105/2015. EMBARGOS DE TERCEIRO. FRAUDE À EXECUÇÃO. CONTRARIEDADE ÀS SÚMULAS NS. 126 E 266/TST. NÃO CONFIGURAÇÃO. 1. A Eg. 8ª Turma deu provimento ao recurso de revista da terceira embargante, para desconstituir a penhora realizada em seu imóvel, adquirido de boa-fé. 2. **Não se verifica a alegada contrariedade à Súmula n. 126 do TST. O reenquaramento jurídico dos fatos narrados pelo Regional é possível e obrigatório pela Corte de uniformização. No caso**

dos autos, a Turma procedeu à revaloração do conjunto probatório transcrito, para concluir que não houve fraude à execução. Destacou que a alienação ocorreu nos autos de Ação Cível de Execução Extrajudicial Hipotecária da 5ª Vara Civil de Curitiba e que, "na data da compra, inexistia qualquer registro de penhora expedido pelo Juízo do Trabalhista, visto que esta somente ocorreu em 15/10/2013 (fl. 36)". Ademais, concluiu não haver prova da má-fé da adquirente, pelo simples fato de a aquisição do imóvel ter se dado em momento posterior ao ajuizamento da reclamação trabalhista e de ela ter sido assistida, em 2009, anos após o compromisso de compra e venda, por advogado que representou a reclamada *(omissis....)* <u>ISTO POSTO</u> ACORDAM os Ministros da Subseção I Especializada em Dissídios Individuais do Tribunal Superior do Trabalho, por unanimidade, conhecer do agravo interno e, no mérito, negar-lhe provimento. Brasília, 6 de dezembro de 2018. Firmado por assinatura digital (MP 2.200-2/2001) Alberto Bresciani Ministro Relator – Processo TST-Ag-E-RR-1600-82.2014.5.09.0004 – DEJT 14.12.2018 URL: <http://aplicacao5.TST.jus.br/consultaunificada2/inteiroTeor.do?action=printInteiroTeor&format=html&highlight=true&numeroFormatado=Ag-E-RR%20-%20 1600-82.2014.5.09.0004&base=acordao&rowid=AAANGhAAFAABFTmAAO&dataPublicacao=14/12/2018&localPublicacao=DEJT&query=reenquadramento%20and%20jur%EDdico%20and%20s%FAmula%20and%20126>. (grifos do autor)

Parte XXI

DESPACHO DENEGATÓRIO E EMBARGOS DE DECLARAÇÃO (CLT, CPC, IN 39, IN 40, SÚMULA E OJS)

I – DESPACHO DE RECEBIMENTO OU DENEGATÓRIO DO RECURSO DE REVISTA

1. § 1º, do art. 896, da CLT

Dispõe o § 1º, do art. 896, da CLT:

§ 1º O recurso de revista, dotado de efeito apenas devolutivo, será interposto perante o Presidente do Tribunal Regional do Trabalho, que, por decisão fundamentada, poderá recebê-lo ou denegá-lo.

Cabe ao Presidente ou Vice-Presidente do tribunal regional o primeiro exame de admissibilidade do recurso de revista, podendo receber ou denegar seu processamento.

II – EMBARGOS DE DECLARAÇÃO, CLT E CPC

Barbosa Moreira há muito tempo já dizia que "na realidade, tanto antes quanto depois da reforma, qualquer decisão judicial comporta embargos de declaração: é inconcebível que fiquem sem remédio a obscuridade, a contradição ou omissão existente no pronunciamento, não raro a comprometer a própria possibilidade de cumpri-lo. Não tem a mínima relevância que se trate de decisão de grau inferior ou superior, proferida em processo de cognição (de procedimento comum ou especial), de execução ou cautelar. Tampouco importa que a decisão seja definitiva ou não, final ou interlocutória". (*Comentários ao CPC, Vol. V, Ed. Forense, 2002, pg. 542*)

1. Do art. 897 da CLT

Dispõe o art. 897 da CLT:

Art. 897-A. Caberão embargos de declaração da sentença ou acórdão, no prazo de cinco dias, devendo seu julgamento ocorrer na primeira audiência ou sessão subsequente a sua apresentação, registrado na certidão, <u>admitido efeito modificativo</u> da decisão <u>nos casos</u> de omissão e contradição no julgado <u>e manifesto</u> equívoco no exame dos pressupostos extrínsecos do recurso.

§ 1º Os erros materiais poderão ser corrigidos de ofício ou a requerimento de qualquer das partes.

§ 2º Eventual efeito modificativo dos embargos de declaração somente poderá ocorrer em virtude da correção de vício na decisão embargada e desde que ouvida a parte contrária, no prazo de 5 (cinco) dias.

§ 3º Os embargos de declaração interrompem o prazo para interposição de outros recursos, por qualquer das partes, salvo quando intempestivos, irregular a representação da parte ou ausente a sua assinatura. (grifos do autor)

Registre-se que a concessão de efeito modificativo dos embargos declaratórios exige o contraditório.

Os embargos de declaração interrompem o prazo recursal, ainda, que considerados incabíveis ou mesmo protelatórios, salvo quando intempestivos, irregular a representação da parte ou ausente a sua assinatura.

Conforme estabelece o art. 1.024, do CPC/2015, nos tribunais, o julgamento dos embargos declaratórios deverá ocorrer na 1ª sessão subsequente, não ocorrendo deverá ser publicada pauta de julgamento específico dos embargos de declaração.

§ 1º Nos tribunais, o relator apresentará os embargos em mesa na sessão subsequente, proferindo voto, e, não havendo julgamento nessa sessão, será o recurso incluído em pauta automaticamente.

2. Do cabimento dos embargos declaratórios no art. 1.022 do CPC/2015 em face de qualquer decisão

2.1. Do art. 1.022 e seguintes do CPC/2015

Dispõe o art. 1.022 do CPC/2015:

Art. 1.022. Cabem embargos de declaração <u>contra qualquer decisão judicial</u> para: *omissis*. (grifos do autor)

O art. 1.022 do CPC/2015 estabelece que cabem embargos de declaração contra qualquer decisão, o que já era dito por Barbosa Moreira, nos seus comentários desde o CPC/1973.

O parágrafo único do art. 1.022 e os arts. 1.023, 1.024, 1.025 e 1.026 do CPC/2015, fixam:

Parágrafo único. Considera-se omissa a decisão que:

I – deixe de se manifestar sobre tese firmada em julgamento de casos repetitivos ou em incidente de assunção de competência aplicável ao caso sob julgamento;

II – incorra em qualquer das condutas descritas no art. 489, § 1º.

Art. 1.023. Os embargos serão opostos, no prazo de 5 (cinco) dias, em petição dirigida ao juiz, com indicação do erro, obscuridade, contradição ou omissão, e não se sujeitam a preparo.

§ 1º Aplica-se aos embargos de declaração oart. 229.

§ 2º O juiz intimará o embargado para, querendo, manifestar-se, no prazo de 5 (cinco) dias, sobre os embargos opostos, caso seu eventual acolhimento implique a modificação da decisão embargada.

Art. 1.024. O juiz julgará os embargos em 5 (cinco) dias.

§ 1º Nos tribunais, o relator apresentará os embargos em mesa na sessão subsequente, proferindo voto, **e, não havendo julgamento nessa sessão, será o recurso incluído em pauta automaticamente.**

§ 2º Quando os embargos de declaração forem opostos contra decisão de relator ou outra decisão unipessoal proferida em tribunal, o órgão prolator da decisão embargada decidi-los-á monocraticamente.

§ 3º O órgão julgador conhecerá dos embargos de declaração como agravo interno se entender ser este o recurso cabível, desde que determine previamente a intimação do recorrente para, no prazo de 5 (cinco) dias, complementar as razões recursais, de modo a ajustá-las às exigências do art. 1.021, § 1º.

§ 4º Caso o acolhimento dos embargos de declaração implique modificação da decisão embargada, o embargado que já tiver interposto outro recurso contra a decisão originária tem o direito de complementar ou alterar suas razões, nos exatos limites da modificação, no prazo de 15 (quinze) dias, contado da intimação da decisão dos embargos de declaração.

§ 5º Se os embargos de declaração forem rejeitados ou não alterarem a conclusão do julgamento anterior, o recurso interposto pela outra parte antes da publicação do julgamento dos embargos de declaração será processado e julgado independentemente de ratificação.

Art. 1.025. Consideram-se incluídos no acórdão os elementos que o embargante suscitou, para fins de pré-questionamento, ainda que os embargos de declaração sejam inadmitidos ou rejeitados, caso o tribunal superior considere existentes erro, omissão, contradição ou obscuridade.

Art. 1.026. <u>Os embargos de declaração não possuem efeito suspensivo e interrompem o prazo para a interposição de recurso.</u>

§ 1º A eficácia da decisão monocrática ou colegiada poderá ser suspensa pelo respectivo juiz ou relator se demonstrada a probabilidade de provimento do recurso ou, sendo relevante a fundamentação, se houver risco de dano grave ou de difícil reparação.

§ 2º Quando manifestamente protelatórios os embargos de declaração, o juiz ou o tribunal, em decisão fundamentada, condenará o embargante a pagar ao embargado multa não excedente a dois por cento sobre o valor atualizado da causa.

§ 3º Na reiteração de embargos de declaração manifestamente protelatórios, a multa será elevada a até dez por cento sobre o valor atualizado da causa, e a interposição de qualquer recurso ficará condicionada ao depósito prévio do valor da multa, à exceção da Fazenda Pública e do beneficiário de gratuidade da justiça, que a recolherão ao final.

§ 4º Não serão admitidos novos embargos de declaração se os 2 (dois) anteriores houverem sido considerados protelatórios. (grifos do autor)

Os embargos de declaração não possuem efeito suspensivo e interrompem o prazo para a interposição de recurso.

Importante inovação constante no § 1ºA, do art. 1.026, do CPC/2015 possibilitando que, em preliminar dos próprios embargos de declaração se postule e se defira suspensão da eficácia da decisão pelo respectivo juiz ou relator quando demonstrada a probabilidade de provimento do recurso ou, sendo relevante a fundamentação, diante do risco de dano grave ou de difícil reparação.

Quando manifestamente protelatórios, o que deverá ser objeto de decisão fundamentada, o órgão julgador condenará o embargante a pagar ao embargado multa não excedente a dois por cento sobre o valor atualizado da causa, podendo, na reiteração chegar até dez por cento sobre o valor atualizado da causa, e, nesse último caso e somente nele, a interposição de qualquer recurso ficará condicionada ao depósito prévio do valor da multa, à exceção da Fazenda Pública e do beneficiário de gratuidade da justiça, que a recolherão ao final.

Não serão admitidos novos embargos de declaração se os 2 (dois) anteriores houverem sido considerados protelatórios.

Destaque-se que, com exceção da ausência de assinatura, da irregularidade dos poderes e intempestividade, somente, no caso dos 2 (dois) embargos declaratórios anteriores terem sido julgados protelatórios é que não se admitiram os embargos de declaração, conforme estabelece o § 3º, do art. 897, da CLT c/c § 3º do art. 1.025 do CPC/2015.

3. Do cabimento dos embargos declaratórios e a Instrução Normativa n. 39/2016 do C. TST = Oponíveis em face de qualquer decisão

3.1. Do art. 9º da Instrução Normativa n. 39/2016 do C.TST

Dispõe o artigo 9º da Instrução Normativa n. 39/2016 do TST:

Art. 9º O cabimento dos embargos de **declaração no Processo do Trabalho <u>para impugnar qualquer decisão judicial</u>, rege-se pelo art. 897-A da CLT e, supletivamente, pelo Código de**

Processo Civil (arts. 1.022 a 1.025; §§ 2º, 3º e 4º do art. 1026), excetuada a garantia de prazo em dobro para litisconsortes (§ 1º do art. 1.023). (grifos do autor)

Portanto, o artigo 9º da Instrução Normativa n. 39/2016, repetindo o art. 1.022 do CPC/2015, estabelece que cabem embargos de declaração em face de qualquer decisão e que serão observados o art. 897 da CLT c/c os arts. 1.022/1.026 do CPC/2015.

4. Embargos declaratórios, efeito modificativo e contraditório

Estabelece a Súmula n. 278 do TST:

Súmula n. 278 do TST

EMBARGOS DE DECLARAÇÃO. OMISSÃO NO JULGADO (mantida) – Res. 121/2003, DJ 19, 20 e 21.11.2003

A natureza da omissão suprida pelo julgamento de embargos declaratórios pode ocasionar efeito modificativo no julgado. (grifos do autor)

Fixa a OJ 142 da SBDI 01 do TST:

142. EMBARGOS DE DECLARAÇÃO. EFEITO MODIFICATIVO. VISTA PRÉVIA À PARTE CONTRÁRIA. (cancelado o item II em decorrência do CPC de 2015) – Res. 214/2016, DEJT divulgado em 30.11.2016 e 01 e 02.12.2016. É passível de nulidade decisão que acolhe embargos de declaração com efeito modificativo sem que seja concedida oportunidade de manifestação prévia à parte contrária."

A supressão da omissão existente na decisão levada a efeito no julgamento de embargos declaratórios pode ocasionar efeito modificativo da decisão. No entanto, para tanto é necessário que se abra o contraditório.

5. Do cabimento dos embargos declaratórios no CPC/2015 e na Instrução Normativa n. 40/2016 do C. TST = Exigência de que sejam oponíveis em face de despacho/decisão denegatório

5.1. Da Instrução Normativa n. 40/2016 do TST

A Instrução Normativa 40/2016 do TST, fixa:

Art. 1º Admitido <u>apenas parcialmente</u> o recurso de revista, <u>constitui ônus da parte impugnar, mediante agravo de instrumento, o capítulo denegatório da decisão, sob pena de preclusão.</u>

<u>§ 1º Se houver omissão no juízo de admissibilidade do recurso de revista quanto a um ou mais temas, é ônus da parte interpor embargos de declaração</u> para o órgão prolator da decisão embargada supri-la (CPC, art. 1024, § 2º), sob pena de preclusão.

§ 2º Incorre em nulidade a decisão regional que se abstiver de exercer controle de admissibilidade sobre qualquer tema objeto de recurso de revista, não obstante interpostos embargos de declaração (CF/88, art. 93, inciso IX e § 1º do art. 489 do CPC de 2015).

§ 3º No caso do parágrafo anterior, sem prejuízo da nulidade, a recusa do Presidente do Tribunal Regional do Trabalho a emitir juízo de admissibilidade sobre qualquer tema equivale à decisão denegatória. **É ônus da parte, assim, após a intimação da decisão dos embargos de** declaração, impugná-la mediante agravo de instrumento (CLT, art. 896, § 12), sob pena de preclusão.

§ 4º Faculta-se ao Ministro Relator, por decisão irrecorrível (CLT, art. 896, § 5º, por analogia), determinar a restituição do agravo de instrumento ao Presidente do Tribunal Regional do Trabalho de origem para que complemente o juízo de admissibilidade, desde que interpostos embargos de declaração.

Art. 2º Após a vigência do Código de Processo Civil de 2015, subsiste o Incidente de Uniformização de Jurisprudência da CLT (art. 896, §§ 3º, 4º, 5º e 6º), observado o procedimento previsto no regimento interno do Tribunal Regional do Trabalho.

Art. 3º A presente Instrução Normativa vigerá a partir de sua publicação, exceto o art. 1º, que vigorará a partir de 15 de abril de 2016. (grifos do autor)

Se houver omissão no juízo de admissibilidade do recurso de revista quanto a um ou mais temas, é ônus da parte interpor embargos de declaração para o órgão prolator da decisão embargada supri-la, sob pena de preclusão.

Incorre em nulidade a decisão regional que se abstiver de exercer controle de admissibilidade sobre qualquer tema objeto de recurso de revista, não obstante interpostos embargos de declaração.

A recusa do Presidente ou do Vice-Presidente do Tribunal Regional do Trabalho a emitir juízo de admissibilidade sobre qualquer tema equivale à decisão denegatória. Nesse caso, então, é ônus da parte, após a intimação da decisão dos embargos de declaração, impugná-la mediante agravo de instrumento, sob pena de preclusão.

Interessante destacar que o Superior Tribunal de Justiça diferentemente da Instrução Normativa n. 41/2018 do TST não faz essa interpretação e nem essa leitura dos arts. 489 e 1.024 do CPC/2015, não havendo a exigência de se opor embargos de declaração em face do despacho denegatório que tenha conhecido o recurso especial, apenas, por um dos temas e não cuidado de outro nele ventilado.

Assim, a interpretação e aplicação do § 1º, do art. 489, e do art. 1.024 do CPC/2015 feita pelo Tribunal Superior do Trabalho cria uma complexidade e um gravame excessivo ao acesso ao Tribunal Superior, que não é exigido pelo Superior Tribunal de Justiça no conhecimento do recurso especial que tem a mesma finalidade que o recurso de revista.

Parte XXII

AGRAVO DE INSTRUMENTO (CLT, CPC, IN 39, IN 40, SÚMULA E OJS)

1. Art. 897 da CLT

Dispõe o art. 897 da CLT:

Art. 897 – Cabe agravo, no prazo de 8 (oito) dias:

a) de petição, das decisões do Juiz ou Presidente, nas execuções;

b) de instrumento, dos despachos que denegarem a interposição de recursos.

§ 1º – O agravo de petição só será recebido quando o agravante delimitar, justificadamente, as matérias e os valores impugnados, permitida a execução imediata da parte remanescente até o final, nos próprios autos ou por carta de sentença.

§ 2º – O agravo de instrumento interposto contra o despacho que não receber agravo de petição não suspende a execução da sentença.

§ 3º – Na hipótese da alínea*a*deste artigo, o agravo será julgado pelo próprio tribunal, presidido pela autoridade recorrida, salvo se se tratar de decisão de Juiz do Trabalho de 1ª Instância ou de Juiz de Direito, quando o julgamento competirá a uma das Turmas do Tribunal Regional a que estiver subordinado o prolator da sentença, observado o disposto no art. 679, a quem este remeterá as peças necessárias para o exame da matéria controvertida, em autos apartados, ou nos próprios autos, se tiver sido determinada a extração de carta de sentença.

§ 4º – Na hipótese da alínea b deste artigo, o agravo será julgado pelo Tribunal que seria competente para conhecer o recurso cuja interposição foi denegada.

§ 5º – Sob pena de não conhecimento, as partes promoverão a formação do instrumento do agravo de modo a possibilitar, caso provido, o imediato julgamento do recurso denegado, instruindo a petição de interposição:

I – obrigatoriamente, com cópias da decisão agravada, da certidão da respectiva intimação, das procurações outorgadas aos advogados do agravante e do agravado, da petição inicial, da contestação, da decisão originária, do depósito recursal referente ao recurso que se pretende destrancar, da comprovação do recolhimento das custas e do depósito recursal a que se refere o § 7º do art. 899 desta Consolidação;

II – facultativamente, com outras peças que o agravante reputar úteis ao deslinde da matéria de mérito controvertida

§ 6º – O agravado será intimado para oferecer resposta ao agravo e ao recurso principal, instruindo-a com as peças que considerar necessárias ao julgamento de ambos os recursos.

§ 7º – Provido o agravo, a Turma deliberará sobre o julgamento do recurso principal, observando-se, se for o caso, daí em diante, o procedimento relativo a esse recurso.

§ 8º – Quando o agravo de petição versar apenas sobre as contribuições sociais, o juiz da execução determinará a extração de cópias das peças necessárias, que serão autuadas em apartado, conforme dispõe o § 3º, parte final, e remetidas à instância superior para apreciação, após contraminuta. (grifos do autor)

O agravo de instrumento será julgado pelo Tribunal que seria competente para conhecer o recurso cuja interposição foi denegada, e o agravado será intimado para oferecer resposta ao agravo e ao recurso principal, devendo a parte promover a formação do instrumento, a possibilitar, caso provido, o imediato julgamento do recurso denegado, instruindo a petição de interposição.

160 – Jorge Pinheiro Castelo

Destaque-se que pelo § 7º, do art. 897, da CLT, provido o agravo a Turma deliberará sobre o julgamento do recurso principal, observando, se for o caso, daí em diante, o procedimento relativo a esse recurso, sendo que no Tribunal Superior do Trabalho aplicam-se as regas dos arts. 252/257 (agravo instrumento) e 265/266 (agravo interno) do Regimento Interno:

Do Agravo de Instrumento

Art. 252. O agravo de instrumento interposto contra decisão denegatória de recurso de competência desta Corte será autuado e distribuído, observada a competência dos órgãos do Tribunal, aplicando-se, quanto à tramitação e julgamento, as disposições inscritas nesta Seção.

Art. 253. A dispensa de depósito recursal a que se refere o § 8º do art. 899 da CLT não será aplicável aos casos em que o agravo de instrumento se refira a uma parcela da condenação, pelo menos, que não seja objeto de arguição de contrariedade a súmula ou a orientação jurisprudencial do Tribunal Superior do Trabalho.

Art. 254. Admitido apenas parcialmente o recurso de revista, constitui ônus da parte impugnar, mediante agravo de instrumento em recurso de revista, o capítulo denegatório da decisão, sob pena de preclusão.

§ 1º Se houver omissão no juízo de admissibilidade do recurso de revista quanto a um ou mais temas, é ônus da parte interpor embargos de declaração para o órgão prolator da decisão embargada supri-la (art. 1.024, § 2º, do CPC), sob pena de preclusão. § 2º Incorre em nulidade a decisão regional que se abstiver de exercer controle de admissibilidade sobre qualquer tema objeto de recurso de revista, não obstante interpostos embargos de declaração (art. 93, inciso IX, da Constituição da República/88 e art. 489, § 1º, do CPC).

§ 3º No caso do parágrafo anterior, sem prejuízo da nulidade, a recusa do Presidente do Tribunal Regional do Trabalho a emitir juízo de admissibilidade sobre qualquer tema equivale a decisão denegatória. É ônus da parte, assim, após a intimação da decisão dos embargos de declaração, impugná-la mediante agravo de instrumento em recurso de revista (art. 896, § 12, da CLT), sob pena de preclusão.

Art. 255. Distribuído o agravo de instrumento, o relator poderá:

I – nos casos de que trata o artigo anterior e se constatar a existência de omissão não suprida pelo Presidente do Tribunal Regional do Trabalho de origem, apesar da interposição, pelo agravante, dos embargos de declaração, determinar, por decisão irrecorrível, a restituição do agravo de instrumento em recurso de revista ao órgão judicante de origem para que este complemente o juízo de admissibilidade;

II – não conhecer do agravo de instrumento inadmissível, prejudicado ou daquele que não tenha impugnado especificamente todos os fundamentos da decisão recorrida;

III – conhecer do agravo de instrumento para:

a) negar-lhe provimento em caso de recurso de revista inadmissível, prejudicado ou em que não tenha havido impugnação específica de todos os fundamentos da decisão recorrida, inclusive nas hipóteses do art. 896, § 1º-A, da CLT;

b) negar-lhe provimento nos casos em que o recurso for contrário a tese fixada em julgamento de recursos repetitivos ou de repercussão geral, a entendimento firmado em incidente de assunção de competência ou de demandas repetitivas, a súmula vinculante do Supremo Tribunal Federal ou a súmula ou orientação jurisprudencial do Tribunal Superior do Trabalho ou, ainda, a jurisprudência dominante acerca do tema;

c) dar-lhe provimento nos casos em que o recurso impugnar acórdão contrário a tese fixada em julgamento de casos repetitivos ou de repercussão geral, a entendimento firmado em incidente de assunção de competência ou de demandas repetitivas, a súmula vinculante do Supremo Tribunal Federal ou a súmula ou orientação jurisprudencial do Tribunal Superior

O Novo Recurso de Revista – 161

do Trabalho ou, ainda, a jurisprudência dominante acerca do tema, determinando a sua autuação como recurso ordinário ou recurso de revista, observando-se, daí em diante, os procedimentos respectivos.

Parágrafo único. No caso de ser provido o agravo de instrumento, mas ficando vencido o relator, será designado redator do acórdão e relator do recurso de revista o Ministro prolator do primeiro voto vencedor no julgamento do agravo de instrumento.

Art. 256. Se o agravo de instrumento que tramita conjuntamente com recurso de revista for provido, a Secretaria providenciará a publicação da respectiva certidão de julgamento, para efeito de intimação das partes, em que constará que os recursos de revista serão apreciados na primeira sessão ordinária subsequente à data da publicação, após a devida reautuação. Parágrafo único. Ultimado o julgamento, o relator ou o redator designado lavrará um único acórdão, que também contemplará os fundamentos que ensejaram o provimento do agravo de instrumento em recurso de revista, fluindo o prazo recursal a partir da publicação da aludida decisão.

Art. 257. Interposto apenas agravo de instrumento, se lhe for dado provimento, observar-se-á o procedimento do artigo anterior e seu parágrafo único. § 1º O processo, nesta hipótese, será reautuado como recurso de revista ou recurso ordinário, mantida a numeração dada ao agravo de instrumento. § 2º Não sendo conhecido ou desprovido o agravo de instrumento, será lavrado o respectivo acórdão.

2. Art. 899 da CLT

Dispõe o art. 899 da CLT:

Art. 899 – Os recursos serão interpostos por simples petição e terão efeito meramente devolutivo, salvo as exceções previstas neste Título, permitida a execução provisória até a penhora. (Redação dada pela Lei n. 5.442, de 24.5.1968) (*Vide* Lei n. 7.701, de 1988)

§ 1º Sendo a condenação de valor até 10 (dez) vêzes o salário-mínimo regional, nos dissídios individuais, só será admitido o recurso inclusive o extraordinário, mediante prévio depósito da respectiva importância. Transitada em julgado a decisão recorrida, ordenar-se-á o levantamento imediato da importância de depósito, em favor da parte vencedora, por simples despacho do juiz. (Redação dada pela Lei n. 5.442, 24.5.1968)

§ 2º Tratando-se de condenação de valor indeterminado, o depósito corresponderá ao que fôr arbitrado, para efeito de custas, pela Junta ou Juízo de Direito, até o limite de 10 (dez) vêzes o salário-mínimo da região. (Redação dada pela Lei n. 5.442, 24.5.1968)

§ 3º Revogado

§ 4º O depósito recursal será feito em conta vinculada ao juízo e corrigido com os mesmos índices da poupança. (Redação dada pela Lei n. 13.467, de 2017)

§ 5º (Revogado). (Redação dada pela Lei n. 13.467, de 2017)

§ 6º Quando o valor da condenação, ou o arbitrado para fins de custas, exceder o limite de 10 (dez) vêzes o salário-mínimo da região, o depósito para fins de recursos será limitado a êste valor. (Incluído pela Lei n. 5.442, 24.5.1968)

§ 7º No ato de interposição do agravo de instrumento, o depósito recursal corresponderá a 50% (cinquenta por cento) do valor do depósito do recurso ao qual se pretende destrancar. (Incluído pela Lei n. 12.275, de 2010)

§ 8º Quando o agravo de instrumento tem a finalidade de destrancar recurso de revista que se insurge contra decisão que contraria a jurisprudência uniforme do Tribunal Superior do Trabalho, consubstanciada nas suas súmulas ou em orientação jurisprudencial, não haverá obrigatoriedade de se efetuar o depósito referido no § 7º deste artigo. (Incluído pela Lei n. 13.015, de 2014)

§ 9º O valor do depósito recursal será reduzido pela metade para entidades sem fins lucrativos, empregadores domésticos, microempreendedores individuais, microempresas e empresas de pequeno porte. (Incluído pela Lei n. 13.467, de 2017)

§ 10. São isentos do depósito recursal os beneficiários da justiça gratuita, as entidades filantrópicas e as empresas em recuperação judicial. (Incluído pela Lei n. 13.467, de 2017)

§ 11. O depósito recursal poderá ser substituído por fiança bancária ou seguro garantia judicial. (Incluído pela Lei n. 13.467, de 2017)

Art. 900 – Interposto o recurso, será notificado o recorrido para oferecer as suas razões, em prazo igual ao que tiver tido o recorrente. (grifos do autor)

Destaque-se no tocante ao agravo de instrumento, o depósito recursal corresponderá a 50% (cinquenta por cento) do valor do depósito do recurso ao qual se pretende destrancar.

Entretanto, quando o agravo de instrumento tem a finalidade de destrancar recurso de revista que se insurge contra decisão regional que contrarie súmula do TST ou orientação jurisprudencial da SBDI, não haverá obrigatoriedade de se efetuar o depósito recursal.

O art. 23 do ATO 491/2014 da Presidência do TST estabelece punição a arguição manifestamente infundada ou temerária da violação à Súmula, Orientação Jurisprudencial, com o objetivo de não realização do depósito recursal.

Ademais, registre-se que, nos termos do art. 23 do ATO 491/2014, caso alguma matéria do agravo de instrumento não esteja albergada pela tese da súmula do TST ou orientação jurisprudencial da SBDI, então, será necessário o depósito recursal do agravo de instrumento.

3. Ato 491/2014 da Presidência do TST

O art. 23 do Ato 491/2014 da Presidência do TST esclarece:

A dispensa do depósito recursal a que se refere o § 8º do art. 899 da CLT não será aplicável aos casos em que o agravo de instrumento se refira a uma parcela da condenação, pelo menos, que não seja objeto de arguição de contrariedade a súmula ou a orientação jurisprudencial do Tribunal Superior do Trabalho.

Parágrafo único. Quando a arguição a que se refere o *caput* deste artigo revelar-se manifestamente infundada, temerária ou artificiosa, o agravo de instrumento será considerado deserto.

Nos termos do art. 23 do ATO 491/2014, caso alguma matéria do agravo de instrumento não esteja albergada pela tese da súmula do TST ou orientação jurisprudencial da SBDI, então, será necessário o depósito recursal do agravo de instrumento.

E, ainda, o art. 23 do ATO 491/2014 da Presidência do TST estabelece punição a arguição manifestamente infundada ou temerária da violação à súmula, orientação Jurisprudencial, para fim de não realização do depósito recursal.

E isso sem prejuízo das sanções pela litigância de má-fé.

4. Instrução Normativa n. 40/2016 do TST

A Instrução Normativa n. 40/2016 do TST fixa:

Art. 1º Admitido apenas parcialmente o recurso de revista, constitui ônus da parte impugnar, mediante agravo de instrumento, o capítulo denegatório da decisão, sob pena de preclusão.

§ 1º Se houver omissão no juízo de admissibilidade do recurso de revista quanto a um ou mais temas, é ônus da parte interpor embargos de declaração para o órgão prolator da decisão embargada supri-la (CPC, art. 1024, § 2º), sob pena de preclusão.

§ 2º Incorre em nulidade a decisão regional que se abstiver de exercer controle de admissibilidade sobre qualquer tema objeto de recurso de revista, não obstante interpostos embargos de declaração (CF/88, art. 93, inciso IX e § 1º do art. 489 do CPC de 2015).

§ 3º No caso do parágrafo anterior, sem prejuízo da nulidade, a recusa do Presidente do Tribunal Regional do Trabalho a emitir juízo de admissibilidade sobre qualquer tema equivale à decisão denegatória. É ônus da parte, assim, após a intimação da decisão dos embargos de declaração, impugná-la mediante agravo de instrumento (CLT, art. 896, § 12), sob pena de preclusão. (grifos do autor)

Dessa maneira, se houver omissão no juízo de admissibilidade do recurso de revista quanto a um ou mais temas, é ônus da parte interpor embargos de declaração para o órgão prolator da decisão embargada supri-la, sob pena de preclusão. Nesse sentido, também, o § 1º, do art. 254, do Regimento Interno do TST.

Outrossim, incorre em nulidade a decisão regional que se abstiver de exercer controle de admissibilidade sobre qualquer tema objeto de recurso de revista, não obstante interpostos embargos de declaração. Essa determinação, também, do § 2º do art. 254 do Regimento Interno do TST.

Ademais, a recusa do Presidente ou do Vice-Presidente do Tribunal Regional do Trabalho a emitir juízo de admissibilidade sobre qualquer tema equivale à decisão denegatória. Nesse caso, então, em conformidade com a Instrução Normativa n. 40/2016 do TST, é ônus da parte, após a intimação da decisão dos embargos de declaração, impugná-la mediante agravo de instrumento, sob pena de preclusão. Essa diretriz, também, do § 3º, do art. 254, do Regimento Interno do TST.

Destaque-se que não é essa a interpretação e aplicação que o Superior Tribunal de Justiça dá ao § 1º, do art. 489, e ao art. 1.024 do CPC/2015.

No âmbito da esfera civil, conhecido o recurso especial por um fundamento não se faz necessário ingressar com embargos de declaração e nem com Agravo de Instrumento relativo a parte do recurso especial que não foi admitida, subindo o recurso especial para sua apreciação integral, aliás, como o era o entendimento exarado pela OJ 282 da SBDI 01 do Tribunal Superior do Trabalho (*"No julgamento de Agravo de Instrumento, ao afastar o óbice apontado pelo TRT para o processamento do recurso de revista, pode o juízo* ad quem *prosseguir no exame dos demais pressupostos extrínsecos e intrínsecos do recurso de revista, mesmo que não apreciados pelo TRT"*).

Dessa forma, essa interpretação e aplicação do § 1º, do art. 489, e do art. 1.024 do CPC/2015 feita pelo Tribunal Superior do Trabalho cria uma complexidade e um gravame excessivo ao acesso ao Tribunal Superior que não é exigido pelo Superior

Tribunal de Justiça no conhecimento do recurso especial que tem a mesma finalidade que o recurso de revista.

5. Agravo de instrumento, duplo exame de admissibilidade e OJ 282 da SBDI 01 do TST

A **OJ 282 da SBDI 01 do TST** fixa:

> 282. AGRAVO DE INSTRUMENTO. JUÍZO DE ADMISSIBILIDADE *AD QUEM* (DJ 11.08.2003) **No julgamento de Agravo de Instrumento, ao afastar o óbice apontado pelo TRT para o processamento do recurso de revista, pode o juízo *ad quem* prosseguir no exame dos demais pressupostos extrínsecos e intrínsecos do recurso de revista, mesmo que não apreciados pelo TRT.** (grifos do autor)

Dessa forma, cumpridas as exigências da Instrução Normativa n. 40/2018 e ultrapassado o óbice erigido no despacho denegatório, encontra-se viabilizado o exame das questões recursais, na forma prevista na OJ n. 282 da SBDI-1 do TST, podendo-se, pois, determinar o processamento do recurso de revista e adentrar no mérito do tema objeto do recurso de revista, por exemplo, má aplicação de Súmula do TST pelo regional, e, por consequência, dar provimento do recurso de revista.

Nesse sentido, o entendimento do TST:

> **ACÓRDÃO (4ª Turma) GMMAC/r5/sf1/rsr/ac AGRAVO DE INSTRUMENTO EM RECURSO DE REVISTA. APELO INTERPOSTO NA VIGÊNCIA DA LEI N. 13.015/2014. INDICAÇÃO DO TRECHO DA DECISÃO QUE CONSUBSTANCIA O PREQUESTIONAMENTO DA MATÉRIA IMPUGNADA. ÓBICE ERIGIDO NO DESPACHO DE ADMISSIBILIDADE.** Ultrapassado o óbice erigido no despacho de negatório, encontra-se viabilizado o exame das questões recursais, na forma prevista na OJ n. 282 da SBDI-1 do TST. **HORAS EXTRAS. DIVISOR. BANCÁRIO. INTERPRETAÇÃO DA NORMA COLETIVA. APLICAÇÃO DE TESE FIXADA EM INCIDENTE DE RECURSO REPETITIVO.** Caracterizada a contrariedade à Súmula n. 124, I, "a", do TST, merece ser processado o Recursode Revista. **Agravo de Instrumento conhecido e provido. RECURSODE REVISTA. HORAS EXTRAS. DIVISOR. BANCÁRIO. INTERPRETAÇÃO DA NORMA COLETIVA. APLICAÇÃO DE TESE FIXADA EM INCIDENTE DE RECURSO REPETITIVO.** As convenções e acordos coletivos de trabalho dos bancários, no caso apreciado no Incidente de Recurso Repetitivo n. 849-83.2013-5-03-0138, não deram ao sábado a natureza de repouso semanal remunerado. Nessa senda, o cálculo das horas extras do bancário, inclusive para o submetido à jornada de oitohoras, é definido com base na regra geral prevista no artigo 64 da CLT (resultado da multiplicação por 30 da jornada normal de trabalho), que estabelece os divisores 180 e 220 para a jornada normal de seis e oito horas, respectivamente. Decisão em sentido contrário deve ser reformada. Recursode Revista conhecido e provido. Vistos, relatados e discutidos estes autos de Recurso de Revista n. **TST-RR-2835-15.2012.5.02.0048**, em que é Recorrente **BANCO VOTORANTIM S.A.** e Recorrido **TIAGO LUIS SILVA SANTOS. RELATÓRIO (*omissis*) CONHECIMENTO HORAS EXTRAS – DIVISOR – BANCÁRIO – INTERPRETAÇÃO DA NORMA COLETIVA – APLICAÇÃO DE TESE FIXADA EM INCIDENTE DE RECURSO REPETITIVO Conheço do Recursode Revista por má aplicação da Súmula n. 124, I, "a", do TST, nos termos da fundamentação esposada ao analisar o Agravo de Instrumento. MÉRITO HORAS EXTRAS – DIVISOR – BANCÁRIO – INTERPRETAÇÃO DA NORMA COLETIVA – APLICAÇÃO DE TESE FIXADA EM INCIDENTE DE RECURSO REPETITIVO** Conhecido o Recurso de Revista por má aplicação da Súmula n. 124, I,"a", do TST, o seu provimento é medida que se impõe para determinar que, no cálculo das horas extras de

feridas, sejam observados os divisores 180 e 220, nos caso semque a jornada cumprida for de seis ou oito horas, respectivamente. **ISTO POSTO ACORDAM** os Ministros da Quarta Turma do Tribunal Superior do Trabalho, por unanimidade: I – conhecer do Agravo de Instrumento e, no mérito, dar-lhe provimento para mandar processar o Recursode Revista; II – conhecer do Recurso de Revista, por má aplicação da Súmula n. 124, I, "a", do TST, e, no mérito, dar-lhe provimento para determinar que, no cálculo das horas extras de feridas, sejam observados os divisores 180 e 220, nos casos em que a jornada cumprida for de seis ou oito horas, respectivamente. Brasília, 29 de março de 2017. **Firmado por assinatura digital (MP 2.200-2/2001) Maria de Assis Calsing Ministra Relatora** PROCESSO N. TST-RR-2835-15.2012.5.02.0048" Fonte Site do TST: DEJT 31/03/2017 URL: <http://aplicacao5.TST.jus.br/consultaunificada2/ inteiroTeor.do?action=printInteiroTeor&format=html&highlight=true&numeroFormata- do=RR%20-%202835-15.2012.5.02.0048&base=acordao&rowid=AAANGhAAFAABAolA- AK&dataPublicacao=31.03.2017&localPublicacao=DEJT&query=OJ%20and%20282%20 and%20SBDI%20and%201%20and%20Horas%20and%20Extras%20and%20divisor%20 and%20fixada%20and%20em%20and%20incidente%20and%20de%20and%20recurso%20 and%20repetitivo>. (grifos do autor)

6. Agravo de instrumento e mandato tácito

6.1. Da OJ 286, da SBDI 01, do TST

A OJ 286, da SBDI 01, do TST fixa:

286. AGRAVO DE INSTRUMENTO. TRASLADO. MANDATO TÁCITO. ATA DE AUDI- ÊNCIA. CONFIGURAÇÃO (alterada – Res. 167/2010, DEJT divulgado em 30.04.2010 e 03 e 04.05.2010) **I – A juntada da ata de audiência, em que consignada a presença do advogado, desde que não estivesse atuando com mandato expresso, torna dispensável a procuração deste, porque demonstrada a existência de mandato tácito. II – Configurada a existência de mandato tácito fica suprida a irregularidade detectada no mandato expresso.** (grifos do autor)

É admissível a procuração *apud acta* mediante a juntada da ata de audiência, em que consignada a presença do advogado, desde que não exista mandato expresso regular.

7. Agravo de instrumento e recurso de revista (Súmula n. 218 do TST)

7.1. Da Súmula n. 218 do TST

A Súmula n. 218 do TST fixa:

Súmula n. 218 do TST RECURSO DE REVISTA. ACÓRDÃO PROFERIDO EM AGRAVO DE INSTRUMENTO (mantida) – Res. 121/2003, DJ 19, 20 e 21.11.2003. **É incabível recurso de revista interposto de acórdão regional prolatado em agravo de instrumento.** (grifos do autor)

Não cabe recurso de revista contra acórdão regional que julgou agravo de instrumento.

8. Agravo de instrumento e embargos para SBDI

8.1. Da Súmula n. 353 do TST

A Súmula n. 353 do TST fixa:

Súmula n. 353 do TST

EMBARGOS. AGRAVO. CABIMENTO (atualizada em decorrência do CPC de 2015) – Res. 208/2016, DEJT divulgado em 22, 25 e 26.04.2016

Não cabem embargos para a Seção de Dissídios Individuais de decisão de Turma proferida em agravo, salvo:

a) da decisão que não conhece de agravo de instrumento ou de agravo pela ausência de pressupostos extrínsecos;

b) da decisão que nega provimento a agravo contra decisão monocrática do Relator, em que se proclamou **a ausência de pressupostos extrínsecos de agravo de instrumento;**

c) para revisão dos **pressupostos extrínsecos de admissibilidade do recurso de revista, cuja ausência haja sido declarada originariamente pela Turma no julgamento do agravo;**

d) para impugnar o conhecimento de agravo de instrumento;

e) para impugnar a imposição de multas previstas nos arts. 1.021, § 4º, do CPC de 2015 ou 1.026, § 2º, do CPC de 2015 (art. 538, parágrafo único, do CPC de 1973, ou art. 557, § 2º, do CPC de 1973).

f) contra decisão de Turma proferida em agravo em recurso de revista, nos termos do art. 894, II, da CLT. (grifos do autor)

Não cabe a interposição de recurso de embargos para SBDI 01 contra decisão de turma do Tribunal Superior do Trabalho que nega provimento a agravo de instrumento, salvo nas hipóteses de revisão de pressupostos extrínsecos de admissibilidade do agravo de instrumento, do agravo interno ou do recurso de revista, ou para impugnar o conhecimento do agravo de instrumento, ou, para impugnar multas processuais.

Parte XXIII
DA DECISÃO MONOCRÁTICA

I – DA DECISÃO MONOCRÁTICA DO RELATOR = DO PROCEDIMENTO DO ART. 932 DO CPC/2015 C/C AS SÚMULAS NS. 421 E 435 DO TST

1. Do art. 932 do CPC/2015

Nos termos do art. 932 do CPC/2015, o relator poderá decidir monocraticamente o destino do recurso, nos seguintes casos:

Art. 932. Incumbe ao relator:

I – dirigir e ordenar o processo no tribunal, inclusive em relação à produção de prova, bem como, quando for o caso, homologar autocomposição das partes;

II – apreciar o pedido de tutela provisória nos recursos e nos processos de competência originária do tribunal;

III – não conhecer de recurso inadmissível, prejudicado ou que não tenha impugnado especificamente os fundamentos da decisão recorrida;

IV – negar provimento a recurso que for contrário a:

a) súmula do Supremo Tribunal Federal, do Superior Tribunal de Justiça ou do próprio tribunal;

b) acórdão proferido pelo Supremo Tribunal Federal ou pelo Superior Tribunal de Justiça em julgamento de recursos repetitivos;

c) entendimento firmado em incidente de resolução de demandas repetitivas ou de assunção de competência;

V – depois de facultada a apresentação de contrarrazões, dar provimento ao recurso se a decisão recorrida for contrária a:

a) súmula do Supremo Tribunal Federal, do Superior Tribunal de Justiça ou do próprio tribunal;

b) acórdão proferido pelo Supremo Tribunal Federal ou pelo Superior Tribunal de Justiça em julgamento de recursos repetitivos;

c) entendimento firmado em incidente de resolução de demandas repetitivas ou de assunção de competência;

VI – decidir o incidente de desconsideração da personalidade jurídica, quando este for instaurado originariamente perante o tribunal;

VII – determinar a intimação do Ministério Público, quando for o caso;

VIII – exercer outras atribuições estabelecidas no regimento interno do tribunal.

Parágrafo único. Antes de considerar inadmissível o recurso, o relator concederá o prazo de 5 (cinco) dias ao recorrente para que seja sanado vício ou complementada a documentação exigível. (grifos do autor)

Destaque-se que, pelo parágrafo único do art. 932 do CPC, antes de considerar inadmissível o recurso, o relator concederá o prazo de 5 (cinco) dias ao recorrente para que seja sanado vício ou complementada a documentação exigível.

2. Da Súmula n. 435 do TST e art. 932 do CPC/2015

Dispõe a Súmula n. 435 (decisão monocrática do relator) do TST:

Aplica-se subsidiariamente ao processo do trabalho o art. 932 do CPC de 2015 (art. 557 do CPC de 1973).

Dessa forma, o art. 932 do CPC/2015 é aplicável ao processo do trabalho, em consonância com a Súmula n. 435 do TST.

3. Da Súmula n. 421 do TST, arts. 932 e 1.021 do CPC/2015

Em conformidade com o disposto nos arts. 932 e 1.021 do CPC/2015 e em consonância com a Súmula n. 421 do TST, da decisão monocrática do Relator cabem embargos declaratórios e agravo interno:

E, ainda, dispõe a **Súmula n. 421 do TST** sobre os embargos declaratórios em face da decisão monocrática e da fungibilidade para o agravo interno:

Súmula n. 421 do TST

EMBARGOS DE DECLARAÇÃO. CABIMENTO. DECISÃO MONOCRÁTICA DO RELATOR CALCADA NO ART. 932 DO CPC DE 2015. ART. 557 DO CPC DE 1973. (Atualizada em decorrência do CPC de 2015) – Res. 208/2016, DEJT divulgado em 22, 25 e 26.04.2016

I – Cabem embargos de declaração da decisão monocrática do relator prevista no art. 932 do CPC de 2015 (art. 557 do CPC de 1973), se a parte pretende tão somente juízo integrativo retificador da decisão e, não, modificação do julgado.

II – Se a parte postular a revisão no mérito da decisão monocrática, cumpre ao relator converter os embargos de declaração em agravo, em face dos princípios da fungibilidade e celeridade processual, submetendo-o ao pronunciamento do Colegiado, após a intimação do recorrente para, no prazo de 5 (cinco) dias, complementar as razões recursais, de modo a ajustá-las às exigências do art. 1.021, § 1º, do CPC de 2015.

Cabem embargos de declaração da decisão monocrática do relator. Se a parte postular a revisão no mérito da decisão monocrática, cumpre ao relator converter os embargos de declaração em agravo interno, deferindo prazo para o recorrente proceder a adequação recursal e submetendo-o ao pronunciamento do Colegiado.

Na liturgia forense, constata-se que quando há determinação da conversão dos embargos declaratórios em agravo interno, quando a origem é a decisão monocrática que, simplesmente, reproduziu o r. despacho denegatório, está se admitindo, a princípio, a possibilidade de melhor análise para eventual revisão da decisão.

Parte XXIV
TUTELA CAUTELAR E EFEITO SUSPENSIVO

O pedido de efeito suspensivo poderá ser feito como preliminar dos embargos declaratórios (§ 1º, do art. 1.026, do CPC), no próprio recurso (§ 3º, do art. 1.012, 1.019, I; § 5º do art. 1.029 do CPC/2015), ou, por meio de tutela cautelar, em conformidade com os arts. 300 e 301 do CPC de 2015, de forma a garantir o resultado útil do processo.

O recurso interposto contra decisão normativa da Justiça do Trabalho poderá receber efeito suspensivo por intermédio de pedido feito ao Presidente do Tribunal Superior do Trabalho, nos termos do disposto nos arts. 267/268 do Regimento Interno do TST.

Alguns tribunais regionais, equivocadamente, não admitem a tutelar cautelar específica (pedido de tutela provisória cautelar) para a concessão de efeito suspensivo ao apelo, entendendo que a medida, somente, poderia ser postulada no próprio recurso com grave restrição ao acesso à tutela de urgência e em contraste com o permitido pelos arts. 300/301 do CPC/2015 e pelo próprio Regimento Interno do TST (incisos I e II, do § 1º, do art. 311, do RI do TST) e pela Súmula n. 425 do TST.

Até porque, no limite do sistema processual trabalhista, sempre restará o socorro ao amplo poder geral de cautela do Corregedor Geral da Justiça do Trabalho (com base no art. 13 do Regimento Interno da Corregedoria-Geral da Justiça do Trabalho).

Parte XXV
TRANSCENDÊNCIA

1. Transcendência

1.1. Dos §§ e incisos do art. 896-A da CLT com a redação da Lei n. 13.467/2017

Dispõe o art. 896-A da CLT e seus itens e parágrafos (com a redação dada pela Lei n. 13.467/2017):

Art. 896-A. ....

§ 1º São indicadores de transcendência, entre outros:

I – econômica, o elevado valor da causa;

– política, o desrespeito da instância recorrida à jurisprudência sumulada do Tribunal Superior do Trabalho ou do Supremo Tribunal Federal;

– social, a postulação, por reclamante-recorrente, de direito social constitucionalmente assegurado;

– jurídica, a existência de questão nova em torno da interpretação da legislação trabalhista.

§ 2º Poderá o relator, monocraticamente, denegar seguimento ao recurso de revista que não demonstrar transcendência, cabendo agravo desta decisão para o colegiado.

§ 3º Em relação ao recurso que o relator considerou não ter transcendência, o recorrente poderá realizar sustentação oral sobre a questão da transcendência, durante cinco minutos em sessão.

§ 4º Mantido o voto do relator quanto à não transcendência do recurso, será lavrado acórdão com fundamentação sucinta, que constituirá decisão irrecorrível no âmbito do tribunal.

§ 5º É irrecorrível a decisão monocrática do relator que, em agravo de instrumento em recurso de revista, considerar ausente a transcendência da matéria.

§ 6º O juízo de admissibilidade do recurso de revista exercido pela Presidência dos Tribunais Regionais do Trabalho limita-se à análise dos pressupostos intrínsecos e extrínsecos do apelo, não abrangendo o critério da transcendência das questões nele veiculadas. (NR) (grifos do autor)

2. Direito intertemporal relativo ao requisito da transcendência = inaplicável ao recurso de revista interposto contra decisões proferidas pelos Tribunais Regionais do Trabalho publicadas antes de 11.11.2017, data da vigência da Lei n. 13.467/2017 = art. 246 do Regimento Interno do Tribunal Superior do Trabalho, art. 19 da Instrução Normativa n. 41/2018 do TST e Enunciados Administrativos ns. 2 a 7 do STJ

A disciplina de direito intertemporal dada pelo art. 246 do Regimento Interno do Tribunal Superior do Trabalho, aprovado pela Resolução Administrativa n. 1.937, de 20.11.2017, é no sentido da aplicação da regra da transcendência, somente, para os recursos de revista interpostos contra acórdãos regionais proferidos a partir de 11.11.2017:

> **As normas relativas ao exame da transcendência dos recursos de revista, previstas pelo art. 896-A da CLT, somente, incidirão naqueles interpostos contra decisões proferidas pelos Tribunais Regionais do Trabalho publicadas a partir de 11.11.2017, data da vigência da Lei n. 13.467/2017**

Correta a disciplina fixada pelo art. 246 do Regimento Interno do Tribunal Superior do Trabalho, tendo em vista que o recurso (na sua inteireza ou em todos os seus aspectos, extrínsecos e intrínsecos) é regido do começo ao fim pela regra vigente ao tempo da publicação da decisão, não sendo possível se quebrar a unidade da sua regência, para considerar a lei velha no tocante a pressuposto de admissibilidade extrínseco e intrínseco do recurso.

Nesse sentido, também, é o entendimento do art. 19 da Instrução Normativa n. 41/2018 do TST:

> **O exame da transcendência seguirá a regra estabelecida no art. 246 do Regimento Interno do Tribunal Superior do Trabalho, incidindo apenas sobre os acórdãos proferidos pelos Tribunais Regionais do Trabalho publicados a partir de 11 de novembro de 2017, excluídas as decisões em embargos de declaração.**

Importante a referência do art. 19 da Instrução Normativa n. 41/2018 do TST quanto a distinção e a exclusão das decisões em embargos de declaração, valendo como referência o primeiro acórdão.

Noutros termos, o tratamento dos pressupostos extrínsecos e intrínsecos do recurso observa a mesma a unidade de regência, ou seja, a lei vigente e da jurisprudência consolidada ao tempo que a decisão foi proferida e que o recurso foi interposto (e até quando vier a ser julgado).

Desse modo, a unidade da regência de tratamento do recurso significa que o regramento dos pressupostos extrínsecos, assim como dos pressupostos intrínsecos, do recurso será aquele vigente por ocasião da publicação da decisão recorrida.

Nesse sentido, também, os Enunciados Administrativos ns. 2 até 7 do Superior Tribunal de Justiça:

> **Enunciado administrativo n. 2**. Aos recursos interpostos com fundamento no CPC/1973 (relativos a decisões publicadas até 17 de março de 2016) devem ser exigidos os requisitos de admissibilidade na forma nele prevista, com as interpretações dadas, até então, pela jurisprudência do Superior Tribunal de Justiça.

> **Enunciado administrativo n. 3.** Aos recursos interpostos com fundamento no CPC/2015 (relativos a decisões publicadas a partir de 18 de março de 2016) serão exigidos os requisitos de admissibilidade recursal na forma do novo CPC.

> **Enunciado administrativo n. 5.** Nos recursos tempestivos interpostos com fundamento no CPC/1973 (relativos a decisões publicadas até 17 de março de 2016) **não caberá a abertura de prazo prevista no art. 932, parágrafo único, c/c o art. 1.029, § 3º, do novo CPC.**

> **Enunciado administrativo n. 6.** Nos recursos tempestivos interpostos com fundamento no CPC/2015 (relativos a decisões publicadas a partir de 18 de março de 2016), somente será concedido o prazo previsto no art. 932, parágrafo único, c/c o art. 1.029, § 3º, do novo CPC **para que a parte sane vício estritamente formal**.

Enunciado administrativo n. 7. Somente nos recursos interpostos contra decisão publicada a partir de 18 de março de 2016, será possível o arbitramento de honorários sucumbenciais recursais, na forma do art. 85, § 11, do novo CPC. (grifos do autor)

3. Norma programática e da necessidade de regulamentação pelo TST, conforme determinado pela alínea "a" do inciso I do art. 96 da CF

O § 1º e incisos do art. 896-A da CLT a despeito de apresentar alguns indicativos reguladores da transcendência para o conhecimento do recurso de revista continua a exigir regulamentação pelo Tribunal Superior do Trabalho, inclusive, em conformidade com o disposto na alínea *"a"* do inciso I, do art. 96, da CF:

Art. 96. Compete **privativamente:**

I – aos tribunais:

eleger seus órgãos diretivos e **elaborar seus regimentos internos, com observância das normas de processo e das garantias processuais das partes, dispondo sobre a competência e o funcionamento** dos respectivos órgãos jurisdicionais e administrativos";

Dessa forma, sob pena violação da competência privativa do Tribunal Superior do Trabalho, a disciplina completa do funcionamento do mecanismo da transcendência, ainda, depende de sua regulamentação pelo Tribunal Superior do Trabalho.

O Regimento Interno ou a Instrução Normativa do TST deveria esclarecer, até porque, pela técnica legislativa contida na nova Lei, especificamente, no § 2º do art. 8º da CLT, a jurisprudência não poderia ao arrepio da Lei n. 13.467/2017 (ou de regulamentação interna específica e detalhada pelo TST) fixar de forma mais objetiva os indicares da transcendência. (grifos do autor)

Se a lei é mais compreensível, ela se torna mais acessível às pessoas comuns. No contexto do movimento de acesso à justiça, a simplificação também diz respeito à tentativa de tornar mais fácil que as pessoas satisfaçam as exigências para a utilização de determinado remédico jurídico. (Mauro Cappelletti e Bryant Garth, Acesso à Justiça, Sergio Antônio Fabris, p. 156)

4. Da necessidade de regulamentação específica e substancial pelo TST, tendo em vista as lacunas do art. 896-A com redação dada pela Lei n. 13.467/2017

A Lei n. 13.467/2017 é incompleta e exige regulamentação, na medida que o próprio § 1º, do art. 896-A, da CLT estabelece que a disciplina completa do funcionamento do mecanismo da transcendência, ainda, depende de sua regulamentação pelo TST, tendo em vista que estabelece no § 1º, do art. 896-A, que "São indicadores de transcendência, entre outros".

Portanto, para o regular funcionamento do mecanismo da transcendência em obediência ao devido processo legal e a possibilidade do regular exercício do contraditório e da ampla defesa (incisos LIV e LV do art. 5º da CF), que assegurem o regular e democrático, e, assim, controlado e transparente e com publicidade exercício da atividade jurisdicional que exige a racionalidade fundamentada e objetiva passível de controle (inciso XXXV do art. 5º da CF) necessária a regulamentação desses **"entre outros"** indicativos de transcendência, sob pena de subtrair ou reduzir de forma intolerável o direito de acesso à ordem jurídica justa.

De fato, bem diferente do que ocorre com a definição e o conceito de repercussão geral relativo ao recurso extraordinário, que é de forma clara, concreta, objetiva e fácil definida no CPC, ou seja, pelo potencial multiplicador da questão relevante do ponto de vista econômico, político, social ou jurídico que ultrapassem os interesses subjetivos do processo.

Como estabelece o § 1º do art. 1.035 do CPC, no trato da repercussão geral:

§ 1º Para efeito de repercussão geral, será considerada a existência ou não de questões relevantes do ponto de vista econômico, político, social ou jurídico que ultrapassem os interesses subjetivos do processo.

Ou, ainda, mais especificamente, a repercussão geral se dá diante existência de contrariedade a súmula ou jurisprudência dominante do Supremo Tribunal Federal, ou quando se tenha reconhecido a inconstitucionalidade de tratado ou de lei federal nos termos do art. 97 da CF ou seja, nas hipóteses do § 3º, do art. 1.035, do CPC:

§ 3º Haverá repercussão geral sempre que o recurso impugnar acórdão que:

I – contrarie súmula ou jurisprudência dominante do Supremo Tribunal Federal;

II – (Revogado); (Redação dada pela Lei n. 13.256, de 2016) (Vigência)

III – tenha reconhecido a inconstitucionalidade de tratado ou de lei federal, nos termos do art. 97 da Constituição Federal.

5. Os arts. 246 a 249 do Regimento Interno do Tribunal Superior do Trabalho, apenas, reproduziram a lei não procedendo a necessária regulamentação específica e substancial, não estabelecendo o que seria "elevado valor da causa", "direito social constitucionalmente assegurado", "nova questão jurídica" e os "entre outros", impedindo ao jurisdicionado a aferição e o controle da racionalidade jurídica contida na decisão judicial

Os arts. 246 a 249 do Regimento Interno do Tribunal Superior do Trabalho cingiram-se a basicamente reproduzir o texto da lei, conforme se observa a seguir:

Da Transcendência

Art. 246. As normas relativas ao exame da transcendência dos recursos de revista, previstas no art. 896-A da CLT, somente incidirão naqueles interpostos contra decisões proferidas pelos Tribunais Regionais do Trabalho publicadas a partir de 11/11/2017, data da vigência da Lei n. 13.467/2017.

Art. 247. A aplicação do art. 896-A da CLT, que trata da transcendência do recurso de re-vista, observará o disposto neste Regimento, devendo o Tribunal Superior do Trabalho, no recurso de revista, examinar previamente de ofício, se a causa oferece transcendência com relação aos reflexos gerais de natureza econômica, política, social ou jurídica.

§ 1º São indicadores de transcendência, entre outros: I – econômica, o elevado valor da causa;

– política, o desrespeito da instância recorrida à jurisprudência sumulada do Tribunal Superior do Trabalho ou do Supremo Tribunal Federal;

– social, a postulação, por reclamante-recorrente, de direito social constitucionalmente assegurado;

IV – jurídica, a existência de questão nova em torno da interpretação da legislação trabalhista.

§ 2º Poderá o relator, monocraticamente, denegar seguimento ao recurso de revista que não demonstrar transcendência.

§ 3º Caberá agravo apenas das decisões em que não reconhecida a transcendência pelo relator, sendo facultada a sustentação oral ao recorrente, durante 5 (cinco) minutos em sessão, e ao recorrido, apenas no caso de divergência entre os componentes da Turma quanto à transcendência da matéria.

§ 4º Mantido o voto do relator quanto ao não reconhecimento da transcendência do recurso, será lavrado acórdão com fundamentação sucinta, que constituirá decisão irrecorrível no âmbito do Tribunal.

§ 5º O juízo de admissibilidade do recurso de revista exercido pela Presidência dos Tribunais Regionais do Trabalho limita-se à análise dos pressupostos intrínsecos e extrínsecos do apelo, não abrangendo o critério da transcendência das questões nele veiculadas.

Art. 248. É irrecorrível a decisão monocrática do relator que, em agravo de instrumento em recurso de revista, considerar ausente a transcendência da matéria.

Art. 249. O Tribunal Superior do Trabalho organizará banco de dados em que constarão os temas a respeito dos quais houver sido reconhecida a transcendência.

Ocorre que, repita-se, para o regular funcionamento do mecanismo da transcendência em obediência ao devido processo legal e a possibilidade do regular exercício do contraditório e da ampla defesa (incisos XXXV, LIII, LIV e LV do art. 5º da CF) e da substancial fundamentação da decisão judicial (art. 93, inc. IX, da CF), que assegurem o regular e democrático, controle da racionalidade jurídica, impedindo a discricionariedade arbitrária, diante do subjetivismo e da ausência de outros critérios legais objetivos, é necessário que, nos termos do que dispõe a alínea "a" do inciso I, do art. 96, da CF, o TST discipline claramente o art. 896-A da CLT.

Isso porque, a racionalidade como produto da atividade intelectual pode ser estudada para fixar a maneira como o raciocínio foi formulado, quais as premissas e a conclusão; a própria estrutura do raciocínio e sua conformidade com certas regras ou esquemas previamente admitidos.

Desde que se estabeleceu a obrigação da motivação das decisões judiciais, em 1790, a revelação da racionalidade jurídica se encontra na fundamentação da decisão judicial.

Daí a discricionariedade concedida ao julgador é uma discricionariedade contida nos limites e controlada pela racionalidade jurídica.

Trata-se, pois, de racionalidade jurídica com extração de regras e condições jurídicas latentes e que tem limites no ordenamento jurídico na sua inteireza (fato, valor e norma), na Constituição Federal, nos valores e princípios vigentes na sociedade e no cálculo do dissenso do tolerável.

Nesse sentido, a discricionariedade do julgador jamais pode ser tida como possibilidade de proferir qualquer decisão ou que as partes não tenham direito a uma decisão determinada e controlada.

Assim, a discricionariedade mesmo nos casos difíceis é uma discricionariedade jurídica, e, portanto, controlada e não arbitrária, até porque, a sujeição da pessoa a um juízo arbitrário é exatamente o oposto à liberdade.

A sujeição da discricionariedade concedida ao julgador à observância da racionalidade jurídica é garantia fundamental ao respeito do direito da parte à liberdade num Estado Democrático de Direito.

6. Regulamentação necessária para estabelecer o que seria "elevado valor da causa" = que não foi esclarecido no Regimento Interno do Tribunal Superior do Trabalho

A Lei n. 13.467/2017 é incompleta e exige regulamentação, o que não foi feito pelo art. 247 do Regimento Interno, na medida que este, assim como o próprio § 1º do art. 896-A da CLT estabelece apenas como indicativo de transcendência econômica **"o elevado valor da causa"**.

É de se perguntar o que é o elevado valor da causa?

Impende ponderar que o Brasil é um pais continental, com diferenças regionais abissais e o que pode ser elevado valor da causa no Acre pode ser considerado pequeno valor em São Paulo, e, assim por diante. E para quem? Para uma grande empresa? Para uma pequena empresa? Para um executivo? Para um operário?

O inciso I, do § 1º, do art. 247 do Regimento Interno do Tribunal Superior do Trabalho não esclarece e nem contextualiza nada a esclarecer o que seria o "elevado valor da causa".

No contexto do sistema processual laboral, por segurança, o único critério objetivo que se tem é o do rito ordinário e do rito sumaríssimo, que, inclusive, por coerência, já tem um tratamento diferenciado no que diz respeito ao recurso de revista (§ 9º, do art. 896, da CLT), assim, seria alto valor a causa que superasse o rito sumaríssimo, ou seja, 40 (quarenta) vezes o salário mínimo.

Ou, aliás, a Lei n. 13.467/2017 propõe outro indicador de valor elevado que seria o de quatro vezes o valor do regime de benefícios da previdência social como teto para o recolhimento das custas (art. 789 da CLT), considerando excessivo e, portanto, elevado qualquer valor que supere o limite.

A Lei n. 13.467/2017, também, considera elevado valor o dobro do regime de benefícios da previdência social (arts. 444 parágrafo único e 507-A da CLT)?!?.

Portanto, para o regular funcionamento do mecanismo da transcendência em obediência ao devido processo legal e a possibilidade do regular exercício do contraditório e da ampla defesa (incisos XXXV, LIII, LIV e LV, do art. 5º, da CF), que assegurem o regular e democrático, controle diante do subjetivismo e da ausência de outros critérios legais objetivos, salvo os anteriores já referidos, necessário que o Regimento Interno do TST discipline, específica e claramente, o que seja elevado valor da causa?

O Regimento Interno ou a Instrução Normativa do TST deveria esclarecer, até porque, pela técnica legislativa contida na nova lei, especificamente, no § 2º, do art. 8º, da CLT, a jurisprudência não poderia ao arrepio da Lei n. 13.467/2017 (ou de regulamentação interna específica e detalhada pelo TST) fixar o que seria o valor elevado da causa.

7. Regulamentação necessária para estabelecer o que seria "direito social constitucionalmente assegurado" = que não foi esclarecido no Regimento Interno do Tribunal Superior do Trabalho

É de se perguntar qual a exata dimensão e extensão do que seria direito social constitucionalmente assegurado?

Trata-se de categoria distinta e mais do que direitos trabalhistas *stritu sensu*, conforme se verifica no arts. 6º/11 da CF.

Logo, **"além de outros que visem à melhoria da condição social"**, direitos sociais constitucionalmente assegurados são todos os direitos incluídos no Capítulo II, do Título II, da CF.

CAPÍTULO II

DOS DIREITOS SOCIAIS

Art. 6º São direitos sociais a educação, a saúde, a alimentação, o trabalho, a moradia, o transporte, o lazer, a segurança, a previdência social, a proteção à maternidade e à infância, a assistência aos desamparados, na forma desta Constituição. (Redação dada pela Emenda Constitucional n. 90, de 2015)

Art. 7º São direitos dos trabalhadores urbanos e rurais, <u>além de outros que visem à melhoria de sua condição social:</u>

I – relação de emprego protegida contra despedida arbitrária ou sem justa causa, nos termos de lei complementar, que preverá indenização compensatória, dentre outros direitos;

II – seguro-desemprego, em caso de desemprego involuntário;

III – fundo de garantia do tempo de serviço;

IV – salário mínimo, fixado em lei, nacionalmente unificado, capaz de atender a suas necessidades vitais básicas e às de sua família com moradia, alimentação, educação, saúde, lazer, vestuário, higiene, transporte e previdência social, com reajustes periódicos que lhe preservem o poder aquisitivo, sendo vedada sua vinculação para qualquer fim;

V – piso salarial proporcional à extensão e à complexidade do trabalho;

VI – irredutibilidade do salário, salvo o disposto em convenção ou acordo coletivo;

VII – garantia de salário, nunca inferior ao mínimo, para os que percebem remuneração variável;

VIII – décimo terceiro salário com base na remuneração integral ou no valor da aposentadoria;

IX – remuneração do trabalho noturno superior à do diurno;

X – proteção do salário na forma da lei, constituindo crime sua retenção dolosa;

XI – participação nos lucros, ou resultados, desvinculada da remuneração, e, excepcionalmente, participação na gestão da empresa, conforme definido em lei;

~~XII – salário-família para os seus dependentes;~~

XII – salário-família pago em razão do dependente do trabalhador de baixa renda nos termos da lei; (Redação dada pela Emenda Constitucional n. 20, de 1998)

XIII – duração do trabalho normal não superior a oito horas diárias e quarenta e quatro semanais, facultada a compensação de horários e a redução da jornada, mediante acordo ou convenção coletiva de trabalho; (*Vide* Decreto-Lei n. 5.452, de 1943)

XIV – jornada de seis horas para o trabalho realizado em turnos ininterruptos de revezamento, salvo negociação coletiva;

XV – repouso semanal remunerado, preferencialmente aos domingos;

XVI – remuneração do serviço extraordinário superior, no mínimo, em cinqüenta por cento à do normal; (*Vide* Decreto Lei n. 5.452, art. 59, § 1º)

XVII – gozo de férias anuais remuneradas com, pelo menos, um terço a mais do que o salário normal;

XVIII – licença à gestante, sem prejuízo do emprego e do salário, com a duração de cento e vinte dias;

XIX – licença-paternidade, nos termos fixados em lei;

XX – proteção do mercado de trabalho da mulher, mediante incentivos específicos, nos termos da lei;

XXI – aviso prévio proporcional ao tempo de serviço, sendo no mínimo de trinta dias, nos termos da lei;

XXII – redução dos riscos inerentes ao trabalho, por meio de normas de saúde, higiene e segurança;

XXIII – adicional de remuneração para as atividades penosas, insalubres ou perigosas, na forma da lei;

XXIV – aposentadoria;

~~XXV – assistência gratuita aos filhos e dependentes desde o nascimento até seis anos de idade em creches e pré-escolas;~~

XXV – assistência gratuita aos filhos e dependentes desde o nascimento até 5 (cinco) anos de idade em creches e pré-escolas; (Redação dada pela Emenda Constitucional n. 53, de 2006)

XXVI – reconhecimento das convenções e acordos coletivos de trabalho;

XXVII – proteção em face da automação, na forma da lei;

XXVIII – seguro contra acidentes de trabalho, a cargo do empregador, sem excluir a indenização a que este está obrigado, quando incorrer em dolo ou culpa;

~~XXIX – ação, quanto a créditos resultantes das relações de trabalho, com prazo prescricional de:~~

~~a) cinco anos para o trabalhador urbano, até o limite de dois anos após a extinção do contrato;~~

~~b) até dois anos após a extinção do contrato, para o trabalhador rural;~~

XXIX – ação, quanto aos créditos resultantes das relações de trabalho, com prazo prescricional de cinco anos para os trabalhadores urbanos e rurais, até o limite de dois anos após a extinção do contrato de trabalho; (Redação dada pela Emenda Constitucional n. 28, de 2000)

a) (Revogada). (Redação dada pela Emenda Constitucional n. 28, de 2000)

b) (Revogada). (Redação dada pela Emenda Constitucional n. 28, de 2000)

XXX – proibição de diferença de salários, de exercício de funções e de critério de admissão por motivo de sexo, idade, cor ou estado civil;

XXXI – proibição de qualquer discriminação no tocante a salário e critérios de admissão do trabalhador portador de deficiência;

XXXII – proibição de distinção entre trabalho manual, técnico e intelectual ou entre os profissionais respectivos;

~~XXXIII proibição de trabalho noturno, perigoso ou insalubre aos menores de dezoito e de qualquer trabalho a menores de quatorze anos, salvo na condição de aprendiz;~~

XXXIII – proibição de trabalho noturno, perigoso ou insalubre a menores de dezoito e de qualquer trabalho a menores de dezesseis anos, salvo na condição de aprendiz, a partir de quatorze anos; (Redação dada pela Emenda Constitucional n. 20, de 1998)

XXXIV – igualdade de direitos entre o trabalhador com vínculo empregatício permanente e o trabalhador avulso;

~~Parágrafo único. São assegurados à categoria dos trabalhadores domésticos os direitos previstos nos incisos IV, VI, VIII, XV, XVII, XVIII, XIX, XXI e XXIV, bem como a sua integração à previdência social.~~

Parágrafo único. São assegurados à categoria dos trabalhadores domésticos os direitos previstos nos incisos IV, VI, VII, VIII, X, XIII, XV, XVI, XVII, XVIII, XIX, XXI, XXII, XXIV, XXVI, XXX, XXXI e XXXIII e, atendidas as condições estabelecidas em lei e observada a simplificação do cumprimento das obrigações tributárias, principais e acessórias, decorrentes da relação de trabalho e suas peculiaridades, os previstos nos incisos I, II, III, IX, XII, XXV e XXVIII, bem como a sua integração à previdência social. (Redação dada pela Emenda Constitucional n. 72, de 2013)

Art. 8º É livre a associação profissional ou sindical, observado o seguinte:

I – a lei não poderá exigir autorização do Estado para a fundação de sindicato, ressalvado o registro no órgão competente, vedadas ao Poder Público a interferência e a intervenção na organização sindical;

II – é vedada a criação de mais de uma organização sindical, em qualquer grau, representativa de categoria profissional ou econômica, na mesma base territorial, que será definida pelos trabalhadores ou empregadores interessados, não podendo ser inferior à área de um Município;

III – ao sindicato cabe a defesa dos direitos e interesses coletivos ou individuais da categoria, inclusive em questões judiciais ou administrativas;

IV – a assembléia geral fixará a contribuição que, em se tratando de categoria profissional, será descontada em folha, para custeio do sistema confederativo da representação sindical respectiva, independentemente da contribuição prevista em lei;

V – ninguém será obrigado a filiar-se ou a manter-se filiado a sindicato;

VI – é obrigatória a participação dos sindicatos nas negociações coletivas de trabalho;

VII – o aposentado filiado tem direito a votar e ser votado nas organizações sindicais;

VIII – é vedada a dispensa do empregado sindicalizado a partir do registro da candidatura a cargo de direção ou representação sindical e, se eleito, ainda que suplente, até um ano após o final do mandato, salvo se cometer falta grave nos termos da lei.

Parágrafo único. As disposições deste artigo aplicam-se à organização de sindicatos rurais e de colônias de pescadores, atendidas as condições que a lei estabelecer.

Art. 9º É assegurado o direito de greve, competindo aos trabalhadores decidir sobre a oportunidade de exercê-lo e sobre os interesses que devam por meio dele defender.

§ 1º A lei definirá os serviços ou atividades essenciais e disporá sobre o atendimento das necessidades inadiáveis da comunidade.

§ 2º Os abusos cometidos sujeitam os responsáveis às penas da lei.

Art. 10. É assegurada a participação dos trabalhadores e empregadores nos colegiados dos órgãos públicos em que seus interesses profissionais ou previdenciários sejam objeto de discussão e deliberação.

Art. 11. Nas empresas de mais de duzentos empregados, é assegurada a eleição de um representante destes com a finalidade exclusiva de promover-lhes o entendimento direto com os empregadores. (grifos do autor)

A referência contida no *caput* do art. 7º da CF no sentido de "**além de outros que visem à melhoria de sua condição social"** deixa claro que direitos sociais constitucionalmente assegurados não estão restritos aos direitos sociais trabalhistas *strictu sensu* assegurados pelo Capítulo II (Dos Direitos Sociais do Título II) da Constituição Federal (arts. 6º a 11 da CF).

Desse modo, devem estar incluídos nessa categoria os direitos sociais derivados dos princípios fundamentais (Título I, da CF, arts. 1º a 3º da CF) e os direitos e as garantias fundamentais do cidadão (individual e coletivos) do Título II da CF (contidos nos arts. 4º e 5º da CF).

Registre-se o absurdo que seria a exclusão da violação dos direitos fundamentais sociais e da cidadania constantes nos arts. 1º a 3º da CF, ou, a exclusão de todas as garantias processuais contidas no art. 5º da CF, como se os direitos sociais constitucionalmente assegurados tivessem uma posição meramente topológica.

O que se não existisse a presença de um dos outros pressupostos da transcendência, então, se levaria ao ingresso imediato do recurso extraordinário em face das decisões dos Tribunais Regionais desvirtuando por completo o sistema processual trabalhista que, a princípio, exige a passagem obrigatória pelo Tribunal Superior do Trabalho para se abrir a possibilidade do recurso extraordinário?

Além dessa situação, noutro caso e hipótese, se levaria ao ingresso imediato do recurso extraordinário em face das decisões monocráticas dos Ministros das Turmas do Tribunal Superior do Trabalho, para dar cumprimento a jurisdição constitucional fixada nos §§ 13, 14 e 15 do art. 896-C da CLT c/c inciso III do art. 102 da CF, desvirtuando por completo o sistema processual trabalhista. Caso contrário, aliás, haveria usurpação da competência constitucional do Supremo Tribunal Federal.

Todavia, aparentemente, nem para o Supremo Tribunal Federal seria admissível o recurso extraordinário face a inexistência de repercussão geral, tendo em vista que a matéria alusiva a cabimento de recursos de competência de outros Tribunais se restringe ao âmbito infraconstitucional, conforme entendimento do Ementário 181 da Lista de Repercussão geral do STF.

No RE 598.365, da relatoria do Min. Ayres Britto, a Corte Suprema firmou a tese de que não há repercussão geral em relação ao "Tema 181" do ementário temático de Repercussão Geral do STF:

181. RE 5983365. **PRESSUPOSTOS DE ADMISSIBILIDADE da Competência de Outros Tribunais... INEXISTÊNCIA DE REPERCUSSÃO GERAL**

Até porque, também, haveria o óbice do Tema 660 da lista de Ementário da Repercussão geral do STF que, aparentemente, salvo situação excepcional, afasta a existência de repercussão geral na hipótese:

660. Violação dos princípios do contraditório e da ampla defesa quando o julgamento da causa depender de prévia análise da adequada aplicação das normas infraconstitucionais. Extensão do entendimento do devido processo legal e aos limites da coisa julgada.

8. Regulamentação necessária para estabelecer o que seria "nova questão jurídica" = que não foi esclarecido no Regimento Interno do Tribunal Superior do Trabalho

O disposto no inciso IV, do § 1º, do art. 896-A, da CLT (*"São indicadores de transcendência: (...) IV – jurídica, a existência de questão nova em torno da interpretação da legislação trabalhista"*) aparentemente contém uma aporia e antinomia porque é incompatível com a técnica legislativa contida na Lei n. 13.467/2017, especificamente, no § 2º, do art. 8º, da CLT (*"Súmulas e outros enunciados de jurisprudência editados pelo Tribunal Superior do Trabalho e pelos Tribunais Regionais não poderão restringir direitos legalmente previstos nem criar obrigações que não estejam previstas em lei"*), que impede a jurisprudência – não poderia ao arrepio da lei – estabelecer interpretação evolutiva aderente aos anseios e ao dinamismo de uma sociedade complexa como a brasileira sobre a legislação trabalhista (o que é natural na atividade jurisdicional: a correta e evolutiva interpretação da lei deve buscar o escopo de fazer justiça) o que, também, impõe sua regulamentação pelo TST, inclusive, para superar a antinomia derivada do § 2º, do art. 8º, da CLT.

Registre-se que, agora, fala-se em legislação trabalhista e não em direito social.

No entanto, o inciso III, do § 1º, do art. 247 do Tribunal Superior do Trabalho não esclarece quando se consideraria a presença de uma nova questão de interpretação jurídica e nem como se superaria a antinomia derivada do § 2º, do art. 8º, da CLT (com a redação dada pela Lei n. 13.467/2017)?!?

Na verdade, por exemplo, toda a matéria contida na denominada reforma trabalhista (Lei n. 13.467/2017) incidiria na figura da "nova questão jurídica".

9. Regulamentação necessária para estabelecer o que seria "entre outros" = que não foi esclarecido no Regimento Interno do Tribunal Superior do Trabalho = potencial multiplicador da questão econômica, política, social ou jurídica

A Lei n. 13.467/2017 é incompleta e exige regulamentação, o que não foi feito pelo art. 247 do Regimento Interno, na medida que tal qual o *caput* do § 1º do art. 896-A da CLT, estabelece, sem esclarecer e nem regulamentar, como indicativo da transcendência **"entre outros".**

É de se perguntar quais seriam esses "entre outros"?

Pode e, de fato, deverá ser considerado no "entre outros" o potencial multiplicador da questão relevante do ponto de vista econômico, político, social ou jurídico que ultrapasse os interesses subjetivos do processo, como estabelece o § 1º, do art. 1.035, do CPC, no trato da repercussão geral:

> § 1º Para efeito de repercussão geral, será considerada a existência ou não de questões relevantes do ponto de vista econômico, político, social ou jurídico que ultrapassem os interesses subjetivos do processo.

O "entre outros" da transcendência poderia e deveria corresponder, além da existência de contrariedade a súmula ou jurisprudência dominante do Supremo Tribunal Federal e do próprio TST, o que já se enquadra na situação de transcendência política do inciso II, do § 1º, do art. 896-A, da CLT; também, quando se tenha reconhecido a inconstitucionalidade de trato ou de lei federal nos termos do art. 97 da CF, ou seja, nas hipóteses do § 3º, do art. 1.035, do CPC, no trato da repercussão geral:

> § 3ºHaverá repercussão geral sempre que o recurso impugnar acórdão que:
>
> I – contrarie súmula ou jurisprudência dominante do Supremo Tribunal Federal;
>
> **II – (Revogado); (Redação dada pela Lei n. 13.256, de 2016) (Vigência)**
>
> **III – tenha reconhecido a inconstitucionalidade de tratado ou de lei federal, nos termos do art. 97 da Constituição Federal.** (grifos do autor)

As turmas do Tribunal Superior do Trabalho já vem entendendo que há transcendência política no recurso de revista quando se verifica a contrariedade à jurisprudência iterativa, notória e atual do TST (Processo TST--RR-268200-65.2009.5.08.0114) em consonância com o disposto no inciso II, do § 1º, do art. 896-A, da CLT.

10. A transcendência aplicada no TST

Ao contrário do que propugnamos, o Tribunal Superior do Trabalho vem dando aplicação a exigência da transcendência, fixada no art. 896-A da CLT, sem uma regulamentação substancial e efetiva.

Dispõe o art. 896-A e seus itens e parágrafos (com a redação dada pela Lei n. 13.467/2017):

> Art. 896-A. ....
>
> § 1º São indicadores de transcendência, entre outros:
>
> I – econômica, o elevado valor da causa;
>
> II – política, o desrespeito da instância recorrida à jurisprudência sumulada do Tribunal Superior do Trabalho ou do Supremo Tribunal Federal;
>
> III – social, a postulação, por reclamante-recorrente, de direito social constitucionalmente assegurado;
>
> IV – jurídica, a existência de questão nova em torno da interpretação da legislação trabalhista (...).

De acordo com o art. 896-A e seus itens e parágrafos (com a redação dada pela Lei n. 13.467/2017), o conhecimento do recurso de revista, depende do exame prévio pelo Tribunal Superior do Trabalho do exame da transcendência, cuja análise não cabe ao Presidente ou Vice-Presidente do Tribunal Regional.

O art. 896-A da CLT fixa conceito aberto e indeterminado da transcendência, a partir de "entre outros" indicadores, o elevado valor da causa (econômico); o desrespeito a jurisprudência sumulada no TST ou do STF (político); postulação de direito social constitucionalmente assegurado (social); existência de questão nova em torno da interpretação da legislação trabalhista (jurídico).

10.1. A transcendência econômica

A lei é incompleta e exige regulamentação, na medida que o próprio § 1º, do art. 896-A, da CLT estabelece que a disciplina completa do funcionamento do mecanismo da transcendência, ainda, depende de sua regulamentação pelo TST, na medida que estabelece no item I, do § 1º, do art. 896-A, da CLT como indicativo de transcendência econômica *"o elevado valor da causa"*.

É de se perguntar o que é o elevado valor da causa?

No contexto do sistema processual laboral, por segurança, o único critério objetivo que se tem é o do rito ordinário e do rito sumaríssimo, que, inclusive, por coerência, já tem um tratamento diferenciado no que diz respeito ao recurso de revista (§ 9º, do art. 896, da CLT) seria elevado valor a causa que superasse o rito sumaríssimo, ou seja, 40 (quarenta) vezes o salário-mínimo.

Impende ponderar que o Brasil é um país continental, com diferenças regionais abissais e o que pode ser elevado valor da causa no Acre pode ser considerado pequeno valor em São Paulo, e, por assim diante.

Ou, aliás, a Lei n. 13.467/2017 propõe outro indicador de valor elevado que seria o de quatro vezes o valor do regime de benefícios da previdência social como teto para o recolhimento das custas (art. 789 da CLT), considerando excessivo e, portanto, elevado qualquer valor que supere o limite.

A Lei n. 13.467/2017, também, considera elevado valor o dobro do regime de benefícios da previdência social (arts. 444, parágrafo único, e 507-A da CLT)?!?.

Portanto, para o regular funcionamento do mecanismo da transcendência em obediência ao devido processo legal e a possibilidade do regular exercício do contraditório e da ampla defesa (incisos XXXV, LIV e LV do art. 5º da CF), que assegurem o regular e democrático, e, assim, controlado, diante do subjetivismo e da ausência de outros critérios legais objetivos, salvo os anteriores já referidos, é necessário que o TST discipline o que seja elevado valor da causa.

Até porque, pela técnica legislativa contida na nova lei, especificamente, no § 2º do art. 8º da CLT com a redação dada pela Lei n. 13.467/2017, a jurisprudência não poderia ao arrepio da lei (ou de regulamentação interna pelo TST) fixar o que seria o valor elevado da causa. Todavia, não é esse o entendimento do Tribunal Superior do Trabalho que vem aplicando a regra da transcendência econômica.

10.2. A transcendência política

A transcendência política no recurso de revista ocorreria numa situação de malferimento das Súmulas do TST e do STF.

Por exemplo, se o acórdão regional ao indeferir a pretensão obreira relativa ao reconhecimento da continuidade da relação de emprego se noticiada a manutenção da subordinação jurídica e do contrato de trabalho (sem qualquer suspensão) no período que foi eleito diretor estatutário envolve o malferimento da Súmula n. 269 do C. TST (*"O empregado eleito para ocupar cargo de diretor tem o respectivo contrato de trabalho suspenso, não se computando o tempo de serviço desse período, salvo se permanecer a subordinação jurídica inerente à relação de emprego"*).

Ou noutra hipótese, se o acórdão regional criou uma hipótese de se excepcionar a distribuição do ônus da prova contida sem qualquer exceção na Súmula n. 461 do C. TST, encontrando-se dissonante (malferindo) com o entendimento perfilhado na Súmula n. 461 do C. TST (*"É do empregador o ônus da prova em relação à regularidade dos depósitos do FGTS, pois o pagamento é fato extintivo do direito do autor (art. 373, II, do CPC de 2015"*).

Ou seja, se o acórdão regional agiu mal e malferiu a Súmula n. 461 do C. TST, ao negar a aplicação da Súmula n. 461 do C. TST, por conta de equivoco no tocante ao ônus probatório com relação aos depósitos fundiários Outra possibilidade, se a decisão regional incide em violação Súmula n. 443 do TST: *"Presume-se discriminatória a despedida de empregado portador do vírus HIV ou de outra doença grave que suscite estigma ou preconceito. Inválido o ato, o empregado tem direito à reintegração no emprego"*.

Noutro caso, se o acórdão regional nega aplicação a Súmula n. 462 do TST:

MULTA DO ART. 477, § 8º, DA CLT. INCIDÊNCIA. RECONHECIMENTO JUDICIAL DA RELAÇÃO DE EMPREGO (Republicada em razão de erro material) – DEJT divulgado em

30.06.2016 A circunstância de a relação de emprego ter sido reconhecida apenas em juízo não tem o condão de afastar a incidência da multa prevista no art. 477, § 8º, da CLT. **A referida multa não será devida apenas quando, comprovadamente, o empregado der causa à mora no pagamento das verbas rescisórias**. (grifos do autor)

10.3. A transcendência social

Trata-se de categoria distinta e mais do que direitos trabalhistas *stritu sensu*, conforme se verifica no arts. 6º/11 da CF.

Logo, "**além de outros que visem à melhoria da condição social**", são todos os direitos incluídos no Capítulo II do Título II da CF.

A referência contida no *caput* do art. 7º da CF no sentido de **"além de outros que visem à melhoria de sua condição social"** deixa claro que os direitos sociais constitucionalmente assegurados não estão restritos aos direitos sociais trabalhistas *strictu sensu* assegurados pelo Capítulo II (Dos Direitos Sociais do Título II) da Constituição Federal (arts. 6º a 11 da CF).

Desse modo, devem estar incluídos nessa categoria os direitos socais derivados dos princípios fundamentais (Título I da CF arts. 1º a 3º da CF) e os direitos e as garantias fundamentais do cidadão (individual e coletivos) do Título II da CF (contidos nos arts. 4º e 5º da CF).

Registre-se o absurdo que seria a exclusão da violação dos direitos fundamentais sociais e da cidadania constantes nos arts. 1º a 3º da CF, ou, a exclusão de todas as garantias processuais contidas no art. 5º da CF, como se os direitos sociais constitucionalmente assegurados tivessem uma posição meramente topológica.

Assim, a transcendência social se dará sempre que a ação envolva direitos sociais de natureza constitucional, relacionados a dispensa com ou sem justa causa, seguro desemprego, FGTS, irredutibilidade salarial, 13º salário, participação nos lucros, repouso semanal remunerado, férias, aviso-prévio, prescrição, entre outros temas assegurados pelo art. 7º da CF:

Art. 7º São direitos dos trabalhadores urbanos e rurais, além de outros que visem à melhoria de sua condição social:

I – relação de emprego protegida contra despedida arbitrária ou sem justa causa, nos termos de lei complementar, que preverá indenização compensatória, dentre outros direitos;

II – seguro-desemprego, em caso de desemprego involuntário;

III – fundo de garantia do tempo de serviço;

VI – irredutibilidade do salário, salvo o disposto em convenção ou acordo coletivo;

VIII – décimo terceiro salário com base na remuneração integral ou no valor da aposentadoria;

XI – participação nos lucros, ou resultados, desvinculada da remuneração, e, excepcionalmente, participação na gestão da empresa, conforme definido em lei;

XV – repouso semanal remunerado, preferencialmente aos domingos;

XVII – gozo de férias anuais remuneradas com, pelo menos, um terço a mais do que o salário normal;

XXI – aviso prévio proporcional ao tempo de serviço, sendo no mínimo de trinta dias, nos termos da lei;

XXIX – ação, quanto aos créditos resultantes das relações de trabalho, com prazo prescricional de cinco anos para os trabalhadores urbanos e rurais, até o limite de dois anos após a extinção do contrato de trabalho; (Redação dada pela Emenda Constitucional n. 28, de 25/05/2000). (grifos do autor)

A transcendência social, também, se dará quando a situação envolva direitos sociais de natureza constitucional garantidores dos próprios direitos assegurados pelo art. 7º da CF ou localizados em outros artigos da CF.

Como por exemplo, se ação envolver tema relativo a dano moral proteção insculpida nos incisos V e X, do art. 5º, da CF:

V – é assegurado o direito de resposta, proporcional ao agravo, além da indenização por dano material, moral ou à imagem;

X – são invioláveis a intimidade, a vida privada, a honra e a imagem das pessoas, assegurado o direito a indenização pelo dano material ou moral decorrente de sua violação; (grifos do autor)

Ou, se a ação envolver tema relativo ao direito adquirido, ou seja, direito social constitucional, inserido no *caput*, incisos I e XXII, do art. 5º, da CF:

Art. 5º Todos são iguais perante a lei, sem distinção de qualquer natureza, garantindo-se aos brasileiros e aos estrangeiros residentes no País a inviolabilidade do direito à vida, à liberdade, à igualdade, à segurança e à propriedade, nos termos seguintes:

I – homens e mulheres são iguais em direitos e obrigações, nos termos desta Constituição;

XXII – é garantido o direito de propriedade; (grifos do autor)

E, também, se a ação envolver temas relativos ao disposto no art. 10 Ato das Disposições Transitórias da CF:

Art. 10. Até que seja promulgada a lei complementar a que se refere o art. 7º, I, da Constituição:

I – fica limitada a proteção nele referida ao aumento, para quatro vezes, da porcentagem prevista no art. 6º, *caput* e § 1º, da Lei n. 5.107, de 13 de setembro de 1966;

II – fica vedada a dispensa arbitrária ou sem justa causa:

a) do empregado eleito para cargo de direção de comissões internas de prevenção de acidentes, desde o registro de sua candidatura até um ano após o final de seu mandato;

b) da empregada gestante, desde a confirmação da gravidez até cinco meses após o parto. (*Vide* Lei Complementar n. 146, de 2014)

§ 1º Até que a lei venha a disciplinar o disposto no art. 7º, XIX, da Constituição, o prazo da licença-paternidade a que se refere o inciso é de cinco dias.

§ 2º Até ulterior disposição legal, a cobrança das contribuições para o custeio das atividades dos sindicatos rurais será feita juntamente com a do imposto territorial rural, pelo mesmo órgão arrecadador.

§ 3º Na primeira comprovação do cumprimento das obrigações trabalhistas pelo empregador rural, na forma do art. 233, após a promulgação da Constituição, será certificada perante a Justiça do Trabalho a regularidade do contrato e das atualizações das obrigações trabalhistas de todo o período. (grifos do autor)

E, também, se a ação envolver temas relativos ao disposto no art. 19 Ato das Disposições Transitórias da CF:

Art. 19. Os servidores públicos civis da União, dos Estados, do Distrito Federal e dos Municípios, da administração direta, autárquica e das fundações públicas, em exercício na data da promulgação da Constituição, há pelo menos cinco anos continuados, e que não tenham sido admitidos na forma regulada no art. 37, da Constituição, são considerados estáveis no serviço público.

§ 1º O tempo de serviço dos servidores referidos neste artigo será contado como título quando se submeterem a concurso para fins de efetivação, na forma da lei.

§ 2º O disposto neste artigo não se aplica aos ocupantes de cargos, funções e empregos de confiança ou em comissão, nem aos que a lei declare de livre exoneração, cujo tempo de serviço não será computado para os fins do *"caput"* deste artigo, exceto se se tratar de servidor.

§ 3º O disposto neste artigo não se aplica aos professores de nível superior, nos termos da lei.

10.4. A transcendência jurídica

O disposto no inciso IV, do § 1º, do art. 896-A, da CLT (*"IV – jurídica, a existência de questão nova em torno da interpretação da legislação trabalhista"*) aparentemente contém uma aporia porque é incompatível com a técnica legislativa contida na nova lei (13.467/2017), especificamente, no § 2º, do art. 8º, da CLT (*"Súmulas e outros enunciados de jurisprudência editados pelo Tribunal Superior do Trabalho e pelos Tribunais Regionais não poderão restringir direitos legalmente previstos nem criar obrigações que não estejam previstas em lei."*), que impede a jurisprudência (não poderia ao arrepio da lei), estabelecer interpretação evolutiva – aderente aos anseios e ao dinamismo de uma sociedade complexa como a brasileira sobre a legislação trabalhista (o que é natural na atividade jurisdicional: a correta e evolutiva interpretação da lei deve buscar o escopo de fazer justiça) o que, também, impõe sua regulamentação pelo TST. Todavia, não é esse o entendimento do Tribunal Superior do Trabalho que vem aplicando a regra da transcendência.

Uma hipótese da transcendência jurídica seria a questão nova em torno da interpretação da legislação trabalhistas no tocante a correção monetária, após o *overuling* com a improcedência da Reclamação 22.012 do STF quando se estabeleceu a correção do julgamento do Plenário do Tribunal Superior do Trabalho que por arrastamento determinou que o índice de correção monetária aplicável aos créditos/débitos trabalhistas é o IPCA-E, ou mesmo diante da repristinação da discussão do dispositivo declarado inconstitucional e retirado do ordenamento jurídico face ao § 7º, do art. 879, da CLT.

As situações envolvendo a denominada reforma trabalhista (Lei n. 13.467/2017) trazem inúmeras questões novas que estão albergadas pelo critério da transcendência jurídica.

10.5. A transcendência pelo potencial multiplicador ("entre outros")

A Lei n. 13.467/2017 é incompleta e exige regulamentação, o que não foi feito pelo art. 247 do Regimento Interno, na medida que tal qual o *caput* do § 1º, do art. 896-A, da CLT, estabelece, sem esclarecer e nem regulamentar, como indicativo da transcendência *"entre outros"*.

É de se perguntar quais seriam esses "entre outros"?

Pode e, de fato, deve se considerar no "entre outros" o potencial multiplicador da questão relevante do ponto de vista econômico, político, social ou jurídico que ultrapasse os interesses subjetivos do processo, como estabelece o § 1º, do art. 1.035, do CPC, no trato da repercussão geral:

§ 1º Para efeito de repercussão geral, será considerada a existência ou não de questões relevantes do ponto de vista econômico, político, social ou jurídico que ultrapassem os interesses subjetivos do processo.

As situações envolvendo a denominada Reforma Trabalhista (Lei n. 13.467/2017) trazem inúmeras questões novas que estão albergadas pelo critério da transcendência não só pelo aspecto jurídico, quanto pelo potencial multiplicador o que poderia autorizar o julgamento pelo incidente de recursos repetitivos, mas, antes disso autorizar o conhecimento da revista regular pelo critério da transcendência "entre outros", tendo em vista o seu potencial multiplicador envolvendo questões relevantes do ponto de vista, econômico, político, social ou jurídico que ultrapassem os interesses subjetivos do processo, por exemplo, questões relacionadas a honorários advocatícios, pedido líquido e ilíquido, justiça gratuita, a prevalência do negociado sobre o legislado e outros temas trazidos pela Lei n. 13.467/2017.

O "entre outros" da transcendência poderia e deveria corresponder, além da existência de contrariedade a súmula ou jurisprudência dominante do Supremo Tribunal Federal e do próprio TST, o que já se enquadra na situação de transcendência política do inciso II do § 1º do art. 896-A da CLT; também, quando se tenha reconhecido a inconstitucionalidade de tratado ou de lei federal nos termos do art. 97 da CF, ou seja, nas hipóteses do § 3º do art. 1.035 do CPC, no trato da repercussão geral:

§ 3º Haverá repercussão geral sempre que o recurso impugnar acórdão que:

I – contrarie súmula ou jurisprudência dominante do Supremo Tribunal Federal;

II – (Revogado); (Redação dada pela Lei n. 13.256, de 2016) (Vigência)

III – tenha reconhecido a inconstitucionalidade de tratado ou de lei federal, nos termos do art. 97 da Constituição Federal. (grifos do autor)

As turmas do Tribunal Superior do Trabalho vem entendendo que há transcendência política no recurso de revista quando se verifica a contrariedade à jurisprudência iterativa, notória e atual do TST (Processo TST-RR-268200-65.2009.5.08.0114) em consonância com o disposto no inciso II, do § 1º, do art. 896-A, da CLT.

11. Da decisão monocrática, agravo em revista, sustentação oral e recurso extraordinário

Dispõem os §§ 2º, 3º, 4º e 5º do art. 896-A da CLT:

§ 2º Poderá o relator, monocraticamente, denegar seguimento ao recurso de revista que não demonstrar transcendência, cabendo agravo desta decisão para o colegiado. (Incluído pela Lei n. 13.467, de 2017)

§ 3º Em relação ao recurso que o relator considerou não ter transcendência, o recorrente poderá realizar sustentação oral sobre a questão da transcendência, durante cinco minutos em sessão. (Incluído pela Lei n. 13.467, de 2017)

§ 4º Mantido o voto do relator quanto à não transcendência do recurso, será lavrado acórdão com fundamentação sucinta, que constituirá decisão irrecorrível no âmbito do tribunal. (Incluído pela Lei n. 13.467, de 2017)

§ 5º É irrecorrível a decisão monocrática do relator que, em agravo de instrumento em recurso de revista, considerar ausente a transcendência da matéria. (Incluído pela Lei n. 13.467, de 2017)

O disposto nos §§ 2º, 3º e 4º do art. 896-A da CLT desprestigia o julgamento de colegiado, em particular, num ponto tão importante, e, outorga um arremedo de válvula de escape e salvação numa sustentação oral, meramente formal/protocolar e não substancial à vista dos exíguos 05 minutos para se discutir a transcendência do direito, o que é no mínimo restritiva do amplo direito de defesa, do contraditório e do devido processo legal e do direito do acesso à ordem jurídica justa.

Importante salientar, que a decisão proferida pelo colegiado, após interposição do agravo interno e a sustentação oral, de 5 (cinco) minutos, será irrecorrível no âmbito do tribunal, ou seja, apenas, comporta a discussão perante o Supremo Tribunal Federal se envolver questão de natureza constitucional (§§ 13, 14 e 15, do art. 896-C, da CLT e inciso III, do art. 102, da CF).

Além disso, nos termos do § 5º, do art. 896-A, da CLT, é irrecorrível a decisão monocrática do relator que, em agravo de instrumento em recurso de revista, considerar ausente a transcendência da matéria.

E o disposto nos §§ 2º, 3º e 4º do art. 247 do Regimento Interno do Tribunal Superior do Trabalho se limita a reproduzir o texto da lei:

§ 2º Poderá o relator, monocraticamente, denegar seguimento ao recurso de revista que não demonstrar transcendência.

§ 3º Caberá agravo apenas das decisões em que não reconhecida a transcendência pelo relator, sendo facultada a sustentação oral ao recorrente, durante 5 (cinco) minutos em sessão, e ao recorrido, apenas no caso de divergência entre os componentes da Turma quanto à transcendência da matéria.

§ 4º Mantido o voto do relator quanto ao não reconhecimento da transcendência do recurso, será lavrado acórdão com fundamentação suscinta, que constituirá decisão irrecorrível no âmbito do Tribunal.

Da mesma forma, o art. 248 do Regimento Interno do Tribunal Superior do Trabalho se limita a reproduzir o texto da lei:

É irrecorrível a decisão monocrática do relator que, em agravo de instrumento em recurso de revista, considerar ausente a transcendência da matéria.

O Novo Recurso de Revista – 189

12. Da decisão monocrática em agravo de instrumento, sem recurso e sustentação oral impeditiva da função primordial do TST que é a uniformização da jurisprudência pela SBDI 01 e da inconstitucional violação do juiz natural (do natural acesso à justiça com a decisão do colegiado do tribunal), do amplo direito de defesa, do melhor contraditório

O § 5º do art. 896-A da CLT estabelece que é irrecorrível a decisão monocrática do relator que ao julgar agravo de instrumento em sede de revista considere ausente a transcendência da matéria:

§ 5º É irrecorrível a decisão monocrática do relator que, em agravo de instrumento em recurso de revista, considerar ausente a transcendência da matéria.

E o disposto nos §§ 2º, 3º e 4º do art. 247 do Regimento Interno do Tribunal Superior do Trabalho se limita a reproduzir o texto da lei:

§ 2º Poderá o relator, monocraticamente, denegar seguimento ao recurso de revista que não demonstrar transcendência.

§ 3º Caberá agravo apenas das decisões em que não reconhecida a transcendência pelo relator, sendo facultada a sustentação oral ao recorrente, durante 5 (cinco) minutos em sessão, e ao recorrido, apenas no caso de divergência entre os componentes da Turma quanto à transcendência da matéria.

E o art. 248 do Regimento Interno do Tribunal Superior do Trabalho agasalha tal dispositivo legal ao dizer que:

É irrecorrível a decisão monocrática do relator que, em agravo de instrumento em recurso de revista, considerar ausente a transcendência da matéria.

Trata-se de inovação bastante grave do ponto de vista de subtrair ao recorrente o direito de obter uma decisão do colegiado do Tribunal, o que, claramente, afeta o Juiz Natural (o Colegiado do Tribunal), o amplo direito de defesa e o melhor contraditório e o acesso à justiça (incisos XXXV, XXXVII, LIV e LV do art. 5º da CF).

O risco é evidente de se criar "ilhas isoladas" de jurisprudência monocrática a critério de cada Ministro sobre o tema da transcendência, o que, conforme as estatísticas do Tribunal Superior do Trabalho já está ocorrendo.

Nesse sentido, o § 5º, do art. 896-A, da CLT seria impeditivo do exercício da função regular do próprio Tribunal Superior do Trabalho, de uniformização jurisprudencial, inclusive, das Turmas, considerando que, além de ser irrecorrível para a própria turma, tal decisão, nos termos da Súmula n. 353 do TST, seria irrecorrível para a SBDI 01 do TST, salvo caso se dê uma interpretativa elástica e adequada da alínea *f* da Súmula n. 353 (*"contra decisão, de Turma proferida em agravo em recurso de revista, nos termos do inciso II do art. 894, II, da CLT"*).

Ou, então, se levaria ao ingresso imediato do recurso extraordinário em face das decisões monocráticas dos Ministros das Turmas do Tribunal Superior do Trabalho, para dar cumprimento a jurisdição constitucional conforme fixado no

§§ 13, 14 e 15 do art. 896-C da CLT c/c inciso III do art. 102 da CF, desvirtuando por completo o sistema processual trabalhista.

Todavia, aparentemente, nem para o Supremo Tribunal Federal seria admissível o recurso extraordinário face a inexistência de repercussão geral, tendo em vista que matéria alusiva a cabimento de recursos de competência de outros Tribunais se restringe ao âmbito infraconstitucional, conforme entendimento do **Ementário 181 da Lista de Repercussão geral do STF:**

EMENTA: PRESSUPOSTOS DE ADMISSIBILIDADE DE RECURSOS DA COMPETÊNCIA DE OUTROS TRIBUNAIS. MATÉRIA INFRACONSTITUCIONAL. AUSÊNCIA DEREPERCUSSÃO GERAL. **A questão alusiva ao cabimento de recursos da competência de outros Tribunais se restringe ao âmbito infraconstitucional. Precedentes. Não havendo, em rigor, questão constitucional a ser apreciada por esta nossa Corte, falta ao caso "elemento de configuração da própriarepercussão geral, conforme salientou a ministra Ellen Gracie, no julgamento daRepercussão Geralno RE 584.608**. (RE 598365 RG, Relator: Min. Ayres Britto, DJe-055 DIVULG 25-03-2010 PUBLIC 26-03-2010 EMENT VOL-02395-06 PP-01480 RDECTRAB v. 17, n. 195, 2010, p. 213-218) (grifos do autor)

De fato, tal entendimento foi consagrado no STF:

A DECISÃO RECORRIDA SE DETEVE NOS REQUISITOS INTRÍNSECOS DE ADMISSIBILIDADE DE RECURSO NO ÂMBITO DO TRIBUNAL SUPERIOR, NÃO HOUVE EXAME DE MÉRITO DA CONTROVÉRSIA QUE É TRAZIDA PELA EMPRESA e cujo objeto é a validade de disposição convencional que permite a desconsideração do tempo gasto pelos trabalhadores na troca de uniforme e no deslocamento. NA IMPOSIÇÃO DE ÓBICE DE NATUREZA EXCLUSIVAMENTE PROCESSUAL COMO FUNDAMENTO DA DECISÃO RECORRIDA, A ÚNICA QUESTÃO PASSÍVEL DE DISCUSSÃO NO RECURSO EXTRAORDINÁRIO SERIA AQUELA RELATIVA AOS REQUISITOS DO RECURSO DENEGADO COM O FITO DE PROMOVER A ANÁLISE DO RECURSO DE REVISTA.AO REPETIR O TEMA DO RECURSO DENEGADO, A RECLAMADA DESTOA DA DECISÃO PROFERIDA TRAZENDO RAZÕES A ELA ALHEIAS, O QUE TORNA INADMISSÍVEL O RECURSO por não permitir a exata compreensão da controvérsia, dicção da Súmula 284, do Supremo Tribunal Federal. Nesse sentido, o julgado da Primeira TurmaAI 776.488-AgR, Relatora a Ministra Rosa Weberque "RECURSO QUE NÃO ATACA OS FUNDAMENTOS DO ACÓRDÃO RECORRIDO. INCOGNOSCIBILIDADE. SÚMULA STF 284. Deficiência de fundamentação por ausência de ataque, nas razões do recurso extraordinário, aos fundamentos do acórdão recorrido. Aplicação da Súmula STF 284. Agravo regimental conhecido e não provido. (DJe 12.3.2013) (grifos do autor)

Logo, como não terá havido na decisão monocrática que declarou a inexistência da transcendência exame do mérito da controvérsia posta no recurso de revista, dada a imposição de óbice de natureza exclusivamente processual ao processamento do agravo de instrumento e do recurso de revista, a única questão passível de discussão em sede de recurso extraordinário e/ou de agravo em recurso extraordinário seria relativa aos pressupostos de admissibilidade daquele recurso, sendo certo que, como já dito, o Supremo Tribunal Federal rejeita a possibilidade desse reexame, por ausência de repercussão geral da matéria, nos termos do tema 181 do ementário de repercussão geral do C. STF.

Repita-se, foi consagrado no RE 598.365, da relatoria do Min. Ayres Britto, a tese de que não há repercussão geral em relação ao "Tema 181" do ementário temático de Repercussão Geral do STF:

O Novo Recurso de Revista – 191

181. RE 5983365. **PRESSUPOSTOS DE ADMISSIBILIDADE da Competência de Outros Tribunais... INEXISTÊNCIA DE REPERCUSSÃO GERAL**

Até porque, também, haveria o óbice do Tema 660 da lista de Ementário da Repercussão geral do STF que, aparentemente, salvo situação excepcional, afasta a existência de repercussão geral na hipótese:

> **660. Violação dos princípios do contraditório e da ampla defesa quando o julgamento da causa depender de prévia análise da adequada aplicação das normas infraconstitucionais. Extensão do entendimento do devido processo legal e aos limites da coisa julgada.**

13. Da exclusão do juízo de admissibilidade da transcendência pelo Presidente ou Vice-Presidente do Tribunal Regional

De acordo com o § 6º do art. 896-A da CLT a cognição e a competência funcional do Presidente ou do Vice-Presidente dos Tribunais Regionais não abrange o exame da transcendência do recurso de revista, limitando-se aos pressupostos ordinários de admissibilidade extrínsecos e intrínsecos.

Também, nesse sentido o § 5º do art. 247 do Regimento Interno do Tribunal Superior do Trabalho:

> **§ 5º O juízo de admissibilidade do recurso de revista exercido pela Presidência dos Tribunais Regionais do Trabalho limita-se à análise dos pressupostos intrínsecos e extrínsecos do apelo, não abrangendo o critério da transcendência das questões nele veiculadas.**

14. Da abertura do conhecimento do recurso de revista quando não preenchidas as condições ordinárias de admissibilidade da revista, mas, presente a transcedência (critério maior que abrange o menor)

Considerando a separação feita entre os pressupostos ordinários de admissibilidade extrínsecos e intrínsecos e os pressupostos de admissibilidade extraordinários da revista relacionados a própria transcendência, inclusive, na forma expressa no § 6º, do art. 896-A, da CLT com a redação dada pela Lei n. 13.467/2017, é possível se chegar a conclusão que a transcendência envolve um princípio maior que abarca a regra menor.

Noutros termos, é possível se extrair da regra do art. 896-A da CLT que existindo a transcendência ou a relevância extraordinária para a resolução e pacificação social do tema/tese em debate no recurso de revista, o recurso de revista poderia ser conhecido e julgado a despeito de eventualmente não preencher alguns dos requisitos ordinários extrínsecos ou intrínsecos de admissibilidade, em consonância com a intrepetação ampliativa da regra do § 11, do art. 896, da CLT. Todavia, não é esse o entendimento do Tribunal Superior do Trabalho.